新工科·智能网联汽车卓越工程师培养系列教材

智能网联汽车概论

（含实验指导）

主　编　夏国强　贾爱芹

副主编　卓　佳　方　正　周文培

参　编　王丹丹　张　璐　王成松　刘晓青　倪泓鑫

配套资源目录

机械工业出版社

本书紧密围绕着智能网联汽车技术及其应用，首先对智能网联汽车进行综述，重点介绍了智能网联汽车环境感知系统及应用、智能网联汽车高精度导航定位系统与高精度地图及应用、智能网联汽车高级驾驶辅助系统及应用，同时还介绍了智能交通系统，最后简要介绍了智能网联汽车与云计算、与大数据、与人工智能的联合应用。

本书内容新颖、图文正茂、通俗易懂，可作为应用型本科院校汽车类专业的方向课教材或选修课教材，也可以作为社会相关机构技术培训的参考书。

图书在版编目（CIP）数据

智能网联汽车概论：含实验指导 / 夏国强，贾爱芹主编 . —北京：机械工业出版社，2022.11（2023.8 重印）
新工科·智能网联汽车卓越工程师培养系列教材
ISBN 978-7-111-72045-4

Ⅰ.①智…　Ⅱ.①夏…②贾…　Ⅲ.①汽车 – 智能通信网 – 高等职业教育 – 教材　Ⅳ.① U463.67

中国版本图书馆 CIP 数据核字（2022）第 215866 号

机械工业出版社（北京市百万庄大街 22 号　邮政编码 100037）
策划编辑：王　婕　何士娟　责任编辑：王　婕　何士娟
责任校对：贾海霞　陈　越　封面设计：马若濛
责任印制：单爱军
北京虎彩文化传播有限公司印刷
2023 年 8 月第 1 版第 2 次印刷
184mm×260mm · 15 印张 · 363 千字
标准书号：ISBN 978-7-111-72045-4
定价：75.00 元

电话服务　　　　　　　网络服务
客服电话：010-88361066　机 工 官 网：www.cmpbook.com
　　　　　010-88379833　机 工 官 博：weibo.com/cmp1952
　　　　　010-68326294　金 书 网：www.golden-book.com
封底无防伪标均为盗版　机工教育服务网：www.cmpedu.com

随着物联网、大数据及人工智能等技术与汽车工业的融合，汽车逐步朝智能化、网联化、共享化的智能网联汽车方向发展。

2021年4月，为进一步推动智能网联汽车产业健康有序发展，加强道路机动车辆生产企业及产品准入管理，工信部组织起草了《智能网联汽车生产企业及产品准入管理指南（试行）》，提出了智能网联汽车功能安全、预期功能安全、网络与数据安全及车联网卡实名等有关要求，旨在加快推动智能网联汽车的创新发展。

本书的编写符合应用型本科紧缺人才的培养目标，注重应用属性，满足了高素质应用型人才培养的需求。全书共分9章：第1章主要介绍了智能网联汽车的定义与分级、智能网联汽车系统架构及关键技术、智能网联汽车产业标准体系，最后介绍了智能网联汽车的发展历程与现状；第2章介绍了智能网联汽车环境感知系统的定义和组成，环境感知传感器的类型、配置、工作原理以及应用，同时简单介绍了多传感器融合技术；第3章介绍了智能网联汽车导航定位系统的定义、功能、组成和定位方法、网络架构，在此基础上介绍了卫星导航系统、惯性导航系统、高精度地图的定义与构建及应用；第4章介绍了智能网联汽车的网络系统的基础知识、车载网络与车载移动互联网、智能网联C-V2X的PC5通信及Uu通信，最后介绍了网络与通信系统在智能网联汽车中的实际应用；第5章介绍了高级驾驶辅助系统的组成、类型、功能及工作原理；第6章介绍了智能交通系统和国内外的发展历程、智能交通系统的概念和特征以及智能交通系统的组成和作用，重点介绍了智能交通系统体系结构的概念、意义和构架方法以及智能交通系统的相关应用；第7章介绍了云计算的概念、云计算的系统架构，在此基础上介绍了智能网联汽车的数据处理、交通道路信息采集与数据处理、云计算在智能网联汽车中的实际应用；第8章介绍了大数据的基本概念、特征、处理技术架构及应用；第9章介绍了人工智能的概念和特征、作用、构架方法以及在汽车产业中的应用。

本书由黄河交通学院组织编写，夏国强、贾爱芹担任主编，卓佳、方正、周文培担任副主编，参与编写人员有王丹丹、张璐、王成松、刘晓青、倪泓鑫。

由于编者水平有限，书中难免有错漏之处，敬请各位读者批评指正。

编　者

"天工讲堂"二维码目录

目 录

第1章 智能网联汽车综述

本章首先介绍智能网联汽车的基本知识，即智能网联汽车的定义与分级、智能网联汽车系统架构，在此基础上又介绍智能网联汽车产业标准体系，最后介绍智能网联汽车的发展历程与现状。

学习目标

1. 了解智能网联汽车的概念。
2. 了解智能网联汽车系统架构及关键技术。
3. 掌握智能网联汽车产业标准体系。
4. 掌握智能网联汽车的发展历程与现状。

1.1 智能网联汽车的定义与分级

苏大强驱车从家里去单位上班，途经一个红绿灯路口时，突然被一辆大车挡住了视线，看不到前方的信号灯，当大车往前开的时候，他也跟着往前开，还没有过停车线，前方直行信号灯就跳转成红灯，差点闯红灯。苏大强想，怎么才能知道被大车遮挡的红绿灯信号呢，有没有其他途径能提前感知获得，以避免闯红灯呢？现在经常提到的智能汽车可否远程识别红绿灯呢？

1.1.1 智能网联汽车的定义

智能网联汽车（Intelligent Connected Vehicle，ICV）是指利用车载传感器、控制器、执行器、通信装置等，实现环境感知、智能决策自动控制、协同控制、信息交互等功能的汽车的总称。

智能网联汽车概论

1）环境感知、智能决策、自动控制以及协同控制等功能一般称为智能功能，其中协同控制功能一般需要网联功能支持。

2）车辆利用通信技术实现与外界信息交互的功能称为网联功能，"外界"是指车辆自身范畴以外，例如穿戴设备等属于"外界"的范畴。

3）具备智能功能的汽车称为智能汽车，具备网联功能的汽车称为网联汽车。

如图 1-1 所示，a 为智能汽车，b 为网联汽车，c 既可称为智能汽车又可称为网联汽车，a、b、

c 均可称为智能网联汽车。

1.1.2 智能网联汽车的分级

自动化分级现在比较有代表性的有两种：一种是美国汽车工程师学会（Society of Automotive Engineers，SAE）划分的分类标准，也就是现在常说的 L0 ~ L5 级的分级标准；另一种是我国发布的 GB/T 40429—2021《汽车驾驶自动化分级》标准。我国的标准是按 0 ~ 5 级来划分的，其在制定过程中参考了 SAE 的标准，确保分级的基本原则与国际普遍采用标准的内容保持协调，同

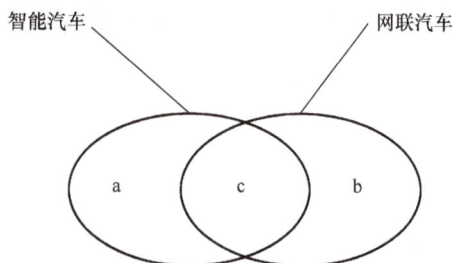

图 1-1　智能网联汽车定义范围

时根据我国国家标准制定规则、汽车产业情况和标准实施环境，精简描述用语，优化分级名称，强化安全要求，提升标准的科学性和可实施性，是更符合我国实际情况的分级标准。

1. SAE 划分的标准

SAE 分级标准见表 1-1。

表 1-1　SAE 分级标准

比较项目		L0	L1	L2	L3	L4	L5
名称		无自动化	驾驶支持	部分自动化	有条件自动化	高度自动化	完全自动化
定义		由驾驶人全权驾驶汽车，在行驶过程中可以得到警告	通过驾驶环境对转向盘和加减速中的一项操作提供支持，其余由驾驶人操作	通过驾驶环境对转向盘和加减速中的多项操作提供支持，其余由驾驶人操作	由无人驾驶系统完成所有的驾驶操作，根据系统要求，驾驶人提供适当的应答	由无人驾驶系统完成所有的驾驶操作，根据系统要求，驾驶人不一定提供所有的应答；限定道路和环境条件	由无人驾驶系统完成所有的驾驶操作，可能的情况下，驾驶人接管；不限定道路和环境条件
主体	驾驶操作	驾驶人	驾驶人 / 系统	系统			
	周边监控	驾驶人			系统		
	支援	驾驶人				系统	
	系统作用域	无	部分				全域

1）在 L0 级时，车辆没有辅助系统，驾驶人需要全神贯注，手眼并用。

2）在 L1 级时，车辆有横向或者纵向辅助系统，但驾驶人仍需要集中注意力，手眼并用。

3）在 L2 级时，车辆有横向和纵向辅助系统，驾驶人仍需要观察环境，但可以临时解放手和眼。

4）在 L3 级时，车辆在紧急情况下会发出请求驾驶人接管，驾驶人全程需要有接管意识，驾驶人解放手和眼。

5）在 L4 级时，车辆即使在紧急情况下（可以自己处理）也不会发出请求驾驶人接管，驾

驶人不需要有接管意识，可以解放手和大脑。

6）在 L5 级时，车辆可以实现完全自动驾驶，车辆不需要驾驶人，并且将不再需要转向盘、制动踏板、加速踏板、后视镜。

2. 我国划分的标准

GB/T 40429—2021 汽车驾驶自动化分级见表 1-2。

表 1-2　GB/T 40429—2021 汽车驾驶自动化分级表

分级	名称	定　义	持续的车辆横向和纵向控制	目标和事件探测与相应	动态驾驶任务接管	设计运行范围
0 级	应急辅助	系统不能持续执行动态驾驶任务中的车辆横向或纵向运动控制，但具备持续执行动态驾驶任务中的部分目标和事件探测与响应的能力	驾驶人	驾驶人及系统	驾驶人	有限制
1 级	部分驾驶辅助	系统在其设计运行条件内持续地执行动态驾驶任务中的车辆横向或纵向运动控制，且具备与所执行的车辆横向或纵向运动控制相适应的部分目标和事件探测与响应的能力	驾驶人及系统	驾驶人及系统	驾驶人	有限制
2 级	组合驾驶辅助	系统在其设计运行条件内持续地执行动态驾驶任务中的车辆横向和纵向运动控制，且具备与所执行的车辆横向和纵向运动控制相适应的部分目标和事件探测与响应的能力	系统	驾驶人及系统	驾驶人	有限制
3 级	有条件自动驾驶	系统在其设计运行条件内持续地执行全部动态驾驶任务	系统	系统	动态驾驶任务接管用户（接管后成为驾驶人）	有限制
4 级	高度自动驾驶	系统在其设计运行条件下持续地执行全部动态驾驶任务并自动执行最小风险策略	系统	系统	系统	有限制
5 级	完全自动驾驶	系统在任何可行驶条件下持续地执行全部动态驾驶任务并自动执行最小风险策略	系统	系统	系统	无限制

1）0 级具有的功能：驾驶人掌握驾驶权，系统不能对车辆横向（指左右方向）或纵向（指加减速）进行控制。但是具备一定的路况识别和反应能力，具有前部碰撞预警（Forward Collision Warning，FCW）、车道偏离预警（Lane Departure Warning，LDW）、盲点探测预警（Blind Spot Detection，BSD）功能。

2）1 级具有的功能：1 级自动驾驶汽车和 0 级自动驾驶汽车一样，都属于有限制条件的自动驾驶，且当汽车出现故障时都需要人类驾驶人来控制车辆。不同之处在于，1 级自动驾驶汽车的自动化系统能够在人类驾驶人的协助下，对车辆的方向或加减速进行控制，但只能二选一。换言之，1级自动驾驶可具备自适应巡航（Adaptive Cruise Control，ACC）或者车道保持辅助（Lane Keeping Assist，LKA）和自动紧急制动（Autonomous Emergency Braking，AEB）功能。

3）2级具有的功能：在自动驾驶系统所规定的运行条件下，车辆本身能够控制汽车的转向和加减速运动，拥有多项操作权，但还是驾驶人主导。在汽车出现故障时，人类驾驶将负责执行汽车的驾驶任务。与1级自动驾驶相比，2级自动驾驶将拥有智能巡航辅助（Intelligent Cruise Control，ICC）功能，也就是同时具有 ACC 和 LKA。

4）3级具有的功能：0 到 2 是驾驶人为主导，3 为自动驾驶的分水岭。在自动驾驶系统所规定的运行条件下，车辆本身就能完成转向和加减速，以及路况探测和反应的任务。对于 3 级自动驾驶汽车，驾驶人只需要在系统失效或者超过工作条件时对故障汽车进行接管。由此，属于 3 级自动驾驶的汽车将有条件实现交通拥堵辅助（Traffic Jam Assistant，TJA）功能。

5）4级具有的功能：4 级自动驾驶汽车仍属于有限制条件的自动驾驶，但是汽车的方向和加减速控制、路况观测和反应，以及汽车故障时的接管任务都能够由自动驾驶系统完成，不需要人类参与。但由于立法和基础设施发展欠缺，4 级自动驾驶汽车只能在限定区域行驶（通常是在城市路况，最高平均速度达 30mile/h）。因此，现有的大多数 4 级自动驾驶汽车都面向共享出行领域。

6）5级具有的功能：5 级自动驾驶汽车和 4 级自动驾驶汽车能够实现的基本功能相同，但5 级自动驾驶汽车不再有运行条件的限制（商业和法规因素等限制除外），同时自动驾驶系统能够独立完成所有的操作和决策。

🔗 知识链接

交通信号控制系统

交通信号控制系统（也就是俗称的红绿灯）由前端子系统、网络传输子系统以及后端管理子系统三大部分组成，实现对路口交通信号配时方案的自动控制、优化。

前端子系统以信号机为主体，信号灯作为显示载体，可根据信号机本身或中心下发的指令改变道路交通信号灯状态，调节配时并控制道路交通信号灯运行。同时交通信号控制系统能够与交通流量采集系统结合，实现交通流量实时采集及统计，支持采集、处理、存储流量、占有率、排队长度等交通参数配置功能，供交通信号配时优化软件使用，同时供交通疏导和交通组织与规划使用。

网络传输子系统负责数据的传输与交换。中心网络主要由接入层交换机以及核心交换机组成。

后端管理子系统由区域计算机和中心管理平台组成。区域计算机主动对前端交通流数据进行分析，自适应地选择合适的信号配时方案，并实时下发到各个路口对应的信号机。中心管理平台负责实现对辖区内相关数据的汇聚、处理、存储、应用、管理与共享。

智能网联汽车获取信号灯信号的方式主要有两种：一种是通过平台对接协议获取信号灯信息；另一种是通过信号采集盒获取信号灯信息。当智能网联车辆行驶至有交通信号灯控制的路口或者道路上时，智能网联车辆通过 V2X 协议获取到路侧设备 RSU 发送的当前红绿灯信息，从而提前感知信号灯状态，避免大车遮挡导致的跟随闯红灯现象。

✍ **小贴士**

汽车起源及发展

1. 蒸汽汽车

1769 年，法国人 N·J·居纽制造了世界上第一辆蒸汽驱动的三轮汽车。这辆汽车被命名为"卡布奥雷"，车长 7.32m，车高 2.2m，车架上放置着一个梨形大锅炉，前轮直径 1.28m，后轮直径 1.50m，前进时靠前轮控制方向，每前进 12 ~ 15min 需停车加热 15min，运行速度 3.5 ~ 3.9km/h。1771 年造出第二部车，没有真正跑过，现置于法国巴黎国家艺术馆展出。尽管居纽的这项发明失败了，但却是古代交通运输（以人、畜或帆为动力）与近代交通运输（动力机械驱动）的分水岭，具有划时代的意义。

2. 内燃机汽车

1885 年，德国工程师卡尔·本茨（Karl Benz）在曼海姆制成了第一辆本茨专利机动车，该车为三轮汽车，采用一台二冲程单缸 0.9hp（1hp = 745.7W）的汽油机，此车具备了现代汽车的一些基本特点，如火花点火、水冷循环、钢管车架、钢板弹簧悬架、后轮驱动前轮转向和制动手把等。1886 年的 1 月 29 日，德国工程师卡尔·本茨为其机动车申请了专利。同年 11 月，卡尔·本茨的三轮机动车获得了德意志专利权（专利号：37435a）。这就是公认的世界上第一辆现代汽车。由于上述原因，人们一般都把 1886 年作为汽车元年，也有些学者把卡尔·本茨制成第一辆三轮汽车之年（1885 年）视为汽车诞生年。

3. 柴油汽车

1897 年，德国人鲁道夫·狄塞尔（1858—1913）成功地试制出了第一台柴油机，柴油机从设想变为现实经历了 20 年的时间。柴油机是动力工程方面的又一项伟大的发明，它的出现不仅为柴油找到了用武之地，而且它比汽油省油、动力大、污染小，是汽车又一颗良好的"心脏"。

4. 大批量 T 型车

1908 年，亨利·福特及其伙伴将奥尔兹、利兰以及其他人的设计和制造思想结合成为一种新型汽车——T 型车，一种不加装饰、结实耐用、容易驾驶和维修、可行乡间道路、大众市场需要的低价位车。T 型车装 4 缸 20hp 汽油机，前置于发动机舱内，两前进档一倒档行星齿轮变速器，充气轮胎，双排座带篷船形车身。该车投放市场获好评，接到大量订单。

1.2　智能网联汽车系统架构及关键技术

现今，各种智能化产品都如雨后春笋般地冒出来了，智能网联汽车作为典型的智能化系统，涉及诸多的智能化技术，那么智能网联汽车到底由哪些系统组成，又有哪些关键技术呢？

1.2.1　智能网联汽车系统架构

在新一代智能网联汽车的浪潮下，随着车载电子控制单元（Electronic Control Unit，ECU）的与日倍增以及处理器运算能力和硬件的高速发展，连接 ECU 的网络需要更大的带宽，这一需求远超控制器局域网（Controller Area Network，CAN）等传统车载网络的容量极限。

因此，比较明确的趋势是向控制器局域网灵活数据（Controller Area Network Flexible Data，CAN FD）过渡。CAN FD 提供了 64 字节的数据吞吐量以及最高 5Mbit/s 的传输速率。另外，车载以太网技术似乎已经成为本次浪潮中的宠儿。由于车载以太网具有高带宽、低延迟、低成本的特性，因此在新一代整车架构中将替代 CAN 总线成为优选网络架构。

如图 1-2 所示，以车载以太网作为骨干网络，将核心域控制器 [动力总成、车身、娱乐、高级驾驶辅助系统（Advanced Driving Assistance System，ADAS）] 连接在一起。各个域控制器在实现专用的控制功能的同时，还提供强大的网关功能。在各个域控制器的下方，各部件之间的通信基本是通过 CAN FD 来实现数据共享的，这种类似于传统车载网络架构（除娱乐子网中，娱乐域控制器与其子部件的通信将通过以太网实现）。另外，当一个域需要与其他域交换信息时，则需经由网关、以太网路由实现。这种基于域控制器的架构改变了传统的车载网络中 ECU 到 ECU 的点到点通信方式。

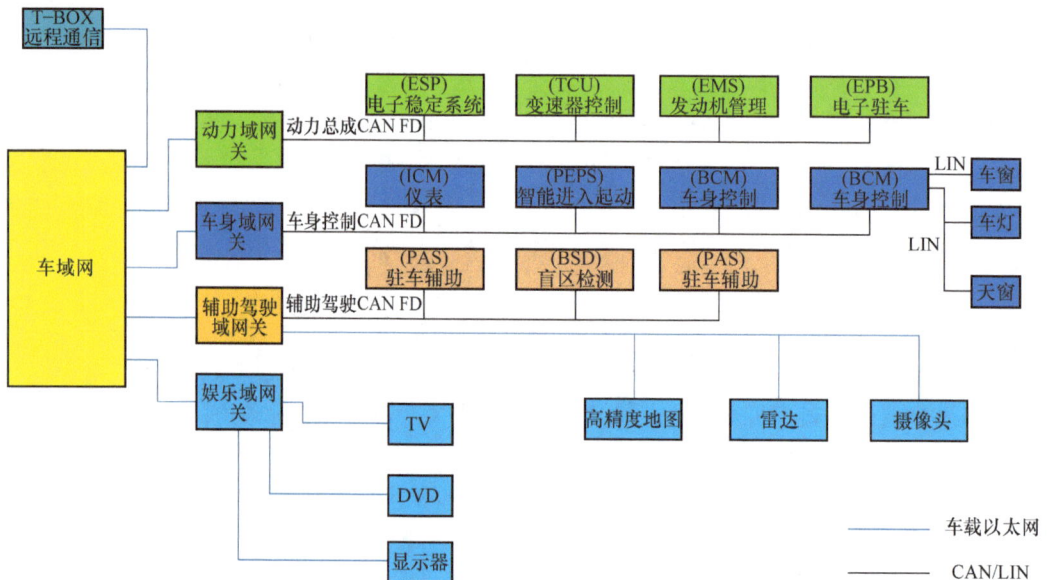

图 1-2　智能网联汽车架构图

1.2.2　智能网联汽车关键技术

1. 车用无线通信技术

车用无线通信是指路边、车载和行人手持设备等，通过无线方式，实现车与车、车与路、车与人的直接通信和信息交换，这个通信过程可以不需要移动通信宏网络基站介入。至于车与网络的通信，可以基于已有的移动宽带网络来实现，如 3G、4G、5G 等。

车用无线通信技术是针对汽车和道路联网场景提出的新型通信技术。在车用场景下，车车间的相对移动速度可能高达 500km/h，遮挡和信道环境更复杂，从而带来更显著的多普勒频率扩展以及信道快速时变的问题。另外，在车辆行驶过程中，为了提高驾驶安全性，减少交通事故的发生，车辆间的直连通信对高可靠、低延迟等有更高的需求。

2. 行驶环境融合感知技术

汽车对高安全可靠的需求必须依赖传感融合以提供更可靠、更广泛的感知能力。目前各种传感技术各有所长，不存在某一种方案可以满足所有工况需求的情况。特斯拉汽车的交通事故也证明了单一方案缺乏必要的安全冗余。

行驶环境融合感知技术包括基于多源异构系统的环境信息感知技术和动态车辆与交通系统多信息融合等技术。基于多源异构系统的环境信息感知等技术主要指在结构与非结构道路条件下，基于激光雷达、毫米波雷达、摄像头等多传感器的多目标感知技术；基于车辆、道路、云端的多源信息同步和综合感知技术；异构网联环境下，基于车路作用机理的动态车辆及交通数据感知、更新、应用技术。

3. 智能网联决策和控制技术

当前自动驾驶决策处于轨迹规划和避障的初级阶段，行为预测也成为自动驾驶体验落后于人类驾驶的关键短板，驾乘体验有待提升。轨迹规划需从简单的全局路径向局部轨迹演进，以车道为最小引导单元，依据局部信息和自身状态规划，设计出符合车辆动力学的轨迹。同时，需实现多层避障机制，以确保车辆避免发生碰撞。在行为预测上，目标检测识别技术已逐步成熟，但目标行为理解和预判成为最大挑战，基于概率分布的随机模型成为行为预测的重要手段。

在控制和执行上，运动控制从单纯纵向速度控制向纵横融合的轨迹控制演变。纵横联动的运动控制和新型人机交互成为发展重点。

4. 高精度定位技术

位置信息是车联网应用中最基础的信息。当前常用的定位技术包括卫星定位（如北斗、GPS 等）以及基于通信网络的定位技术等，通常为动态 10m 级的精度。车联网的典型应用，一般需要米级的定位精度，而自动驾驶对定位的精度要求更高，需要亚米级甚至厘米级的定位精度。因此，更高精度、更高可用性的定位技术对车联网应用至关重要。

5. 高精度地图生成和更新技术

高精度地图和普通地图的差异，主要体现在两方面：一方面，绝对坐标精度更高，即地图上目标与真实世界的物体位置误差更小；另一方面，高精度地图包含的道路交通信息元素更丰富和细致，更翔实地反映出道路和路侧的实际信息。在协作式智能交通系统（Cooperative Intelligent Transportation Systems，CITS）的应用中，需要准确地知道车辆在哪条车道，自动驾驶汽车还需要地图提供诸如交通标线、标识的绝对位置，以及车与车道线、车与道路边缘的相对位置等更丰富的信息。

现阶段，高精度地图通常是通过一些后处理技术，把结构化数据、图片数据以及高精度的位置数据融合在一起，通过后期加工，形成高精度路网信息，制作成本高，且难以实时更新。

6. 数据虚拟仿真及测试评价技术

目前，基于高精度地图数据、道路交通事故数据和自动驾驶数据的虚拟场景构建技术，基于驾驶人模型、整车模型、区域交通模型、通信系统模型、云控交通模型的多元模型构建技术，基于人工干预场景下的智能网联汽车行驶鲁棒性测试技术，集成单车视角与全局交通视角的综合性智能网联虚拟仿真测试等技术，是多模式数据虚拟仿真及测试评价技术研究的关键。

7. 车联网安全技术

车联网（Vehicle to Everything，V2X）安全认证是车联网商业化部署应用的重要保障。车联网"人-车-路-网-云"通信过程中需要对车载设备、路侧设备基础设施等参与主体的身份合法性进行安全认证，避免黑客攻破，袭击车载单元（On Board Unit，OBU）、路侧单元（Road Side Unit，RSU）中一个或全部，误导车辆做出错误判断，导致车辆碰撞等危害人身、公共安全的重大事故发生。

随着信息感知与执行设施终端化、个体化，车车、车路交互低时延、高可靠交互需求不断增强，不同层级的管理机构对于动态交通状态、管控等需求不断增强，需依托路侧智能基站系统、云计算技术，构建一套扁平化、分级授权和安全的数据链，实现海量感知信息的跨平台传输和处理，和信息感知、管控与服务业务的高效处理和响应。

📎 知识链接

世界智能网联汽车大会

"世界智能网联汽车大会"是全国首个经国务院批准的国家级智能网联汽车专业会议，是智能网联汽车领域高水平、高层次、全球规模最大且具有重要影响力的国际会议。

作为我国第一大新能源和智能网联汽车专业展，亚洲最具规模和影响力的新能源和智能网联汽车专业展览展示平台，经过多年的培育，该展览会现已成为一年一度的新能源和智能网联汽车行业盛事，行业知名度、美誉度和国际影响力与日俱增，成为各大参展商交流学习、展览展示、产品和技术创新、人才交流、商业合作、品牌宣传、促销和市场推广、跨界协同和融合的专业化优质高端平台。

1.3 智能网联汽车产业标准体系

任何产业都离不开标准，智能网联汽车产业也不例外。智能网联汽车有哪些国际标准，哪些国内标准呢？

1. 智能网联汽车国际标准

智能驾驶与车路协同方面，国际标准化组织（International Organization for Standardization，ISO）、第三代合作伙伴计划（3rd Generation Partnership Project，3GPP）、欧洲通信标准化协会（European Telecommunications Standards Institute，ETSI）、欧洲标准化组织（European Committee for Standardization，ECN）、美国电气电子工程师学会（Institute of Electrical and Electronics Engineers，IEEE）、美国汽车工程师学会（Society of Automotive Engineers，SAE）等机构开展了大量工作。

ISO 是最主要的标准化组织之一，ISO/TC204（智能交通系统标准化技术委员会）已初步形成覆盖安全和辅助驾驶（ADAS）、合作式智能交通系统、地理信息等内容的标准体系。目前，TC204 已发布近 20 项 ADAS 标准、14 项合作式系统标准、7 项地图及导航标准，另有 30 余项相关标准在研。

在美国，IEEE 出台了 802.11p/1609 系列标准，用于规范车车之间（Vehicle to Vehicle，V2V）和车路之间（Vehicle to Infrastructure，V2I）无线通信协议。SAE 提出的自动驾驶分级标准，已被全球广泛采用。同时，SAE 还完成了专用短程通信消息集字典、通信性能要求等基础性标准。

欧洲在发展车路协同的过程中非常注重协议和标准的制定，并且与美国交通部门合作，正在制定全球范围内统一的车路协同（V2X）系统通信协议。为此，美国和欧洲成立了美欧标准协调工作项目组（EU-US ITS Task Force Standards Harmonization Working Group），在完成美欧通信标准的异同分析、通信标准的协同性测试、车路协同信息的标准发布等基础上，专门负责全球车路协同通信协议标准化的制定。欧洲通信标准研究所（European Telecommunications Standards Institute，ETSI）根据 CVIS 和 SafeSpot 计划的实验结果，颁布了 ETSI EN 302 665 V1.1.1（2010-09）Intelligent Transport Systems（ITS）Communication Architecture 等一系列的欧洲标准，其中 ETSI EN 302 665 给出了系统的通信框架和协议栈构成。在信息交互标准方面，由欧洲智能交通系统协会（Intelligent Traffic System，ITS）和 ETSI 共同完成了用于车路协同系统集成的中长距离连续空中接口标准（Continuous Air Interface for Long and Medium Distance，CALM），提供了集成现有协议的框架和方法。CALM 支持车车、车路以及与路侧设备之间的通信，在最大程度上支持现有通信制式的相互兼容，包括红外、GSM（2G/3G）、DSRC、802.11 系列技术、WiMax，IEEE802.16e、卫星、微波（63GHz）和蓝牙等通信制式。

专用短程通信技术（Dedicated Short Range Communications，DSRC）是一种高效的无线通信技术，它可以实现在特定小区域内（通常为数十米）对高速运动下的移动目标的识别和双向通信，例如车辆的"车 - 路""车 - 车"双向通信，实时传输图像、语音和数据信息，将车辆和道路有机连接。国际上几大标准化组织都开展了制定 DSRC 标准的工作。以美国 ASTM/IEEE、日本的 ISO/TC204 和欧洲 CEN/TC278 标准体系为代表。

从全球范围看，在自动驾驶车联网领域，目前主要存在长期演进车联网（Long Term Evolution Vehicle to Everything，LTE-V2X）与 DSRC（基于 WiFi 的车用短程通信）两条不同的技术路线。目前 LTE-V2X 应用已经超越了 DSRC。

相比 DSRC 技术，LTE-V2X 可以解决前者在离路覆盖、盈利模式、容量及安全等各方面存在的问题。它的部署相对容易，频谱带宽分配灵活，传输可靠，覆盖广而且随着 3GPP 持续演进，可支持未来 ITS 业务需求。表 1-3 是 DSRC 与 V2X 的对比。

表 1-3　DSRC 与 V2X 的对比

指标	DSRC	V2X
通信方式	IEEE802.11p/IEEE1609 标准通信	基于 D2D 的终端直连
最大传输距离	800m	1000m
最大移动速度	60km/h	350km/h
最大数据速度	27Mbit/s	1Gbit/s
频段	5.86～5.92GHz	授权频段
时延	大于 10ms	约 1ms

DSRC 相比 V2X 已经有成熟的标准和良好的网络稳定性，但 LTE-V2X 作为后起之秀，正有逐步取代并超越 DSRC 的趋势。在可用性方面，DSRC 具有不依赖网络基础设施（比如安全性管理和互联网接入等功能）和自组网的良好特性，所以基于 DSRC 标准的 V2X 网络稳定性强，不会由于传输瓶颈和单点故障的原因导致整个系统无法工作。

而在不包含 ProSe 功能的 LTE 版本中，LTE-V2X 需要依赖基础网络设施，在 R12 以后的版本中，LTE 加入了 ProSe 功能，LTE-V2X 功能支持在线和离线两种模式，互联网连接不再是必备选项了。另一方面由于 DSRC 使用的是不经过协调的信道接入策略，这种策略无法满足未来 V2X 对确定性时延的需求，同时，DSRC 的可靠性和容量较 LTE-V2X 也要差一些。未来随着无人驾驶和互联网汽车的出现，汽车与互联网相连，将成为一种常态。由于 LTE-V 是基于运营商网络建设的，所以 LTE-V2X 后续的发展潜力很大。

3GPP C-V2X 的标准化分为 3 个阶段：

1）支持 LTE-V2X 的 3GPP R14 版本标准已在 2017 年 3 月正式发布。

2）支持 LTE-V2X 增强（LTE-eV2X）的 3GPP R15 版本标准于 2018 年 6 月正式完成。

3）支持 5G-V2X 的 3GPP R16+ 版本标准宣布于 2018 年 6 月启动研究，将与 LTE-eV2X 形成互补关系。

3GPP C-V2X 演进路径见图 1-3 所示。

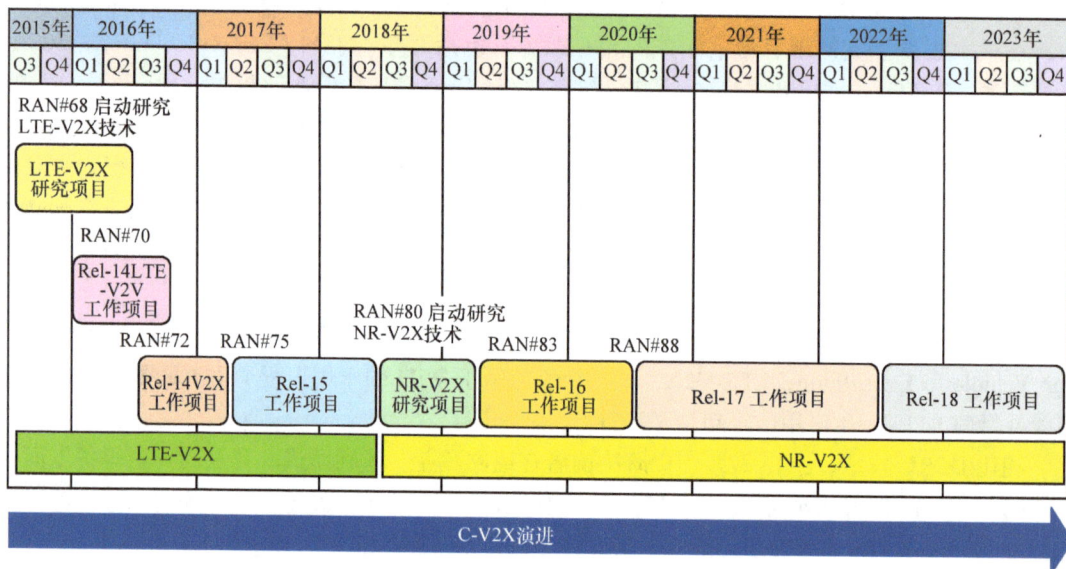

图 1-3　3GPP C-V2X 演进路径

（Q1、Q2、Q3、Q4 表示第 1 季度、第 2 季度、第 3 季度、第 4 季度；Rel-14 ～ Rel-18 是公开的车联网协议版本号）

2. 智能网联汽车国内标准

我国目前已基本建设完成 LTE-V2X 标准体系和核心标准规范，正进一步加速跨行业应用落地。我国 LTE-V2X 相关空口、网络层、消息层和安全等核心技术标准已制定完成，标准体系已初步形成，为了推动 LTE-V2X 标准在汽车、交通、公安行业的应用，一方面推进 LTE-V2X 标准转升为国标，便于跨行业采用；另一方面是在汽车、交通、公安行业，开展功能要求和系统技术要求等上层标准制定。LTE-V2X 已编制完成的部分标准见表 1-4。

表 1-4　LTE-V2X 已编制完成的部分标准

分类	标准名称	标准类别	标准组织
总体	基于 LTE 的车联网无线通信技术总体技术要求	行标、国标	CCSA
接入层	基于 LTE 的车联网无线通信技术空口技术要求	行标、国标	CCSA
网络层	基于 LTE 的车联网无线通信技术网络层技术要求	团标、行标、国标	C-ITS、CCSA
消息层	基于 LTE 的车联网无线通信技术消息层技术要求	团标、行标、国标	C-ITS、SAE-C、CCSA
安全	基于 LTE 的车联网无线通信技术安全技术要求	行标、国标	CCSA
	基于 LTE 的车联网无线通信技术安全证书管理系统技术要求	行标、国标	CCSA

（续）

分类	标准名称	标准类别	标准组织
应用（系统）	基于 LTE-V2X 直连通信的车载信息交互系统技术要求	团标、国标	C-ITS、SAE-C、SAC/TC114
	基于 LTE-V2X 直连通信的路侧单元系统技术要求	团标、国标	C-ITS、SAE-C
	面向 LTE-V2X 的多接入边缘计算业务架构和总体需求	行标、国标	CCSA
	面向 LTE-V2X 的多接入边缘计算服务能力开放和接口技术要求	行标、国标	CCSA
功能应用	十字交叉路口预警、车辆编队行驶等功能应用	行标、国标	SAC/TC114、SAC/TC268、TC576

5G-V2X 标准已明确研究方向和应用场景，5G-V2X 将开展 NR⊖Sidelink、Uu⊖接口增强、Sidelink 资源分配、服务管理（Quality of Service，QoS）管理、LTE Sidelink 与 NR Sidelink 共存技术、频谱等研究；目前 3GPP 已立项仿真方法研究的研究课题（RP-170837），该立项根据 TR22.886 制定的需求完成 TR38.913 和 TR38.802 中仿真方法的制定，包括仿真场景、性能指标和业务模型，其中包括 6GHz 以上 Sidelink 的信道模型研究；3GPP 5G-V2X 主要面向四类高级应用——车辆编队、共享传感器、远程遥控驾驶、自动驾驶。

知识链接

第三代合作伙伴计划（3GPP）

3GPP 的目标是实现由 2G 网络到 3G 网络的平滑过渡，保证未来技术的后向兼容性，支持轻松建网及系统间的漫游和兼容性。其职能：3GPP 主要是制订以 GSM 核心网为基础、以 UTRA（FDD 为 W-CDMA 技术，TDD 为 TD-SCDMA 技术）为无线接口的第三代技术的规范。

3GPP 成立于 1998 年 12 月，多个电信标准组织伙伴共同签署了《第三代伙伴计划协议》。3GPP 最初的工作范围是为第三代移动通信系统制定全球适用的技术规范和技术报告。第三代移动通信系统基于的是发展的 GSM 核心网络和它们所支持的无线接入技术，主要是 UMTS。随后 3GPP 的工作范围得到了改进，增加了对 UTRA 长期演进系统的研究和标准制定。目前有欧洲的 ETSI、美国的 ATIS、日本的 TTC 及 ARIB、韩国的 TTA、印度的 TSDSI 以及我国的 CCSA 作为 3GPP 的 7 个组织伙伴（OP）。目前独立成员超过 550 个，此外，3GPP 还有 TD-SCDMA 产业联盟（TDIA）、TD-SCDMA 论坛、CDMA 发展组织（CDG）等 13 个市场伙伴（MRP）。

中国无线通信标准研究组（CWTS）于 1999 年 6 月在韩国正式签字同时加入 3GPP 和 3GPP2，成为这两个当前主要负责第三代伙伴项目的组织伙伴。在此之前，我国是以观察员的身份参与这两个伙伴的标准化活动。

⊖　新空口（New Radio，NR）。
⊖　Uu 接口为 UE（User Equipment）与 UTRAN（UMTS Terrestrial Radio Access Network）之间的接口。

1.4　智能网联汽车的发展历程与现状

随着汽车技术的发展，现在出现了各种智能网联汽车、自动驾驶汽车。那么国内外智能网联汽车的发展历程是怎样的呢？现在已经发展到哪个阶段了呢？

1.4.1　国外智能网联汽车的发展历程与现状

1. 美国

（1）美国交通部近年来陆续公布了系列自动驾驶顶层设计文件

2015 年发布了《美国智能交通系统（ITS）战略规划（2015—2019 年）》，2016 年发布了《联邦自动驾驶汽车政策指南》（AV1.0），2017 年 9 月发布了《自动驾驶系统 2.0：安全愿景》（ADS2.0），2018 年 10 月发布了《为交通运输的未来做准备：自动驾驶汽车 3.0》（AV3.0），这一系列文件被视为美国自动驾驶领域的战略性指导文件，同时是针对自动驾驶的战略升级。2020 年 1 月，美国正式发布了 AV4.0 版本的指导性文件《确保美国自动驾驶领先地位：自动驾驶汽车 4.0》，以确保美国在自动驾驶汽车（Automatic Vehicle，AV）技术开发和集成方面的领导地位，促进自动驾驶技术安全且充分地融入地面运输系统中。

（2）美国重点依托 ITS 整体发展推进汽车智能化和网联化进程

1991 年，美国国会指派交通部（DOT）负责全国的智能交通发展。1997 年，美国进行了自动公路系统（Automatic Highway System，AHS）试验展示，旨在减少道路拥堵、环境污染、降低事故率和减轻驾驶者的负担。美国交通部于 1998 年启动智能车辆先导计划，旨在通过加速开发和引进驾驶辅助产品来减少道路交通事故引起的伤亡；2010 年，《美国 ITS 战略计划 2010—2014》发布，第一次从国家战略层面提出大力发展网联技术及汽车应用；2015 年，《美国 ITS 战略计划 2015—2019》发布，明确了实现汽车网联化、加速汽车智能化两大核心战略，提出了车辆和道路更安全、增强交通移动性、降低环境影响、促进改革创新、支持交通系统信息共享 5 项发展战略，确定了网联汽车、自动化、新兴功能、大数据、互用性、加速应用六大类别的研发及应用目标。2020 年 3 月，《ITS 战略规划 2020—2025》发布，指出要评估和应用 5G、AI、无人驾驶等新技术，推动自动驾驶技术集成到道路交通系统，加速 ITS 智能交通系统部署，确保人员、货物运输更加安全和高效。

（3）美国加州是自动驾驶汽车测试应用发展最具代表性的地区

美国加州当地开放的政策使全球大部分的自动驾驶公司选择在此进行开放道路测试。2022 年 2 月加州交通管理局发布的 2021 年度报告显示，在加州进行路测的 28 家公司的 1180 辆自动驾驶车辆，共计行驶逾 410 万 mile（660 万 km），相比 2020 年度增加了 200 万 mile（322 万 km），测试里程翻倍。

2. 欧盟

（1）制定详细的技术发展路线图

欧盟发布了《欧洲自动驾驶智能系统技术路线报告》，涉及车内技术、基础设施、大数据、系统集成与验证、系统设计、标准化、法律框架、宣传措施 8 项内容，并规划了 3 个阶段：2020—2025 年为研发期，2022—2028 年为示范期，2025—2028 年为产业化期。根据欧盟委员会交通白皮书提出的发展目标，以不减少交通流量为前提，到 2020 年，通过自动驾驶技术的应用，实现污染物排放降低 20%、道路交通伤亡率降低 50%；到 2050 年，污染物排放降低 50%、道路交通伤亡率接近于零。

（2）依托全欧 ITS 网络推进产业发展

欧盟智能网联汽车产业以全欧 ITS 网络计划为基础。2004 年，欧盟进行了 ITS 整体体系框架的研究（FRAME 计划），统一了欧盟范围内各国的 ITS 体系框架。2010 年，欧盟委员会制定了《ITS 发展行动计划》，这是欧盟范围内第一个协调部署 ITS 的法律基础性文件。2014 年，欧盟启动"Horizon 2020 研究计划（2014—2021）"，将 ITS 作为主要研发目标，其中的道路、物流、智能交通系统研究方向，均涉及智能汽车产业的相关领域，重点项目包括道路领域（协同式 ITS、公路交通车辆安全性与网联化）、物流领域（促进供应链的协同）和智能交通领域（互联性、数据共享与 ITS 部署的广泛性和兼容性等）。

3. 日本

（1）建设覆盖全国的道路交通信息通信系统

日本的道路交通信息通信系统（Vehicle Information Communication System，VICS）是比较典型的、具有较高层次的车联网信息系统。VICS 于 1996 年正式提供信息服务，2003 年基本覆盖全日本，能将警察部门和高速公路管理部门提供的交通路况、驾驶所需时间、路面施工、车速与路线管制以及停车场空位等信息经过编辑处理后及时传递给用户，构建了车辆互联、多方服务的信息化生态环境。目前日本安装 VICS 终端的车辆已超过 4000 万辆。

（2）重点发展 ITS 布点技术

近年来，日本国土交通省（MLIT）强调车辆与公共交通基础设施之间通信连接的重要性。

为更好地实现智能网联汽车的实际应用，引入 ITS 布点技术来实现高带宽的连接。在日本各地已经安装了超过 1700 个 ITS 布点位置，已有超过 10 万辆汽车与之建立通信连接。ITS 系统已能提供一定的交通信息及预警提示，未来将进一步实现与车载车道保持辅助系统（LKA）和自适应巡航系统（ACC）的联合。

（3）实施新的 IT 战略

2013 年，日本政府宣布新 IT 战略即《世界领先 IT 国家创造宣言》，启动战略性创新创造项目（SIP）计划，提出了日本自动化驾驶汽车商用化时间表，以及 ITS 2014—2030 技术发展路线图，并提出到 2020 年推动先进驾驶辅助系统和自动驾驶系统的开发和商业化应用，建成世界上最安全的道路；在 2030 年实现交通数据的大规模应用，建成全世界最安全及最畅通的道路。

（4）大力推广智能安全技术

日本在智能安全技术的应用上较为领先。丰田推出的综合安全管理理念（ISMC）创建了能够将各系统加以整合、共同运行的安全体系，而非各系统单独运行。日产宣布在 2020 年推出无人驾驶汽车并表示其价格将在公众可接受的范围内，并不像谷歌一样需要昂贵的顶置激光雷达，而是使用低成本、高集成度的车载传感器。本田公司正在开发的无人驾驶汽车则采用协同式技术路线，通过车车、车路通信获取环境信息，对车辆周围环境进行全面的辨识，进而对车辆行驶路径进行智能决策。

由上述总结能够发现，智能网联汽车已经从研究测试阶段逐渐过渡到产业应用阶段，部分智能驾驶辅助系统已经在上市车辆中安装并投入使用。国外也针对自动驾驶 / 无人驾驶车辆等进行了测试标准和法律法规的研究和制定。其中，美国凭借其强大的汽车技术研发能力和信息技术领域的优势积累，在智能网联汽车产业化和测试评价领域处于领先地位。美国政府关注政策法规的制定和基础设施的建设，密歇根州、佛罗里达州、内华达州和加利福尼亚州等已出台了关于自动驾驶汽车公共道路测试的相关法规，包括保险、安全标准、测试等方面，另外十多个州和地区也正在考虑出台。美国高速公路安全管理局也发布了《自动驾驶车辆声明》，对自动驾驶汽车进行了分类，并对部分州允许测试自动驾驶汽车提供了基本建议。欧盟和日本也在智能网联汽车系统研发的基础上进行了评价标准和方法的研究。

1.4.2 国内智能网联汽车的发展历程与现状

1. 政策层面

中国智能网联汽车发展已上升至国家战略层面，发展定位从车联网向智能制造、智能网联等智能化集成行业转移。顶层设计上，《汽车产业中长期发展规划》《智能汽车创新发展战略》及《车联网（智能网联汽车）产业发展行动计划》等指导性规划文件密集出台。国家发展改革委、工信部、交通运输部等各部委，在贯彻落实国务院对于智能网联汽车领域的战略部署之外，同样在各自所负责的产业规划、产品准入、安全监管、场景应用等领域积极推进。

2. 产业标准体系建设

中国智能网联汽车标准体系建设是迎接新机遇和新挑战的重点努力方向。随着智能网联汽车产业的快速发展，原有的产业标准体系已经开始限制产业发展，新的标准体系有待建立。2017 年年底，工信部与国家标准委联合印发了《国家车联网产业标准体系建设指南（智能网联汽车）》；2018 年 6 月，工信部与国家标准委联合印发了《国家车联网产业标准体系建设指南（总体要求）》《国家车联网产业标准体系建设指南（信息通信）》和《国家车联网产业标准体系建设指南（电子产品和服务）》系列文件；2020 年 4 月，工信部、公安部与国家标准委联合印发了《国家车联网产业标准体系建设指南（车辆智能管理）》；2021 年 3 月，工信部、交通运输部与国家标准委联合印发了《国家车联网产业标准体系建设指南（智能交通相关）》。综上可见，目前我国已基本建成国家车联网产业标准体系，可有效规范智能网联产业发展。

3. 开放道路测试

当前我国自动驾驶开放道路测试正处于发展试行阶段。2021 年 7 月，工信部、公安部、交通运输部三部门联合印发了《智能网联汽车道路测试与示范应用管理规范（试行）》，旨在加快制造强国、科技强国、网络强国、交通强国建设，推动汽车智能化、网联化技术的应用和产业发展，规范智能网联汽车道路测试与示范应用。随后地方政府开始大力推进，北京、上海、保定、重庆、深圳、长沙、长春、平潭、天津等多座城市先后出台了地方道路测试管理规定，对测试主体、测试车辆、测试员、许可方式以及测试区域等内容做出具体要求与规定。截至 2021 年 12 月，中国已经有 20 余座城市发放了自动驾驶路测牌照，全国开放道路测试里程超过 5000km，发放测试牌照 800 余张，安全道路测试总里程超过 1000 万 km，高等级智能网联汽车在全国多地城市道路实现常态化载人载物测试。

4. 示范应用推广

随着工信部构建的"基于宽带移动互联网的智能汽车与智慧交通应用示范"项目的推动，中国积极推进智能网联汽车测试示范区的建设，已经构建形成了包括北京 - 河北、上海、浙江、吉林（长春）、湖北（武汉）、江苏（无锡）、重庆、广东、湖南（长沙）、四川（成都）10 家工信部授权的国家级智能网联汽车示范区，江苏（无锡）、天津（西青）、湖南（长沙）、重庆（两江新区）4 家工信部授权国家级车联网先导区，以及 30+ 由城市或企业主导的示范区。研发包括车路协同、先进辅助驾驶、自动驾驶、交通大数据等新技术与新产品。同时开展实验验证、测试评估、封闭测试、应用示范等多方面功能性营运项目，为智能网联自动驾驶汽车的快速发展创造示范性条件。

智能网联汽车相关政策见表 1-5。

表 1-5　智能网联汽车相关政策

部　委	政　策	时间
国家发展改革委、工信部、科技部	智能汽车创新发展战略	2020.2
中共中央、国务院	《国家综合立体交通网规划纲要》	2021.2
国家发展改革委等 28 个部门和单位	《加快培育新型消费实施方案》	2021.3
公安部	《道路交通安全法（修订建议稿）》	2021.4
工信部	《智能网联汽车生产企业及产品准入管理指南（试行）》（征求意见稿）	2021.4
住建部、工信部	《关于确定智慧城市基础设施与智能网联汽车协同发展第一批试点城市的通知》	2021.5
工信部	《网络安全产业高质量发展三年行动计划（2021—2023 年）（征求意见稿）》	2021.7
工信部、中央网络安全和信息化委员会办公室、国家发展改革委、教育部、财政部、住建部、文化和旅游部、卫健委、国务院国有资产监督管理委员会、国家能源局	《5G 应用"扬帆"行动计划（2021—2023 年）》	2021.7

（续）

部　委	政　策	时间
工信部、公安部、交通运输部	《智能网联汽车道路测试与示范应用管理规范（试行）》	2021.7
工信部	《关于加强智能网联汽车生产企业及产品准入管理的意见》	2021.8
工信部	《关于加强车联网网络安全和数据安全工作的通知》	2021.9
工信部	《关于加强车联网卡实名登记管理的通知》	2021.9
交通运输部	《交通运输领域新型基础设施建设行动方案（2021—2025年）》	2021.9
工信部	《"十四五"信息通信行业发展规划》	2021.11
住建部、工信部	《关于确定智慧城市基础设施与智能网联汽车协同发展第二批试点城市的通知》	2021.12

知识链接

中国电动汽车百人会

2014年5月5日，由来自政府部门、研究机构、产业界等的官员、学者、企业家共同发起的中国电动汽车百人会在北京宣布成立，百人会力求打破行业、学科、所有制和部门局限，进一步促进我国电动汽车产业的发展。

中国电动汽车百人会汇聚来自政府、学界、产业界的各界人士，致力于推动电动汽车和智能网联汽车的发展，打破行业、学科、所有制和部门局限，搭建一个通过研究和交流推进多领域融合和协同创新的平台。

智能汽车与智慧城市协同发展联盟是由中国电动汽车百人会联合国家有关部门、研究机构，国内外积极参与自动驾驶技术创新与应用示范的整车与零部件、通信、新能源、智能交通、人工智能、互联网等领域的优秀企业共同发起成立的多元化的协同创新共同体，致力于推动智能汽车与智慧城市协同发展顶层设计并在城市开展先行先试和示范实践，力求在技术验证、示范运营、法律法规、技术标准、产业政策、监管体制等方面不断创新以支持产业发展。

思考题

1. 为什么要发展智能网联汽车产业？
2. 智能网联汽车具有哪些特征？
3. 你所知道的智能网联应用有哪些？请举例说明。
4. 智能网联汽车具有哪些特征？
5. 你所知道的智能网联汽车有哪些功能？请举例说明。
6. 智能网联汽车标准组织有哪些？
7. 智能网联汽车每个标准组织具体制定哪些标准？
8. 智能网联系统国内外的发展情况是怎样的？
9. 你知道的主要的智能网联汽车品牌有哪些？它们的定位有什么不同？

第2章 智能网联汽车环境感知系统

本章首先介绍智能网联汽车环境感知系统的基本知识，即智能网联汽车环境感知系统的定义和组成，以及环境感知传感器的类型、配置、工作原理和环境感知传感器的应用。在此基础上介绍多传感器融合技术，最后介绍智能网联汽车环境感知系统的相关应用。

学习目标

1. 掌握智能网联汽车环境感知的定义和组成。
2. 熟悉环境感知的对象和方法。
3. 了解常见环境感知传感器的类型、特点及在智能网联汽车上的应用。
4. 培养学生善于发现、勤于思考的钻研精神。

2.1 环境感知系统的基础知识

在电影《速度与激情8》中，大反派查理兹·塞隆为了抢夺核武器发射装置，用高科技侵入汽车智能驾驶系统，使得上千辆无人汽车组成了一支庞大的"僵尸车"军团，在街头拦截俄国国防部长的专车，汽车巨浪在街头汹涌前进，画面震撼。那么，这些智能汽车是如何感知周围环境信息的呢？

2.1.1 环境感知系统的定义

环境感知包括外界感知和自身感知。外界感知的主要目的是感知外在环境，包括静态环境感知和动态环境感知。静态环境感知主要是感知周围位置相对固定不变的物体，而动态环境感知主要是感知周围移动的物体。外界感知常用的传感器有单目摄像头、双目摄像头、激光雷达、毫米波雷达、超声波雷达。自身感知的主要目的是感知自身的运动状态，包括位置、朝向、速度等。单目摄像头输出的是图片信息，双目摄像头输出的是深度图或者稠密点云信息，激光雷达输出的是稀疏点云信息，以上信息都需要传感器外部算法进行分类、分割、检测、跟踪处理后才能得到环境信息；而毫米波雷达、超声波雷达在传感器内部就携带处理算法，因此可以直接输出环境信息。

智能网联汽车环境感知系统相当于人的感官神经，利用车载视觉传感器、激光雷达、毫米波雷达、超声波雷达以及 V2X 通信技术等获取智能网联汽车周围环境信息，包括车辆、行人、道路和环境等，以上信息经过车载 ECU 处理后传输给车载控制单元，为智能网联汽车的安全行驶提供及时、准确和可靠的决策依据。

智能网联汽车环境感知对象主要包括以下几个方面：

1）行车路径。行车路径指可驶道路区域，可分为结构化道路和非结构化道路，如图 2-1 所示。结构化道路一般是指高速公路、城市干道等结构化较好的公路。这类道路具有清晰的道路标志线，道路的背景环境比较单一，道路的几何特征也比较明显。针对它的路径识别主要包括：行车线、行车路边缘、道路隔离物。非结构化道路一般是指城市非主干道、乡村街道等结构化程度较低的道路，这类道路没有车道线和清晰的道路边界，再加上受阴影和水迹等影响，道路区域和非道路区域难以区分，针对它的路径识别主要包括路面环境状况的识别和可行驶路径的确认。

a) 结构化道路　　　　　　　　　　　　　　　b) 非结构化道路

图 2-1　结构化道路和非结构化道路示例

2）周边物体。周边物体指能影响车辆通过性的其他各种移动或静止物体、各种交通标志、交通信号灯等。例如：特斯拉 Model S 行车时通过中间摄像头的感知，实现了对前方环境中的车辆、交通标识、行人及行车路径的识别，如图 2-2 所示。

图 2-2　特斯拉 Model S 行车时的环境感知

3）驾驶状态。驾驶状态包括驾驶人自身状态、车辆自身行驶状态的识别。

4）驾驶环境。驾驶环境检测主要包括路面交通拥挤情况和天气状况的识别。

2.1.2　环境感知系统的组成

智能驾驶车辆获取和处理环境信息主要用于状态感知和 V2X（车对外界的信息交换）网联通信。状态感知主要通过车载传感器对周边及本车环境状态信息进行采集和处理，主要包括交通状态感知和车身状态感知。然而，V2X 网联通信是结合现代通信与网络技术，实现智能驾驶车辆与外界设施以及汽车之间的互联互通、信息共享和协同控制等。

智能网联汽车环境感知基于传感器的状态感知，交通状态感知功能的实现依赖于环境感知传感器及相应的感知技术。环境感知是一个复杂的系统，它需要多种车载传感器实时获取周边环境的信息，通过运算处理分析原始输入数据，给出合理的决策，因此环境感知是硬件设备系统和设备感知的物理基础。主要的车载传感器包括激光雷达、毫米波雷达、机器视觉系统红外传感器、超声波传感器、惯性系统等。一般而言，原始数据的质量越高，数据处理与分析模块的难度就越低，数据离不开性能优异的车载传感器。由于不同传感器的材料属性不同，原理功能各异，它们能够在不同的使用场景里发挥各自的优势。各个传感器能够分别获取不同的局部信息，这些信息之间相互补充。多传感器融长补短，能够显著提高系统的冗余度和容错性，从而保证决策的快速性和正确性。多传感器融合是当前自动驾驶汽车采用的主流环境感知方案。

环境感知系统包括信息采集单元、信息处理单元及信息传输单元三大模块，具体组成如图 2-3 所示。

1）信息采集单元。信息采集单元对环境的感知和判断是智能网联汽车工作的前提与基础，感知系统获取周围环境和车辆信息的实时性及稳定性，直接关系到后续检测或识别的准确性和执行的有效性。其中，信息采集单元包括视觉传感器、激光雷达、毫米波雷达、超声波传感器、车载自组网络、导航定位装置等。

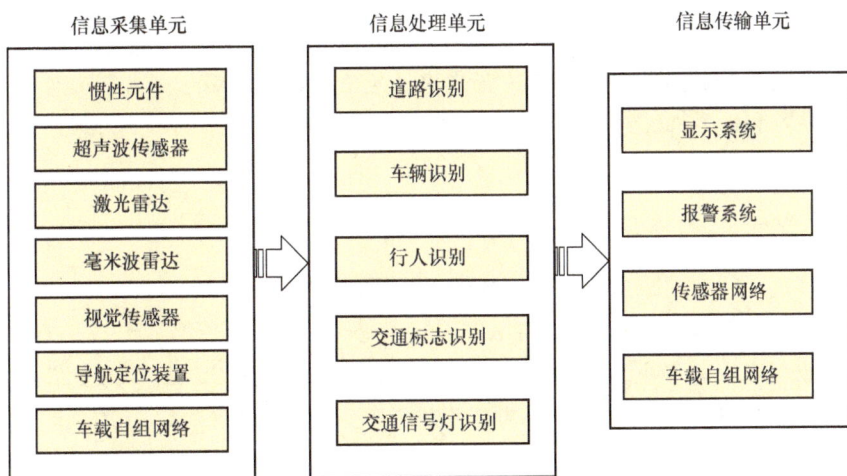

图 2-3　环境感知系统的组成

2）信息处理单元。信息处理单元主要是对信息采集单元输送来的信号，通过一定的算法对道路、车辆、行人、交通标志、交通信号灯等进行识别；信息处理单元包括道路识别、车辆识别、行人识别、交通标志识别、交通信号灯识别。

3）信息传输单元。信息处理单元对环境感知信号进行分析后，将信息送入传输单元，传输单元根据具体情况执行不同的操作。例如：利用分析后的信息确定前方有障碍物，并且当本车与障碍物之间的距离小于安全车距，则将这些信息送入控制执行模块，控制执行模块结合本车速度、加速度、转向角等自动调整智能网联汽车的车速和方向，实现自动避障，在紧急情况下也可以自动制动。信息传输单元把信息传输到传感器网络上，实行车辆内部资源共享，也可以把处理信息通过自组织网络传给车辆周围的其他车辆，实现车辆与车辆之间的信息共享。

信息传输单元包括：显示系统、报警系统、传感器网络、车载自组网络等。

知识链接

自动驾驶环境感知

可以预见，自动驾驶汽车将成为继手机之后又一个大有可为的移动装置自动驾驶四大核心技术，分别是环境感知、精确定位、路径规划、线控执行。环境感知系统设计是自动驾驶发展的一个关键环节，也是自动驾驶体现智能的主要方面之一。伴随着机器学习的发展，特别是近年来深度学习技术的再度崛起，环境感知在工业界和学术界都吸引了大量的研究。

自动驾驶的第一步就是环境信息和车内信息的采集、处理与分析，是智能车辆自主行驶的基础和前提。环境感知作为第一环节，是智能驾驶车辆与外界环境信息交互的关键，其核心在于使智能驾驶车辆更好地模拟、最终超越人类的感知能力，感知并理解车辆自身和周边环境的驾驶态势。智能驾驶车辆通过硬件传感器获取周围的环境信息。环境感知主要包括三个方面，路面、静态物体和动态物体。对于动态物体，不仅要检测到物体的位置，而且要对其轨迹进行跟踪，并根据跟踪结果，预测物体下一步的位置。这方面涉及道路边界检测、车辆检测、行人检测等技术，所用到的传感器一般都会有激光测距仪、视频摄像头、车载雷达等。

一般认为，环境感知需要遵照近目标优先、大尺度优先、动目标优先、差异性优先等原则，采用相关感知技术对环境信息进行选择性处理。环境感知的检测和识别等任务主要是通过机器学习和计算机视觉技术来实现的，也就是自动驾驶汽车智能的体现。

小贴士

明大德，担大任，怀着梦想执着前行

让机器具备像人类一样的智慧，是人类的美好梦想。

为了让中国在人工智能这场"抓住了就是机遇，抓不住就是挑战"的变革中不落后于人，他把岁月献给科研。他，就是中国工程院院士、中国人工智能学会理事长、著名人工智能学家李德毅。

1983年，在英国取得博士学位后，李德毅决定回国工作。他从未想到伴随着中国的人工智能行业从"异想天开"到跻身于世界前列。这个过程注定是漫长而艰辛的，沉闷是主要的旋律，过程中令人振奋的突破与成就，使他更加坚定地走下去。他说，"科学研究是一件需要持久努力的事情，创新是一个厚积薄发的过程，要做好经常会失败，甚至成功后又出现新问题的准备。"就是这种信念，使得他把别人认为不可能的事变为可能。

　　李德毅的每一项研究都是建立在踏实的研究和实验基础上的，淋漓尽致地体现了工匠精神。比如 2012 年从北京到天津，李德毅项目团队在高速公路封闭的道路上做"无人驾驶"，跑了 18 次，写了 18 个实验报告，而整个过程停车多少次、转向盘转了多少次、制动踏板踩了多少下都不计其数，回来之后，再对一个个数据进行分解、分析。他说，这样的材料需要很严格、严谨、科学的态度，太浮躁、太急是做不好的。

　　值得一提的是，李德毅与自己的两位堂兄弟李德仁和李德群，均是两院院士，兄弟三人被誉为"一门三院士"。他们从小受到家训的影响，尤其是家训的第一句——"爱我中华、兴我家邦"。八十字的家训，让均有留学海外经历的兄弟三人，都放弃国外优越发展的机会，归国搞科研。八十字的家训彰显了祖辈"德才报国、诗礼传家"的人生观和价值观，也让李氏"德"字辈走出了"一门三院士"。

2.2　环境感知传感器

　　人在走路的时候需要用眼睛看清道路、用耳朵听取各种声音，以识别道路及周围的环境。那智能网联汽车是如何来感知周围环境的呢？

2.2.1　传感器的定义

　　人体的五官是感受外界刺激的感觉器官，它把感受到的刺激传给大脑并做出相应的反应。在自动控制系统中，传感器相当于人类的感觉器官，它能把检测到的各种物理量、化学量、生物量和状态量等信息转换为电信号，并传给控制器进行处理、存储和控制。

　　根据 GB/T 7665—2005《传感器通用术语》的定义：能感受规定的被测量并按照一定的规律转换成可用输出信号的器件或装置。传感器是一种以一定的精确度把被测量转换为与之有确定对应关系的、便于应用的某种物理量的测量装置。其含义包含以下几个方面。

　　1）传感器是测量装置，能完成检测任务。

　　2）输入量是某一被测量，可能是物理量，也可能是化学量、生物量等。

　　3）输出量是某种物理量，要便于传输、转换、处理、显示等，可以是气、光、电量，但主要是电量。

　　4）输入输出有对应关系，且应有一定的精确度。

2.2.2　传感器的组成与特点

1. 传感器的组成

　　传感器一般是利用某些物质的物理、化学和生物的特性或原理按照一定的制造工艺研制出来的。由于传感器的作用、原理、制造的工艺等不同，所以它们有较大的差别。传感器一般由敏感元件、转换元件、转换电路三部分组成，如图 2-4 所示。

被测量 → 敏感元件 →（非电量）→ 转换元件 →（电参量）→ 转换电路 →（气、光、电量）

图 2-4　传感器的组成

（1）敏感元件

敏感元件是直接感受被测量，并输出与被测量成确定关系的某一物理量的元件。

（2）转换元件

转换元件以敏感元件的输出为输入，把输入转换成某一电路参数。

（3）转换电路

转换电路又称测量电路，主要用来将传感器输出的电信号进行处理和变换：如放大、运算、调制、数模或模数变换等，使其输出的信号便于显示和记录。从测量电路输出的信号输入到自动控制系统，对测量结果进行信息处理。

最简单的传感器由一个敏感元件（兼转换元件）组成。它感受被测量时直接输出电量，如热电偶。有些传感器由敏感元件和转换元件组成，没有转换电路，如压电式加速度传感器。其中质量块是敏感元件，压电片（块）是转换元件。有些传感器中转换元件不止一个，要经过若干次转换。

2. 汽车传感器的特点

（1）适应性强，耐恶劣环境

汽车的工作环境恶劣，包括极寒、极热、高海拔等行驶情况，因此，要求汽车传感器具有极强的环境适应性，要能在这些特殊环境下正常工作。另外，汽车传感器还应具有很好的密封性、耐潮湿、抗腐蚀性等特点。

（2）抗干扰能力强

汽车传感器除了能够适应外界恶劣环境之外，也要能够抵抗来自汽车内部的各种干扰。

例如安装在发动机上的传感器，其在工作过程中要承受发动机的高温、高压、腐蚀等多种不利因素，同时还要抵抗多种频率的振动，在工作过程中还需抵抗其他电磁干扰、高压脉冲等，因此要求汽车传感器必须具有较强的耐环境性能和抗干扰能力。

（3）稳定性和可靠性高

汽车传感器的特性对汽车电子控制系统有非常大的影响，汽车的设计使用寿命一般在 10 年以上，因此汽车传感器必须具有高稳定性和高可靠性。

（4）性价比高，适应大批量生产

随着汽车电气化、智能化、网络化、无人化的发展，汽车所用传感器越来越多。在智能汽车中，传感器的数量有时达上百种，这就要求汽车传感器必须具有较高的性价比，否则难以大批量推广使用。

2.2.3 环境感知传感器的类型与配置

1. 环境感知传感器的类型

按照智能网联汽车获取交通环境信息的途径，可将环境感知传感器分为被动环境感知传感器和主动环境感知传感器。

被动环境感知传感器自身不会发射信号，而是通过接收外部反射或辐射的信号获取环境信息，如视觉传感器（单目/双目/三目摄像头、环视摄像头）等。

主动环境感知传感器可以主动向外部环境发射信号进行环境感知，如超声波传感器、毫米波雷达和激光雷达等。智能传感器的性能特点见表 2-1。

表 2-1　智能传感器的性能特点

参数指标	视觉传感器	超声波传感器	红外线传感器	激光雷达	毫米波雷达
优势	成本适中；可以分辨出障碍物的距离和大小，并区分障碍物类型	结构简单、价格便宜、体积小巧	低成本、夜间不受影响	测距精度高、方向性强、响应时间快，不受地面杂波干扰	不受天气情况和夜间的影响，可以探测到远距离（100m以上）的物体
劣势	与人眼一样，会受到视野范围的影响	会受到天气和温度变化的影响，最大测量距离一般只有几米	会受天气条件限制，只能探测到近距离的物体	成本很高；不能全天候工作，遇浓雾、雨、雪等极端天气无法工作	成本较高；行人的反射波较弱，难以探测，需与视觉传感器互补使用
远距离探测能力	强	弱	一般	强	强
夜间工作能力	弱	强	强	强	强
全天候工作能力	弱	弱	弱	弱	强
受气候影响	大	小	大	大	小
烟雾环境工作能力	弱	一般	弱	弱	强
雨雪环境工作能力	一般	强	弱	一般	强
温度稳定性	强	弱	一般	强	强
车速测量能力	弱	一般	弱	弱	强

从表 2-1 可以看出，单一传感器都有其局限性，通过单一传感器的感知难以提供智能网联汽车行驶环境的全面描述。为了克服单一传感器的数据可靠性低、有效探测范围小等局限性，为保证在任何时刻都能为车辆运行提供完全可靠的环境信息，在智能网联汽车中使用传感器融合技术进行环境感知。利用多传感器信息融合技术对检测到的数据进行分析、综合和平衡，根据各个传感器信息在时间或空间的冗余或互补特性进行容错处理，扩大系统的时频覆盖范围，增加信息维数，避免单个传感器的工作盲区，从而得到所需要的环境信息。

2. 环境感知传感器的配置

智能汽车环境感知传感器主要有超声波传感器、毫米波雷达、激光雷达、单目/双目/三目摄像头、环视摄像头等，它们在智能网联汽车上的配置与自动驾驶级别有关，自动驾驶级别越高，配置的传感器越多。典型智能汽车环境感知传感器基本配置如图 2-5 所示。

传感器	数量	最小感知范围	备注
环视摄像头(高清)	4	8m	前、侧向毫米波雷达信息处理策略有差异，不能互换。毫米波雷达和激光雷达互为冗余。不同供应商的传感器探测范围有差异，表中数据仅供参考。
前视摄像头	1	50°/150m	
超声波传感器	12	5m	
侧向毫米波雷达(24GHz)	4	110°/60m	
前向毫米波雷达(24GHz)	1	15°/170m	
激光雷达	1	110°/100m	

图 2-5　典型智能汽车环境感知传感器基本配置

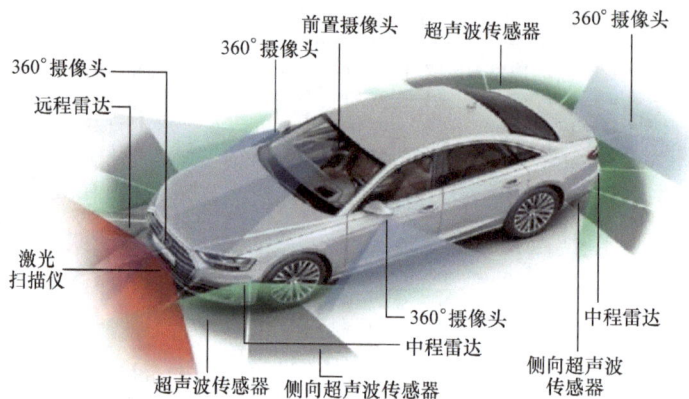

图 2-5　典型智能汽车环境感知传感器基本配置（续）

随着汽车智能化和网联化的发展，智能网联汽车配备的先进传感器的数量将会逐渐增加，预计无人驾驶汽车将会装配 40 个左右的环境感知传感器。

3. 环境感知传感器对比

超声波传感器、毫米波雷达、激光雷达和视觉传感器作为主要的环境感知传感器，它们的选择需要综合考虑其性能特点和性价比，它们之间的比较见表 2-2。

表 2-2　典型智能汽车用几种环境感知传感器之间的比较

传感器类型项目	超声波传感器	毫米波雷达	激光雷达	视觉传感器
近距离探测	弱	强	强	较强
夜间环境	强	强	强	弱
全天候	弱	强	强	弱
路标识别	×	×	×	√
主要应用	泊车辅助	自适应巡航控制系统、自动紧急制动系统、前向碰撞预警系统、盲区检测系统	实时建立车辆周边环境的三维模型	车道偏离预警系统、车道保持辅助系统、盲区检测系统、前向碰撞预警系统、交通标志识别系统、交通信号灯识别系统、全景泊车系统
成本	低	适中	高	适中

注：× 表示不能；√ 表示能。

2.2.4　环境感知传感器的结构原理与应用

智能网联汽车通过多种车载传感器实现对周围道路环境的环境感知。其主要环境感知技术包括基于图像识别的环境感知技术、基于激光雷达的环境感知技术、基于多源传感器融合的环境感知技术。

智能网联汽车环境感知系统就像人类的"眼睛""耳朵"和"鼻子"等感官系统一样，是智能汽车实现自动驾驶决策与控制的信息来源。目前，智能网联汽车装配的环境感知传感器主要包括视觉传感器、超声波传感器、毫米波雷达、激光雷达等。本节将对各类传感器的结构原理与应用进行描述。

1. 视觉传感器

（1）视觉传感器的定义

视觉传感器又叫摄像头，主要由光源、镜头、图像传感器、模数转换器、图像处理器、图像存储器等组成，如图 2-6 所示。其主要功能是获取足够的机器视觉系统要处理的原始图像。常把光、摄像机、图像处理器、标准的控制与通信接口等集成一体的视觉传感器称为智能图像采集与处理单元。内部程序存储器可存储图像处理算法，并能使用计算机，利用专用组态软件编制各种算法并下载到视觉传感器的程序存储器中，视觉传感器将计算机的灵活性、PLC（可编程逻辑控制器）的可靠性、分布式网络技术结合在一起，用这样的视觉传感器和 PLC 可以更容易地构成机器视觉系统。视觉传感器属于"被动型"环境感知。

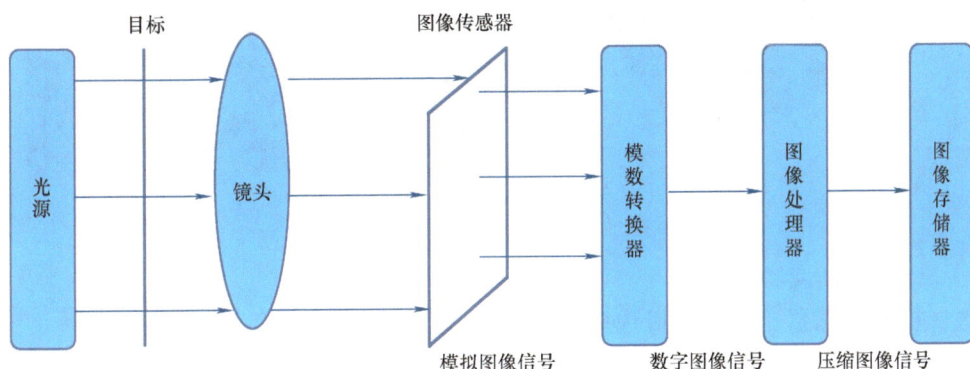

图 2-6　视觉传感器的组成

（2）视觉传感器的特点

1）视觉图像的信息量极为丰富，尤其是彩色图像，不仅包含视野内物体的距离信息，而且还有物体的颜色、纹理、深度和形状等信息。

2）在视野范围内可同时实现道路检测、车辆检测、行人检测、交通标志检测、交通信号灯检测等，信息获取面积大。当多辆智能网联汽车同时工作时，不会出现相互干扰的现象。

3）视觉信息获取的是实时的场景图像，提供的信息不依赖于先验知识，比如 GPS 导航依赖地图信息，有较强的适应环境的能力。

4）视觉传感器应用广泛，在智能网联汽车中可以前视、后视、侧视、内视、环视。以前视为例，夜视、车道偏离预警、碰撞预警等要求视觉系统在各种天气、路况条件下，能够清晰识别车道线、车辆、障碍物、交通标志等。

（3）视觉传感器的分类

1）单目视觉传感器。

单目视觉传感器，即单目摄像头，是自动驾驶车辆系统中最重要的传感器之一，通过对车道线检测和其他车辆检测，可以实现车道保持和自适应巡航等功能。单目摄像头，如图 2-7 所示，一般安装在前风窗玻璃上部，用于探测车辆前方环境，识别道路、车辆、行人等，先通过图像匹配进行目标识别（各种车型、行人、物体等），再通过目标在图像中的大小去估算目标距离。这就要求对目标进行准确识别，然后要建立并不断维护一个庞大的样本特征数据库，保证这个数据库包含待识别目标的全部特征数据。如果缺乏待识别目标的特征数据，就无法估算目标的距离，导致智能驾驶辅助系统（ADAS）的漏报。

单目摄像头的优点是成本低廉，能够识别具体障碍物的种类，且识别准确；缺点是由于无法识别没有明显轮廓的障碍物，工作准确率与外部管线条件有关，并且受限于数据库，没有自学习功能。

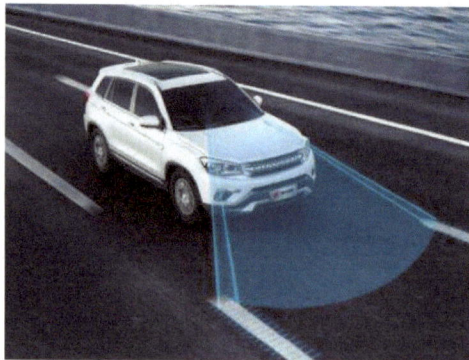

图 2-7　单目视觉传感器

2）双目视觉传感器。

双目视觉传感器，即双目摄像头。车载双目视觉传感器首先对物体（包括道路设施、其他车辆、行人等）与本车距离进行测量，然后再对物体进行识别，如图 2-8 所示。

双目视觉传感器的工作原理与人眼相似。在距离测量阶段，先利用视差直接测量物体与汽车之间的距离。在目标识别阶段，双目摄像头仍然使用与单目摄像头相同的目标特征提取和信息处理单元的数据分析来进一步识别目标。

图 2-8　双目视觉传感器

3）多个视觉传感器。

在汽车自动驾驶中，通过不同焦距和不同仰角的多个单目摄像头，可以获得不同位置的交通标志、信号灯和各种道路标志的检测和识别能力，如图 2-9 所示。因此多个单目视觉传感器的组合方案在智能网联汽车领域得到了广泛的应用。

汽车行驶的动态环境是不断变化的，正确而充分地理解环境是智能网联汽车环境感知系统面临的重要挑战。

4）红外夜视视觉传感器。

自然界中温度高于绝对零度的物体，每时每刻都会向外辐射红外线。红外线辐射的物理本质是热辐射，也是一种电磁波，可以被利用来对相关物体的识别。

红外夜视系统是视觉传感器一个独特的分支，能够像可见光摄像头一样，获取环境中的目标大小和距离等信息，在光照不足的条件下是对可见光视觉传感器的一种有效补充，如图 2-10 所示。

图 2-9　多个视觉传感器

图 2-10　红外夜视视觉传感器

（4）视觉传感器的工作原理

视觉传感器在智能网联汽车中解决的问题可以分为两类：物体的识别与跟踪、车辆本身的定位。

1）物体的识别与跟踪。

通过机器学习的方法，智能网联汽车可以识别在行驶途中遇到的物体，比如行人、车辆、交通信号、交通标志、车道线、道路边界和自由行驶空间等。如图 2-11 所示，图中不同颜色的矩形框框出来的内容即为视觉传感器感知的对象。

视觉传感器的
工作原理

视觉传感器环境感知流程如图 2-12 所示，一般包括图像采集、图像预处理、图像特征提取、图像模式识别、结果传输等。根据具体识别对象和采用的识别方法的不同，环境感知流程也会有所不同。

2）车辆本身的定位。

智能网联汽车基于视觉技术用于车辆本身的定位时，主要采用视觉同步定位与地图构建（Simultaneous Localization and Mapping，SLAM）技术，根据提前建好的地图和

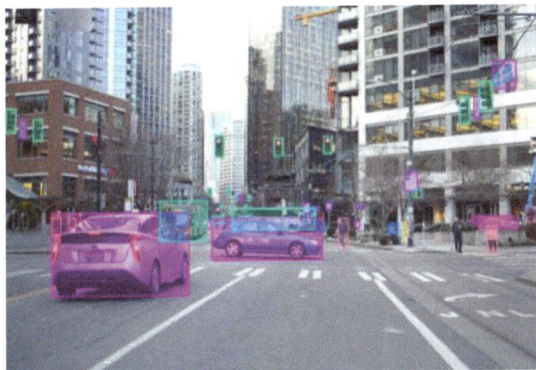

图 2-11　视觉传感器检测效果图

实时的感知结果做匹配，获取智能网联汽车的当前位置。视觉 SLAM 系统可分为 5 个模块：传感器数据、视觉里程计、后端、建图、回环检测。

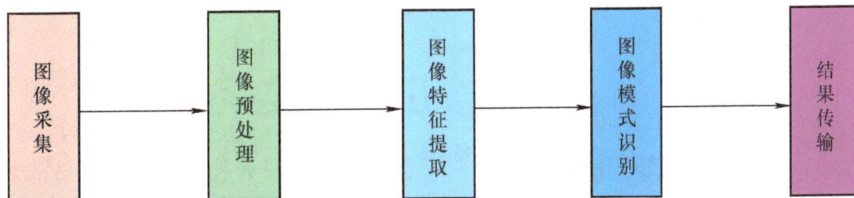

图 2-12　视觉传感器环境感知流程

视觉 SLAM 定位流程图如图 2-13 所示，输入传感器数据后，前台线程根据传感器数据进行跟踪求解，实时恢复每个时刻的位姿，后台线程进行局部或全局优化，减少误差累积，并进行场景回路检测，最后输出设备实时位姿。

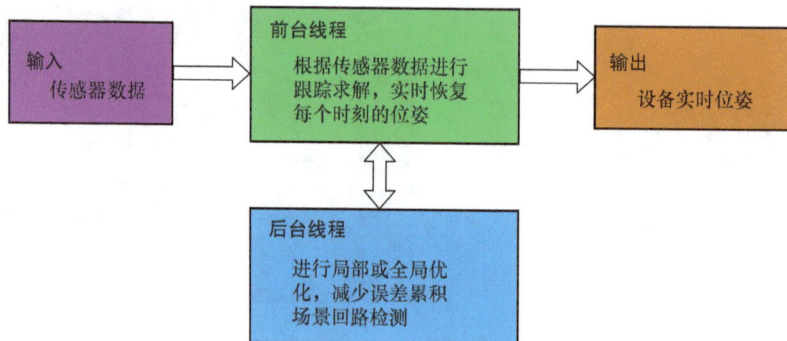

图 2-13　视觉 SLAM 定位流程图

（5）视觉传感器的应用

生物学研究表明，人类获取外界信息 75% 依靠视觉系统，而在驾驶环境中这一比例甚至高达 90%。如果能够将视觉传感器系统应用到智能网联汽车领域，无疑将会大幅度提高自动驾驶的准确性。视觉传感器在整个环境感知系统中占据了非常重要的地位，在智能网联汽车上的应用主要有两大类功能，分别是感知能力和定位能力：感知能力是实现对智能网联汽车各种环境信息的感知；定位能力主要采用视觉 SLAM 技术，根据提前建好的地图和实时的感知结果做匹配，获取智能网联汽车的当前位置。

由于成本相对较低、算法成熟度高、体积小、功能多样化等优势，智能网联汽车上的视觉传感器安装数量较多。图 2-14 所示为视觉传感器在智能网联汽车上的安装位置示意图。本车中包含 1 个内置摄像头、1 个前视摄像头、1 个行车记录仪摄像头、1 个倒车后视摄像头、2 个侧视摄像头和 2 个环视摄像头。

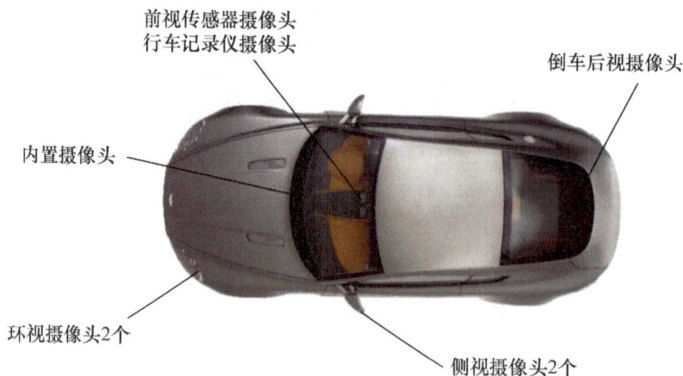

图 2-14　视觉传感器在智能网联汽车上的安装位置示意图

视觉传感器可以提供的感知能力主要有：车道线识别、障碍物识别、交通标志识别、道路标志识别、交通信号灯识别、可行驶区域识别、周围车辆感知、交通状况感知、道路状况感知、车辆本身状态感知等。视觉传感器是智能网联汽车众多预警、识别等功能的 ADAS 功能的基础，如图 2-15 及表 2-3 所示。

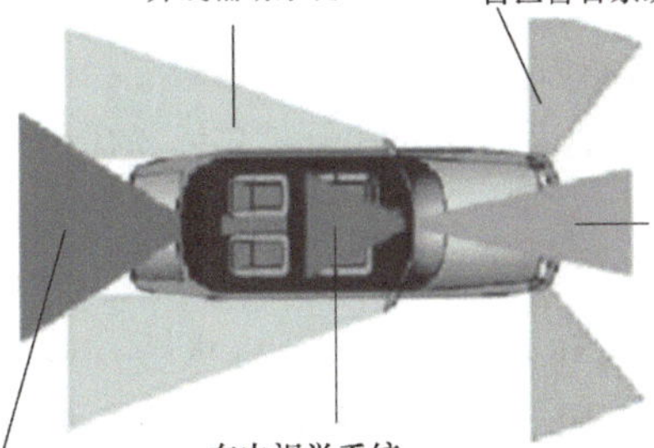

图 2-15　视觉传感器在智能网联汽车上的具体应用

表 2-3　视觉传感器在智能网联汽车上的应用

ADAS	使用摄像头	功能应用
车道偏离预警系统	前视	检测车辆即将偏离车道线时预警
盲区监测系统	侧视	将后视盲区的影像显示在后视镜或驾驶舱内
自动泊车辅助系统	后视	将车尾影像显示在驾驶舱内
全景泊车系统	前视、侧视、后视	将摄像头采集的影像组成周边全景图
驾驶人疲劳预警系统	内置	检测驾驶人是否疲劳、闭眼等发出警报
行人碰撞预警系统	前视	检测车辆与前方行人可能发生碰撞预警
车道保持辅助系统	前视	检测到即将偏离车道线时，发出警报并纠正
交通标志识别系统	前视、后视	识别前方和道路两侧的交通标志
前向碰撞预警系统	前视	检测到与前车距离小于安全距离并预警

2. 超声波传感器

超声波是一种频率高于 20kHz 的声波（机械波），它的方向性好、反射能力强、易于获得较集中的声能。超声波传感器是利用超声波的特性研制而成的传感器，可以通过接收到反射后的超声波探知周围的障碍物情况。它可以消除驾驶人停车泊车、倒车和起动车辆时前、后、左、右探视带来的麻烦，帮助驾驶人消除盲点和视线模糊缺陷，提高行车安全性。

如图 2-16 所示，图中用蓝色圆圈画出的区域即为四个后向超声波雷达。

图 2-16　超声波传感器示意图

（1）超声波传感器的定义

声音以波的形式传播，称为声波。按频率分类，频率低于 20Hz 的声波称为次声波；频率在 20Hz ~ 20kHz 的声波称为可听波，即人耳能分辨的声波；频率在 20kHz ~ 1GHz 的声波称为超声波；频率高于 1GHz 的声波称为特超声或微波超声。

超声波传感器是在超声波频率范围内将交变的电信号转换成声信号或将外界声场中的声音信号转换为电信号的能量转换器件。

（2）超声波传感器的类型

车载超声波传感器主要分为 UPA 和 APA 两大类。UPA 是一种短程超声波，主要安装在车身的前部与后部，检测范围为 25cm ~ 2.5m，由于检测距离小，多普勒效应和温度干扰小，检测更准确。APA 是一种远程超声波传感器，主要用于车身侧面，检测范围为 35cm ~ 5m，可覆盖一个停车位，方向性强，探头的波传播性能优于 UPA，相比于 UPA 成本更高，功率也更大。

UPA 和 APA 的探测范围和探测区域如图 2-17 所示，汽车配备了前后方向各 4 个 UPA，左右两侧各 2 个 APA。APA 的探测距离优势让它不仅能够检测左右侧的障碍物，而且还能根据超声波传感器返回的数据判断停车位是否存在。因此，可用于自动泊车时的泊车库位检测。

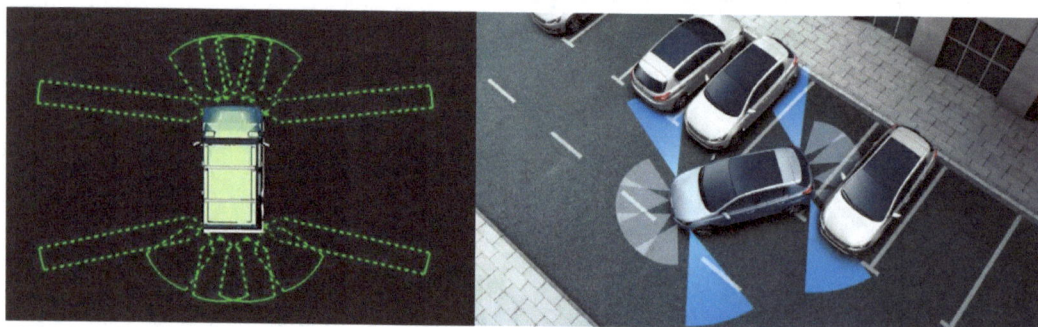

图 2-17　UPA 和 APA 探测范围和探测区域示意图

（3）超声波传感器的组成

超声波传感器主要由发射传感器、接收传感器、控制部分与电源等组成。发射传感器由声波发送器与陶瓷振子换能器组成，换能器的作用是将陶瓷振子的电振动能量转换成超能量并向空中辐射，而接收传感器由陶瓷振子换能器与放大电路组成。换能器接收波产生机械振动，将其转化为电能量，作为传感器接收器的输出，从而对发送的超声波进行检测。控制部分主要对发送器发送的脉冲频率、占空比及稀疏调制和计数及探测距离等进行控制。图 2-18 为超声波传感器内部结构图。

金属外壳

发射器

外壳

集成电路

图 2-18　超声波传感器的组成

（4）超声波传感器的工作原理

如图 2-19 所示，超声波传感器的工作原理是通过超声波发射装置向外发出超声波，到通过接收器接收到发送过来超声波时的时间差来测算距离。超声波在空气中的传播速度为 340m/s，发射点与障碍物表面之间的距离 S 可以根据计时器记录的时间 t 进行计算。计算公式为

$$S = (t \times 340)/2 \tag{2-1}$$

（5）超声波传感器的应用

超声波的能量消耗较缓慢，在介质中传播的距离比较远，穿透性强，测距的方法简单，成本低，但是它在速度很高情况下测量距离有一定的局限性，主要体现在如下几个方面：①高速及远距离测量时误差较大；②温度敏感；③无法精确描述障碍物位置。

1）高速及远距离测量时误差较大。

当汽车高速行驶时，使用超声波测距无法跟上汽车的车距实时变化，误差较大。另外，超声波散射角大，在测量较远距离的目标时，其回波信号会比较弱，影响测量精度。

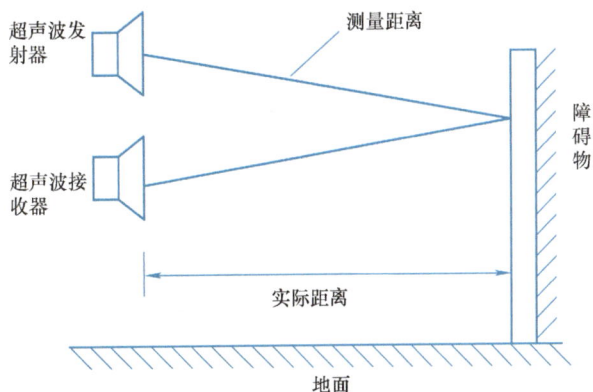

图 2-19　超声波传感器原理工作图

2）温度敏感。

超声波传感器的波速跟温度有关。近似关系为

$$C = C_0 + 0.607T \tag{2-2}$$

式中，C_0 为 0℃时的声波速度；T 为温度（℃）。

例如，温度在 0℃时，超声波的传播速度为 332m/s；温度在 30℃时，超声波的传播速度为 350m/s。相对位置相同的障碍物，在不同温度的情况下，测量的距离不同。因此，对传感器精度要求极高的智能网联汽车来说，要么选择将超声波传感器的测距进行保守计算；或者将温度信息引入智能网联汽车系统中，提升测量精度。

3）无法精确描述障碍物位置。

超声波传感器在工作时会返回一个探测距离的值，如图 2-20 所示。处于 A 处和处于 B 处的障碍物都会返回相同的探测距离 d。所以在仅知道探测距离 d 的情况下，通过单个雷达的信息是无法确定障碍物是在 A 处还是在 B 处的。综上分析，超声波传感器在智能网联汽车上主要用于低速、短程的距离测量，比如停车泊车、倒车和起动车辆时。

3. 毫米波雷达

毫米波雷达是高阶自动驾驶的标配。

（1）毫米波雷达的定义

毫米波雷达（图 2-21）是指工作频段在 30～300GHz、波长为 1～10mm 的雷达。它是一种测量物体距离、速度、方位的高精度传感器，早期被应用于军事领域。随着雷达技术的发展与进步，它开始应用于汽车电子、无人驾驶、智能交通等多个领域。

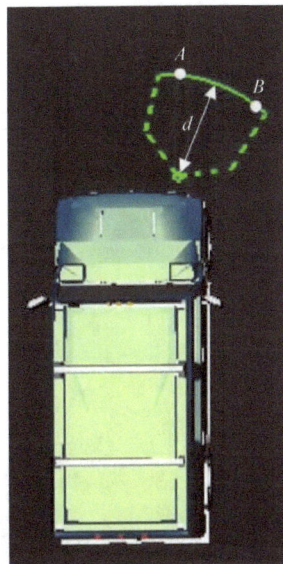

图 2-20　障碍物位置图

毫米波雷达具有探测距离远、响应速度快、适应能力强等特点，其探测距离可达 250m 以上，并且调制简单，配合高速信号处理系统，可以快速地测量出目标的距离、速度、角度等信息。毫米波雷与其他雷达相比，穿透能力比较强，在雨、雪、大雾等极端天气下也能进行工作，

同时不会受颜色、温度、光照度等因素的影响，具有全天候的特点。

图 2-21　毫米波雷达

（2）毫米波雷达的类型

毫米波雷达可以按照工作原理、频段和探测距离进行分类。应用在智能网联汽车领域的毫米波雷达主要按照频段来进行分类，目前有 3 个频段：24GHz、77GHz 和 79GHz。不同频段的毫米波雷达有着不同的性能，见表 2-4。

表 2-4　毫米波雷达的类型及性能参数

参　数	短程毫米波雷达	中程毫米波雷达	远程毫米波雷达
频带 /GHz	24	76 ～ 77	77 ～ 81
带宽 /GHz	4	0.6	0.6
测距范围 /m	0.15 ～ 60	1 ～ 100	10 ～ 250
最大视角 /(°)	± 80	± 40	± 15
测距精度 /m	± 0.02	± 0.1	± 0.1
方位精度 /(°)	± 1	± 0.5	± 0.1
测速精度 /(m/s)	0.1	0.1	0.1

（3）毫米波雷达组成

毫米波雷达系统主要包括单片微波集成电路（MMIC）芯片、天线印制电路板、收发模块、信号处理模块等，如图 2-22 所示。

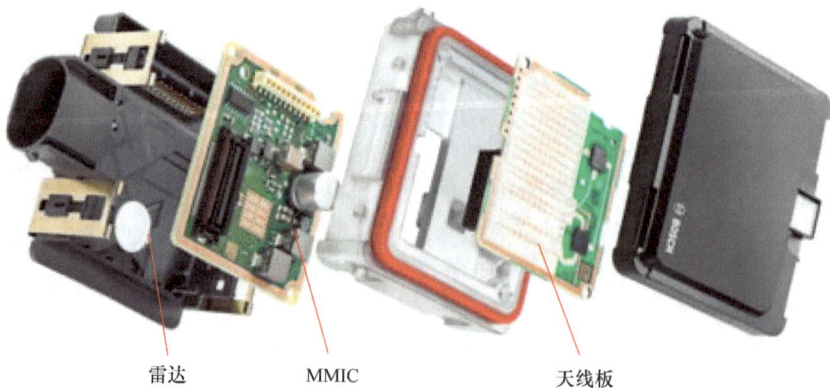

雷达　　　　MMIC　　　　天线板

图 2-22　车载毫米波雷达的内部构造图

其中，天线板上从上至下分别是 10 根发射天线 TX1，然后是 2 根发射天线 TX2，最后是 4 根接收天线 RX1 ~ RX4。因为近处的视角（FOV）比较大，大概有 90°，所以需要较多的天线，而远处的视角小，大概只有 20°，所以两根天线就够了。

（4）毫米波雷达的工作原理

调频式连续毫米波雷达（Frequency Modulated Continuous Wave，FMCW）是利用多普勒效应进行障碍物的探测，它通过发射源（天线）向目标发射毫米波信号，并分析发射信号频率和反射信号频率之间的差值，精确测量出目标相对于雷达的距离、运动速度和方位角等信息。毫米波雷达的目标识别流程如图 2-23 所示。

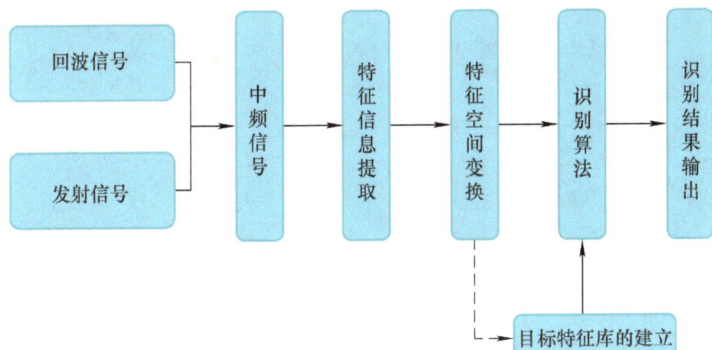

图 2-23　毫米波雷达的目标识别流程

1）测距原理。

雷达调频器通过天线发射毫米波信号，发射信号遇到目标后，经目标的反射会产生回波信号。发射信号与回波信号相比，形状相同，时间上存在差值。以雷达发射三角波信号为例，发射信号与返回的回波信号对比如图 2-24 所示。

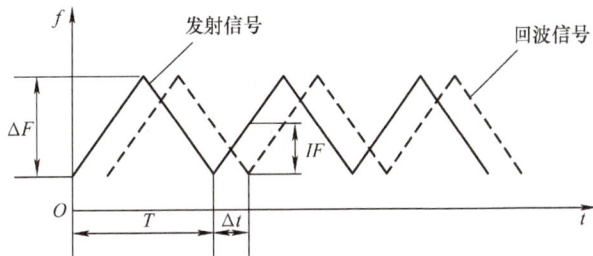

发射信号与反射信号间的频率差值直接取决于和目标之间的距离。距离越大，则发射信号接收的往返时间越长，并且发射频率与接收频率间的差值越大，如图 2-25 所示。

2）测速原理。

当目标与雷达信号发射源之间存在相对运动时，发射信号与回波信号之间除存在时间差外，频率上还会产生多普勒位移。例如，当前

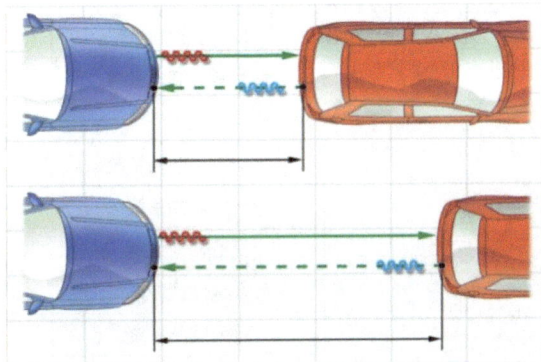

图 2-24　毫米波雷达原理工作图

图 2-25　应用 FMCW 调制的毫米波雷达测距示意图

方车辆快速行驶时，车距加大，由于多普勒效应，反射信号（Δf_D）的频率将变小。这将导致上坡（Δf_1）和下坡（Δf_2）时的频率产生差值，如图 2-26 所示。

3）测量方位角原理。

关于被监测目标的方位角测量问题，毫米波雷达的探测原理如图 2-27 所示。通过毫米波雷达的发射天线 TX 发射出毫米波后，遇到被监测物体反射回来，通过毫米波雷达并列的接收天线 RX1 和 RX2，通过收到同一监测目标反射回来的毫米波的相位差，就可以计算出被监测目标的方位角。

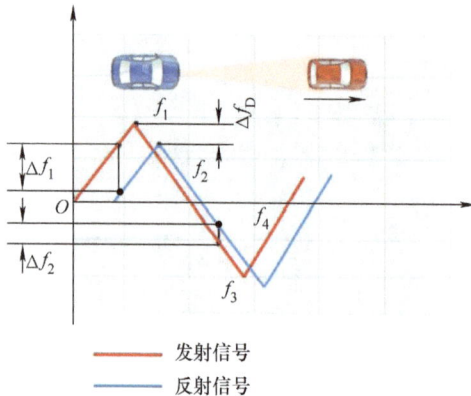

图 2-26　应用 FMCW 调制的毫米波雷达测速原理

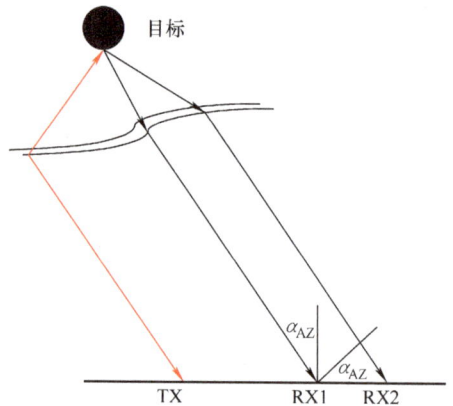

图 2-27　毫米波雷达测量方位角的原理

（5）毫米波雷达应用

毫米波雷达具有探测性能稳定、作用距离较长、识别精度高、环境适用性好等特点。但毫米波雷达分辨力不高，对行人探测反射波较弱，无法精确识别行人、交通标志符号和信号灯，需与视觉传感器互补使用。为了满足不同探测距离的需要，车内安装了大量的短程、中程和远程毫米波雷达。不同的毫米波雷达在车辆的前部、车身侧面和后部起着不同的作用。

在汽车领域应用的毫米波雷达是自动驾驶系统的核心传感器，其应用范围见表 2-5。

表 2-5　毫米波雷达的应用

毫米波雷达类型		近距离雷达	中距离雷达	远距离雷达
探测距离 /m		<60	100 左右	>200
工作频段 /GHz		24	77	77
功能	自适应巡航系统		—	前方
	自动紧急制动系统		—	前方
	前向碰撞预警系统		—	前方
	自动泊车辅助系统		侧方	侧方
	盲区监测系统		前方、后方	侧方
	变道辅助系统		后方	后方
	后方碰撞预警系统		后方	后方
	行人监测系统		前方	前方
	驻车开门辅助系统		侧方	—

4. 激光雷达

（1）激光雷达的定义

激光雷达（图 2-28）是工作在光波频段的雷达，利用光波频段的电磁波先向目标发射探测信号，然后将其接收到的回波信号与发射信号相比较，从而获得目标的位置（距离、方位和高度）、运动状态（速度、姿态）等信息，实现对目标的探测、跟踪和识别。

图 2-28　激光雷达

（2）激光雷达的类型

车载激光雷达根据其扫描方式的不同，可分为机械激光雷达和固态激光雷达。机械激光雷达外表上最大的特点就是有机械旋转机构，如图 2-29 所示。我们看到的智能网联测试车车顶上较复杂的圆柱形装置，即为机械式激光雷达。

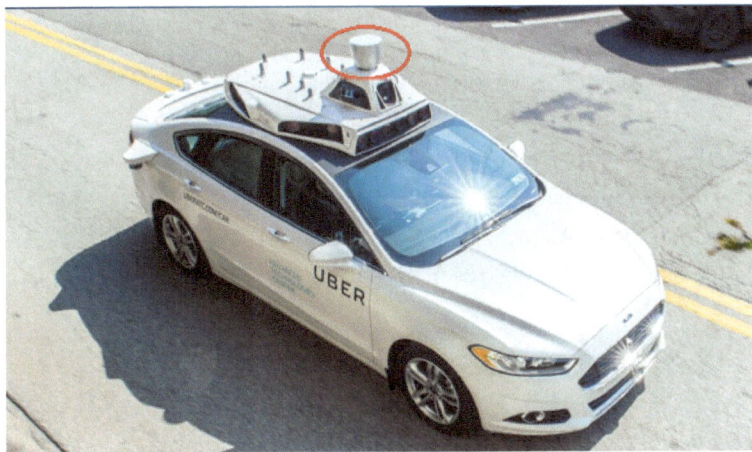

图 2-29　机械式激光雷达

这种雷达装配和调试工艺复杂、生产周期长、成本较高，并且机械部件寿命不长（1000～3000h），难以满足苛刻的车规级要求（至少1万h）。另外，机械式激光雷达由于光学结构固定，适配不同车辆往往需要精密调节其位置和角度。因此，激光雷达量产商都在着手开发性能更好、体积更小、集成化程度更高并且成本更低的激光雷达。

固态激光雷达不存在旋转的机械结构，结构简单、尺寸小，如图 2-30 所示。所有的激光探测水平和垂直视角都是通过电子方式实现的，并且装配调试可以实现自动化，能够量产，成本大幅降低，设备的耐用性也有效地提高了，所以固态激光雷达是必然的技术发展路线。

但是，固态激光雷达在不良天气条件下的检测性能较差，不能实现全天候工作。且机械激光雷达能进行 360° 范围的扫描，固态式激光雷达一般为 120° 范围的向前扫描。根据技术路线不同，固态激光雷达又分为光学相控阵（Optical Phased Array，OPA）激光雷达、微机电系统（Micro-Electronic Mechanical Systems，MEMS）激光雷达和 3D Flash 激光雷达。

单线雷达只能平面式扫描，不能测量物体高度，有一定的局限性，如图 2-31 所示。目前，主要应用于服务机器人身上，如扫地机器人。在智能车上，单线激光雷达主要用于规避障碍物、地形测绘等领域。

图 2-30　固态激光雷达

图 2-31　单线激光雷达

（3）激光雷达的组成

激光雷达由发射光学系统、接收光学系统、主控及处理电路板、探测器接收电路模块、激光器及驱动模块组成。图 2-32 和图 2-33 所示为不同类型的激光雷达的内部结构图。

（4）车载激光雷达的工作原理

现今市场上主流的车载激光雷达主要是基于三种原理测距，三角测距法、飞行时间（Time Of Flight，TOF）法和调幅连续波（Amplitude Modulated Continuous Wave，AMCW）测距法。下面以飞行时间（TOF）法为例介绍激光雷达的测距原理。

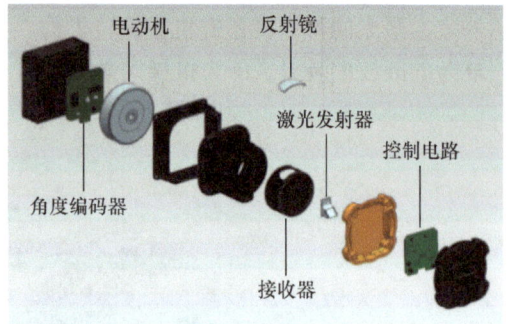

图 2-32　单线激光雷达零件分解图

图 2-33　单线激光雷达内部结构图

如图 2-34 所示，TOF 法就是根据激光遇到障碍物后的折返时间，通过光速计算目标与雷达的相对距离。激光光束可以准确测量视场中物体轮廓边沿与设备间的相对距离，根据这些轮廓信息组成点云图并绘制出 3D 环境地图。

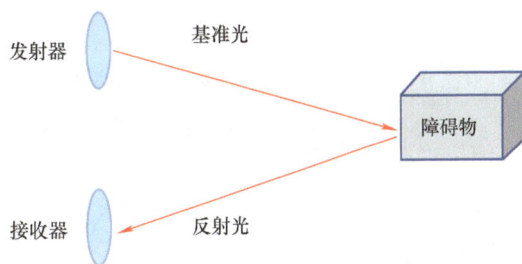

图 2-34　飞行时间法测距

从原理上来说，TOF 雷达可以测量的距离更远。实际上，在一些要求测量距离较远的场合，比如智能网联汽车应用，几乎都是 TOF 雷达。TOF 激光雷达采用脉冲激光采样，并且还能严格控制视场以减少环境光的影响，这些都是长距离测量的前提条件。另外，在转速一定的情况下，采样率（每秒能够完成的点云测量次数）决定了每一帧图像的点云数目以及点云的角分辨率。角分辨率越高，点云数量越多，则图像对周围环境的描绘就越细致。

三种测距方案各具优缺点，将车载激光雷达需具备的 5 个核心能力作为选型的维度对上述三种测距方法进行了总结对比，见表 2-6。

表 2-6　激光雷达三种测距方案对比

测距方案	探测距离	探测精度	抗强光能力	光功率	成本
三角法	最近	近距离精度高、远距离精度低	不具备	低	低
TOF	最远	高	强	适中	适中
AMCW	适中	适中	适中	高	适中

（5）激光雷达的应用

智能网联汽车通过激光雷达对周边环境进行扫描识别，从而引导车辆行进。激光雷达在智能网联汽车中起着类似于"眼睛"的功能，能够根据扫描到的点云数据快速绘制 3D 全景地图。主要应用场景有：障碍物分类、障碍物跟踪、路沿可行驶区域检测、车道标志线检测和高精度定位等。接下来介绍典型的应用案例。

1）障碍物分类。

激光雷达对周围障碍物进行扫描，对障碍物的形状特征进行提取，对比数据库原有特征数据，进行障碍物分类，如图 2-35 所示。激光雷达将小轿车、大货车和自行车等进行了分类。

2）障碍物跟踪。

激光雷达采用相关算法对比前后帧变化障碍物，利用同一障碍物的坐标变化，实现对障碍物的速度和航向的检测跟踪，为后续避障提供可靠的数据信息，如图 2-36 所示。

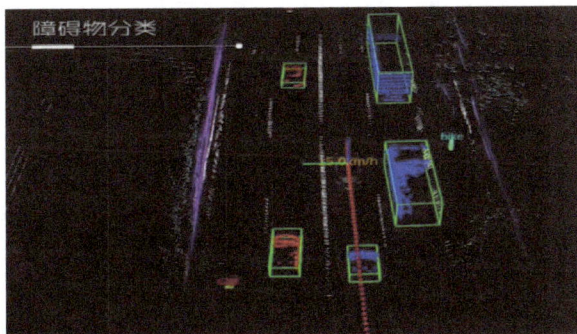

图 2-35　障碍物分类

3）高精度定位。

首先 GPS 给定初始位置，通过惯性测量元件（IMU）和车辆的编码器（Encoder）可以得到车辆的初始位置，然后对激光雷达的局部点云信息，包括点线面的几何信息和语义信息进行特征提取，并结合车辆初始位置进行空间变换，获取基于全局坐标系下的矢量特征，接着将这些特征与高精度地图的特征信息进行匹配，获取一个准确的定位，如图 2-37 所示。

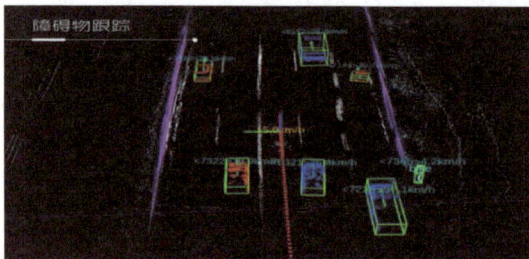

图 2-36　障碍物跟踪

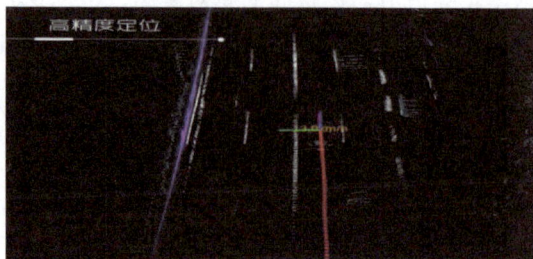

图 2-37　高精度定位

5. 多传感器融合技术

（1）多传感器融合技术的定义

智能网联汽车的环境感知系统相当于人的感官系统，为了获得精确的外界信息，人们往往不是靠一个感知器官获取信息，而是通过多个感知器官综合获取信息。对于智能网联汽车而言，单一的传感器只能获得车辆运行环境或被测对象的部分信息段，要想精确获得车辆自身状态和外界交通环境的信息，也不能依靠单一的传感器，而是由多个同样的传感器或者多个不同类型的传感器共同获取信息数据，这些传感器能够起到互补和冗余的作用，这项技术被称作多传感器融合技术，如图 2-38 所示。经过多传感器融合后的信息能够准确、完整地反映环境特征，具有很好的信息互补性和冗余性。

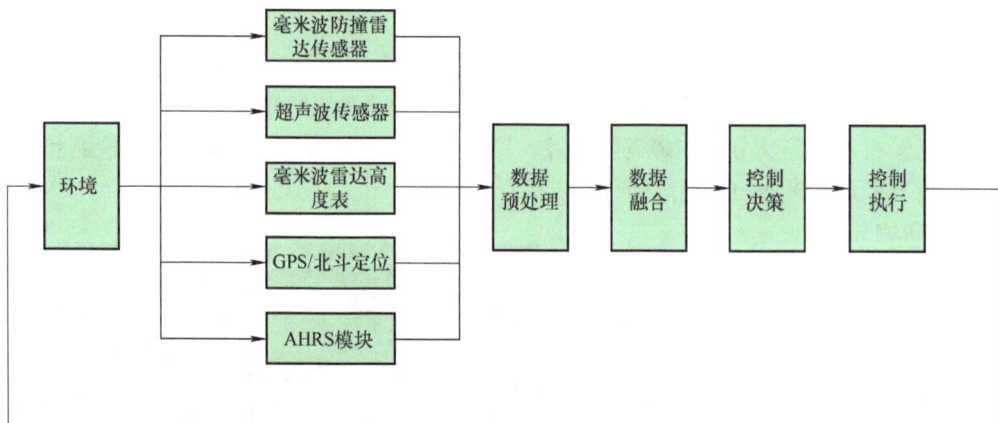

图 2-38　多传感器信息融合

传感器信息融合也称为数据融合，是一项对多种信息的获取方式、表示形式及其内在联系进行综合处理与优化的技术。数据融合是多元信息综合处理的一项新技术，有多传感器相关、多源相关、多传感器融合、信息融合等多个名称。

数据融合比较确切的定义可概括为：充分利用不同的时间和空间的多传感器信息资源，采用计算机技术对按时序获得的多传感器信息在一定的准则下加以分析、综合和使用，获得被测对象的一致性解释与描述，以完成所需的决策和估计任务，使系统得到比单独组成部分获取信息时更优越的性能。数据融合是用于处在不同位置的多个或多种传感器的信息综合处理技术，利用计算机技术将多传感器或多源信息数据，在一定的准则下加以自动分析与综合，以完成所需的决策和估计而进行的信息处理过程。

（2）各传感器的特点

单一传感器获得的信息有一定的局限性，并且所获取信息的精确度也受传感器自身质量与性能的影响，因此智能汽车通常需要配备多个不同类型的传感器，以满足环境感知和数据采集的需要。如果每个传感器的信息进行独立的运算处理，不仅会导致控制单元信息处理工作量的增加，还分割了各传感器之间的信息内在联系，造成信息资源的浪费，也会产生一定的误差，因此人们提出了多传感器融合的概念。车辆上安装的各种传感器各有优劣，难以互相替代，汽车要实现自动驾驶功能，一定需要多数量、多类型的传感器相互配合，共同构建车辆的感知系统。

不同传感器的原理、功能各不相同，在不同的使用场景里可以发挥各自优势，难以互相替代，各传感器的特点见表 2-7。

表 2-7　智能网联汽车环境感知系统传感器的特点

传感器	探测距离	精度	功能	优势	缺点
超声波传感器	10m	高	倒车雷达、自动泊车	成本低，近距离测量精度高	探测范围小
毫米波雷达	250m	较高	自适应巡航、自动紧急制动	不受天气影响，探测距离远，精度高	成本高，难以识别目标
激光雷达	200m	极高	实时建立车辆周边环境的三维模型图	测量精度极高，能够建立仿真度极高的场景模型	成本高，受恶劣天气影响
摄像头	50～200m	一般	车道偏离报警、前向碰撞预警、交通标志识别、全景泊车	成本低，可识别物体	难以精确测距，依赖光线，极端天气时可能会失效

计算机技术、传感器技术与通信技术被称为现代信息技术的三大支柱。如果把计算机看成处理信息和识别信息的"大脑"，把通信系统看成传递信息的"神经系统"，则传感器就相当于"感觉器官"。多传感器融合技术就像人的大脑综合处理感官信息一样，将各种传感器进行多层次、多空间的信息互补和优化组合处理，最终形成对环境感知的一致性解释。它从多信息的角度进行综合与处理，获取各传感器信息的内在联系和规律，从而删除重叠的、无用的或错误的信息，保留正确的和有用的成分，最终实现信息的最优化处理。只有把多个传感器的信息融合起来，才是实现汽车自动驾驶的关键。

（3）多传感器融合系统的特点

1）冗余性。

传感器信息的冗余性可以大大提高系统的安全性、稳定性，能有效避免因单个传感器失效而对整个系统所造成的影响。对于传感器采集到的环境的某个特征，可以通过单个传感器的多个不同时刻，或者多个传感器同时得到它的多份信息，这些信息是冗余的，并且具有多重可靠性，通过融合处理，可以从中提取出更加准确和可靠的信息。传感器信息冗余性如图 2-39 所示。

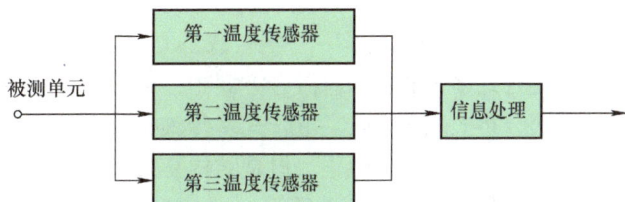

图 2-39　传感器信息冗余性

2）互补性。

每种类型的传感器都有各自的特点和优势，不同类别的传感器能够为系统提供不同特性的信息，这些信息描述的是不同的环境特征，它们彼此之间具有一定的互补性。

3）及时性。

通常情况下各传感器的处理过程是相互独立的，整个处理过程可以采用并行处理机制，从而使系统具有更快的处理速度，提供更及时的处理结果。

（4）多传感器融合技术应用案例

1）多传感器融合方案——分布式。

分布式融合方案是每个传感器对获得的原始数据先进行局部处理，如原始数据的预处理、分类及特征提取等，并通过各自的运算准则分别做出决策，然后将结果输送至融合单元进行融合以获得最终的决策。分布式多传感器融合方案对于通信带宽的要求较低、信息计算处理速度快，但信息跟踪精度偏低。分布式多传感器信息融合如图 2-40 所示。

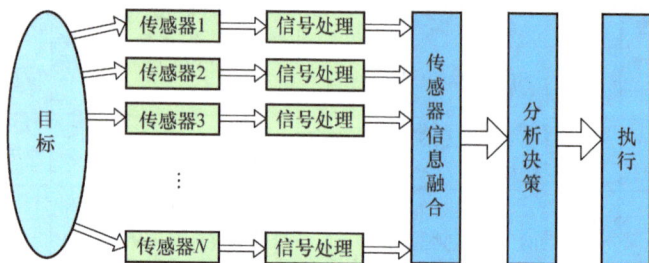

图 2-40　分布式多传感器信息融合

2）多传感器融合方案——集中式。

集中式多传感器融合方案是将各传感器获得的原始数据直接传送到中央处理器进行融合处理，可以实现实时融合。优点是数据处理的精度高、算法灵活，缺点是对处理器性能的要求高。集中式多传感器信息融合方案如图 2-41 所示。

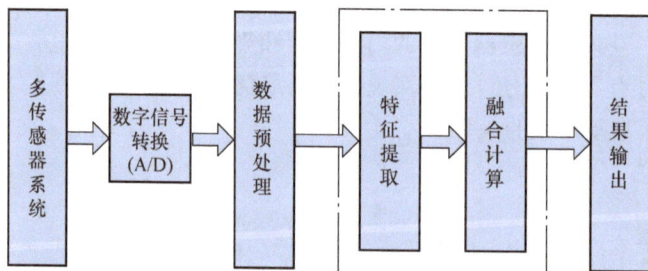

图 2-41　集中式多传感器信息融合

3）多传感器融合方案——混合式。

在混合式多传感器信息融合方案中，一部分传感器采用集中式融合方式，还有一部分传感器是采用分布式融合方式。混合式多传感器融合方案具有较强的适应能力，兼顾了集中式和分布式融合的优点，稳定性强，但是结构复杂，增加了信息通信和数据计算的成本。混合式多传感器信息融合方案如图 2-42 所示。

4）多传感器融合技术应用案例——智能小车多传感器融合技术。

能够实现自主行驶的智能小车大致分为定位、建图以及运动控制三大部分，不同团队研发的智能小车有多个传感器融合方案，各有特色。该自主驾驶小车采用了红外线传感器、超声波传感器与激光雷达的融合方案，如图 2-43 所示。

红外线传感器可以利用远红外线探测范围的感知温度作为人体感知用，当有人进入传感器的探测区域时即可发出报警声，比较适用于办公室、仓库、实验室、医院、餐厅等场合。

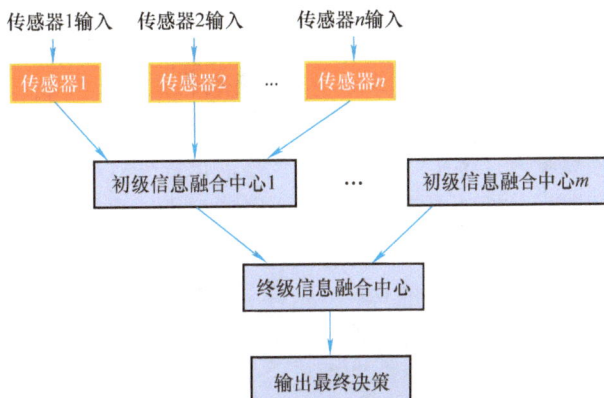

图 2-42　混合式多传感器信息融合

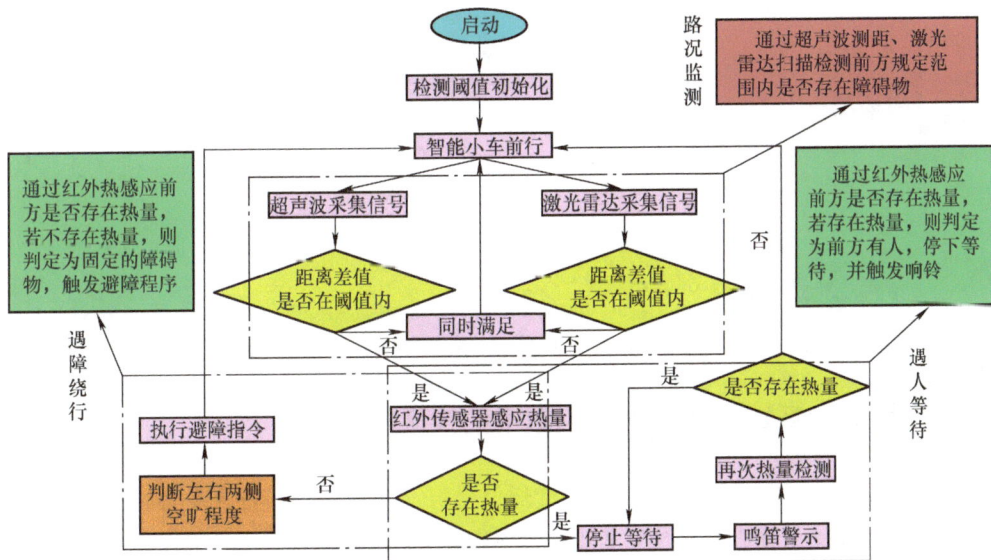

图 2-43　智能小车多传感器融合架构

超声波避障传感器是一种具有较高精度的低功耗传感器，可以识别红外传感器识别不了的物体，比如玻璃、镜子、黑体等障碍物。缺点是容易受天气和周围环境反射波的影响，信息采集速度慢、导航精度差。由于超声波在空气中的传播距离比较短，所以适用范围较小，测距距离较短，但是应用于室内环境则是一个很不错的低成本解决方案。

为解决超声波传感器的不足，该智能小车还配备了激光雷达。激光雷达作为自主驾驶小车上非常重要的一个传感器，在一定程度上能够实现"眼睛"的视觉效果，可以 360° 扫描周围环境，构建厘米级的高精度三维模型图，实现自主定位与导航的作用。

实验　项目一——毫米波雷达安装与调试
详见"毫米波雷达安装与调试"实验指导和项目工单

知识链接

车载视觉传感器

车载视觉技术是模拟人类视觉技术发展而来的一种应用技术。它基于车载机器（又名图像传感器）获取车辆周边环境的二维或三维图像信息，通过图像分析识别技术对行驶环境进行感知。通过图像传感器识别道路环境参数并判别行车的安全性，主要包括车道检测、车辆检测、行人检测、道路标志检测等。在即时定位与建图、定位与导航时作为车辆的"眼睛"。车载视觉技术根据所采用的摄像头感光技术可分为四类，分别为电荷耦合器件（Charge Coupled Device，CCD）技术、互补金属氧化物半导体（Complementary Metal Oxide Semiconductor，CMOS）技术、红外线感光技术、立体感知技术。根据所起的作用，可以分为视觉增强应用技术、车辆行人检测应用技术、疲劳监测应用技术。根据采用的摄像头数量，可以分为单目视觉技术和双目视觉技术。

小贴士

趣谈传感器发展简史

2.3 环境感知系统在智能网联汽车中的实际应用

汽车在行驶过程中，所遇到的道路、交通信号灯、交通标志、行人及各种因素千差万别，并且不断变化，你知道智能网联汽车是如何识别这些复杂的交通信息的吗？

2.3.1 道路识别

1. 道路识别的定义及特点

道路识别就是把真实的道路通过环境感知传感器转换成汽车能认识的道路，供智能网联（自动驾驶）汽车行驶；或通过视觉传感器识别出车道线，提供车辆在当前车道中的位置，帮助智能网联汽车提高行驶的安全性，如图 2-44 所示。

智能网联汽车道路识别的作用如下：

1）提取车道的几何结构，如车道的宽度、车道线的曲率等。

2）确定车辆在车道中的位置和方向。

3）提取车辆可行驶的区域。

根据智能网联汽车（自动驾驶汽车）所用传感器的不同，道路识别分为视觉传感器的道路识别方法和雷达的道路识别方法两种类型。

图 2-44　道路识别图

1）视觉传感器的道路识别方法。视觉传感器的道路识别方法就是通过视觉传感器采集道路图像，并通过控制单元（ECU）处理道路图像，识别出车道线。

2）雷达的道路识别方法。雷达的道路识别方法就是通过雷达采集道路信息，并通过控制单元（ECU）处理信息，识别出车道线。

根据实际的应用情况，智能网联汽车的道路识别主要是采用视觉传感器的识别方法。复杂的道路环境和复杂的气候变化都会影响道路识别，智能网联汽车环境感知系统都会预先采集道路图像信息，并进行分析处理后建模，作为道路识别的参考依据，如图 2-45～图 2-48 所示。

图 2-45　阴影条件下的道路图像

图 2-46　强弱光照条件下的道路图像

图 2-47　雨天条件下的道路图像

图 2-48　弯道处的道路图像

2. 道路识别的流程与方法

流程：原始图像采集→图像灰度化→图像滤波→图像二值化→车道线提取，如图 2-49 所示。

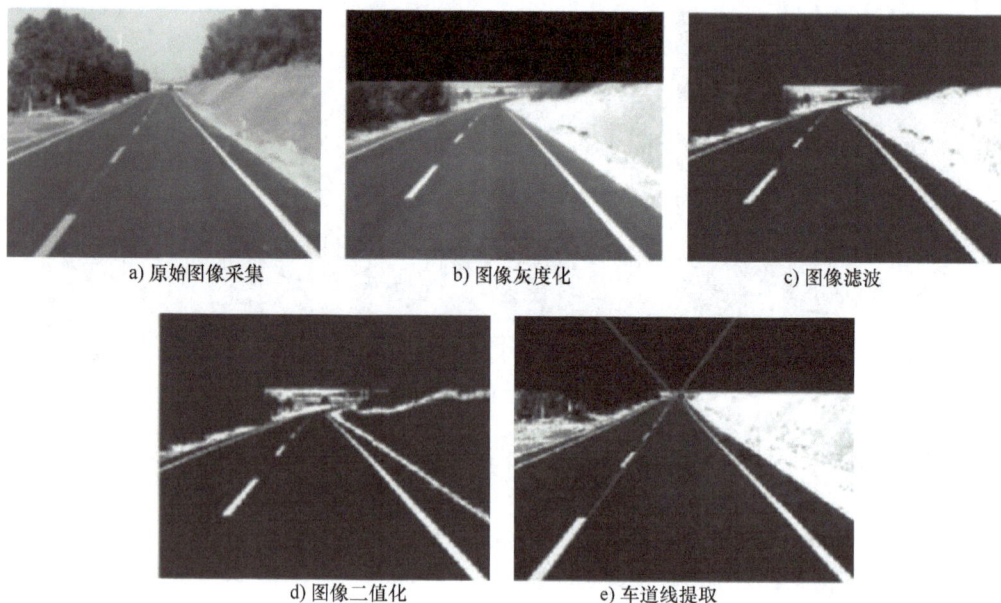

a) 原始图像采集　　　　　b) 图像灰度化　　　　　c) 图像滤波

d) 图像二值化　　　　　e) 车道线提取

图 2-49　道路识别的流程

方法有 4 种：区域分割的识别方法，道路特征的识别方法，道路模型的识别方法，道路特征与模型相结合的识别方法，如图 2-50 所示。

2.3.2　车辆识别

1. 车辆特征的识别方法

根据车辆的颜色、轮廓、对称性等特征将车辆与周围的背景区别开来，如图 2-51 所示。

图 2-50　道路识别方法

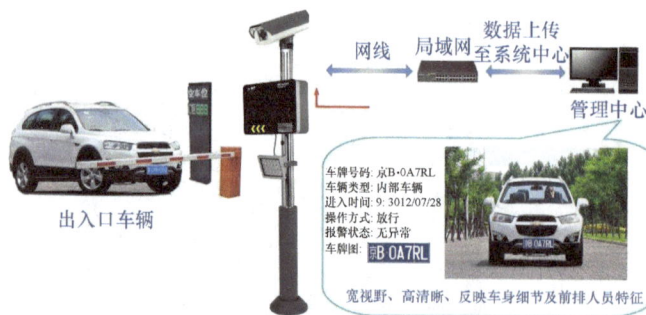

图 2-51　车辆特征的识别方法

2. 车辆模型的识别方法

车辆模型的识别方法是根据前方运动车辆的参数来建立二维或三维模型，然后利用指定的搜索程序来匹配查找前方车辆，如图 2-52 所示。

采用多传感器融合技术是未来车辆识别技术的发展方向。目前，在车辆识别中主要有两种融合技术，即视觉传感器与激光雷达的融合技术，以及视觉传感器与毫米波雷达的融合技术。

2.3.3　行人识别

1. 行人识别的定义

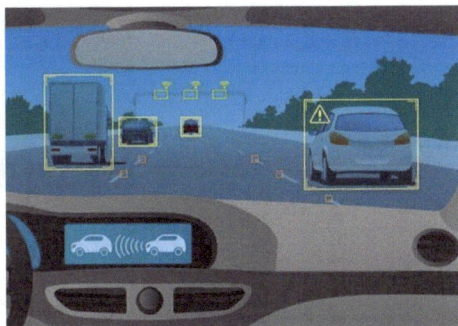

图 2-52　车辆模型的识别方法

行人识别是采用安装在车辆前方的视觉传感器采集前方场景的图像信息，通过分析处理这些图像信息，实现对行人的识别。

行人识别的目的是能够及时准确地检测出车辆前方的行人，并根据不同危险级别提供不同的预警提示，如距离车辆越近的行人危险级别越高，提示音也应越急促，以保证驾驶人具有足够的反应时间，从而能够极大地降低甚至避免撞人事故的发生。

2. 行人识别的类型

（1）可见光行人检测

可见光行人检测采用的视觉传感器为普通的光学摄像头。由于普通光学摄像头是利用可见光进行成像，因此非常符合人的正常视觉习惯，而且硬件成本十分低廉。但是受到光照条件的限制，该方法只能应用在白天，在光照条件很差的阴雨天或夜间则无法使用。

（2）红外行人检测

红外行人检测采用红外热成像摄像头，利用物体发出的热红外线进行成像，不依赖于光照，具有很好的夜视功能，在白天和晚上都适用，尤其是在夜间及光线较差的阴雨天具有无可替代的优势，如图 2-53 所示。

图 2-53　行人识别

3. 行人识别系统的组成

行人识别系统由预处理、分类检测和决策报警三部分组成，如图 2-54 所示。

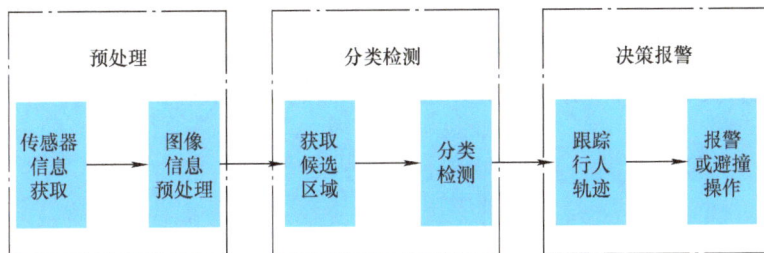

图 2-54　行人识别系统的组成

4. 行人识别的方法

行人识别的方法主要包括根据特征分类的行人识别的方法、根据模型的行人识别方法、根据运动特性的行人识别方法、根据形状模型的行人识别方法等，如图 2-55 所示。

图 2-55　行人识别方法

2.3.4　交通标志识别

1. 交通标志简介

道路交通标志作为重要的道路交通安全附属设施，可向驾驶人提供各种引导和约束信息，驾驶人实时地、正确地获取交通标志信息，是保障行车安全的前提。

交通标志具有鲜明的色彩特征，因此要实现对交通标志图像的有效分割检测，颜色是一个重要信息；选择合适的颜色空间对其加以分析和提取，将有助于提高智能网联汽车环境感知系统识别的实时性和准确性，如图 2-56 所示。

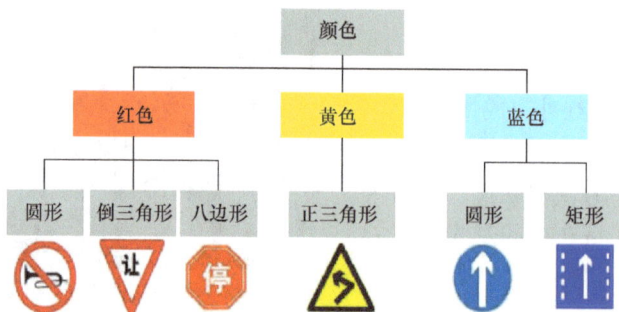

图 2-56　交通标志简介

2. 交通标志识别系统

在智能网联汽车中，交通标志的检测是通过图像识别系统实现的。交通标志识别系统首先使用视觉传感器（车载摄像头）获取目标图像，然后进行图像分割和特征提取，通过与交通标志标准特征库比较进行交通标志识别，识别结果也可以与其他智能网联汽车共享，如图 2-57 所示。

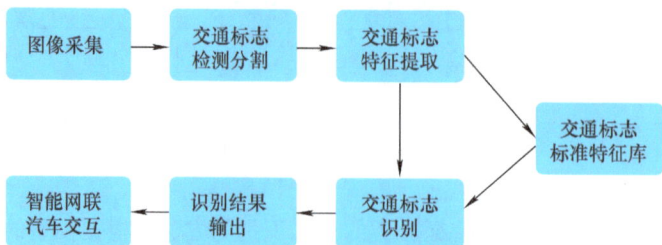

图 2-57　交通标志识别系统

3. 交通标志识别流程与方法

流程：原始图像采集→图像预处理→图像分割检测→图像特征提取→交通标志识别。方法：①根据颜色特征的交通标志识别；②根据形状特征的交通标志识别；③根据显著性的交通标志识别；④根据特征提取和机器学习的交通标志识别，如图 2-58 所示。

a) 原始图像采集　　　　　b) 图像预处理　　　　　c) 图像分割检测

d) 图像特征提取　　　　　e) 交通标志识别

图 2-58　交通标志识别流程

2.3.5　交通信号灯识别

1. 交通信号灯简介

不同国家和地区采用的交通信号灯式样不一定相同。我国的交通信号灯在信号灯颜色、安装方法和功能方面具有典型特征，如图 2-59 所示。

图 2-59　交通信号灯的特征

2. 交通信号灯识别系统

智能网联汽车的交通信号灯识别系统包括检测和识别两个环节。首先是定位交通信号灯，通过车载摄像机（视觉传感器），从复杂的城市道路交通环境中获取图像，根据交通信号灯的颜色、几何特征等信息，准确定位其位置，获取候选区域；然后是识别交通信号灯，根据在检测环节中已经获取交通信号灯的候选区域，通过对其分析及特征提取，进行分类识别，如图 2-60 所示。

图像采集模块 → 图像预处理模块 → 检测模块 → 识别模块 → 跟踪模块 → 通信模块

图 2-60　交通信号灯识别系统

3. 交通信号灯识别流程与方法

流程：原始图像采集→图像灰度化→直方图均衡化→图像二值化→交通信号灯识别，如图 2-61 所示。

a) 原始图像采集　　　　　b) 图像灰度化　　　　　c) 直方图均衡化

d) 图像二值化　　　　　e) 交通信号灯识别

图 2-61　交通信号灯识别流程

交通信号灯识别的主要方法如图 2-62 所示。

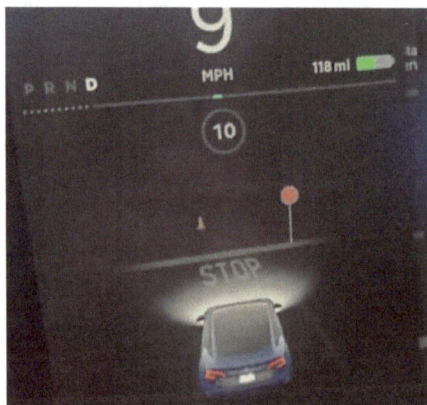

图 2-62　交通信号灯识别

① 根据颜色特征的识别方法。根据颜色特征的交通信号灯识别方法主要是选取某个色彩空间，对交通信号灯的红、黄、绿三种颜色进行识别。

② 根据形状特征的识别方法。根据形状特征的识别方法主要是利用交通信号灯和它的相关支撑物之间的几何信息进行识别。

识别时也可以将交通信号灯的颜色特征和形状特征结合起来，以减少单独利用某一特征所带来的识别偏差甚至错误。

知识链接

多传感器融合技术

"多传感器融合"一词于 1973 年在美国国防部资助开发的声呐信号处理系统中被首次提出，它是对多种信息的获取、表示及其内在联系进行综合处理和优化的技术。它从多信息的视角进行处理及综合，得到各种信息的内在联系和规律，从而别除无用和错误的信息，保留正确和有用的成分，最终实现信息的优化，也为智能信息处理技术的研究提供了新的思路。在以目标身份估计为目的的体系结构下，根据多传感器信息融合技术抽象程度的不同，可以将其划分为像素级融合、特征级融合和决策级融合三个层次。智能网联汽车所需的传感器中，摄像头和激光雷达有很强的互补性。激光雷达获取的深度数精度高，不容易受外界环境、光照情况影响。摄像头采集的图像分辨率高，更擅长辨别色彩。因此，很多智能网联汽车采用了"激光雷达＋摄像头"的融合方案，比如无人驾驶技术公司 Waymo 即采用了多个低线束激光雷达融合摄像头的技术方案。数据融合主要的优势在于：充分利用不同时间与空间的多传感器数据资源，采用计算机技术按时间序列获得多传感器的观测数据，在一定准则下进行分析、综合、支配和使用，获得对被测对象的一致性解释与描述，进而实现相应的决策和估计，使系统获得比各组成部分更为充分的信息。

小贴士

了不起的 MEMS 发明人

一滩墨渍为 2019 年 IEEE 荣誉勋章获得者库尔特·彼得森开启了终生研究微型装置的大门。

1975 年，库尔特·彼得森（Kurt Petersen）刚拿到麻省理工学院电气工程专业的博士学位，在位于美国加州的 IBM 阿尔玛登研究中心工作。他是该中心光学研究小组的一员。有一天，他漫步于巨大的建筑群中，发现了一条普普通通的走廊的油毡瓦上有一大块黑色污渍——就是这块污渍改变了他的生活和整个行业。

为了找到污渍来源（他也是闲来无事），彼得森走进了最近的实验室。最后他发现，这块污渍是由溢出的墨水形成的。这是一家研发喷墨打印机喷嘴的实验室，研发过程中需要在硅材料上打孔。在硅材料上打孔？彼得森从未听说过，但他想起了之前看过的一则有关硅基微型加速器的广告。突然间，一个更大的场景浮现在他的脑海中：人们实际上正在制造微型机械配件，各种部件只有几微米，都是用硅材料制成的。今天，我们将这类装置称为微机电系统（MEMS）。彼得森也想制造 MEMS。

于是，他开启了全新的职业道路——专攻 MEMS 技术，包括现在用来扫描美国境内所有邮寄信件以防炭疽病菌的装置，并创建了 MEMS 企业。正是因为在这方面做出的贡献，彼得森在 2019 年获得了 IEEE 荣誉勋章。

思考题

1. 简述智能网联汽车环境感知系统的作用。
2. 简述超声波传感器的工作原理和应用场景。
3. 以飞行时间（TOF）测距法为例简述激光雷达的测距原理。
4. 简述毫米波雷达的性能特点。
5. 简述视觉传感器在智能网联汽车上的主要应用。

第3章 智能网联汽车高精度导航定位系统与高精度地图

本章首先介绍智能网联汽车高精度导航定位系统与高精度地图的基本知识，即导航定位系统的定义、功能、组成和定位方法、网络架构；在此基础上介绍卫星导航系统、惯性导航系统、高精度地图的定义与构建，最后介绍高精度地图的相关应用。

学习目标

1. 了解高精度定位导航系统、高精度地图的概念。
2. 掌握高精度定位导航系统的类型与定位方法。
3. 掌握全球卫星导航系统、惯性导航系统的组成及工作原理。
4. 掌握高精度地图构建流程。
5. 了解高精度定位导航系统、高精度地图的实际应用。
6. 培养学生自主学习、制订工作计划的能力。
7. 培养学生具备汽车行业的职业素养。

3.1 高精度定位导航系统的基础知识

苏大强驱车从郑州开往洛阳，在车辆导航系统的引导下，顺利到达目的地。那么车辆导航系统是如何实现定位与导航功能的呢？车辆导航系统与智能网联汽车高精度定位又有什么区别呢？

3.1.1 导航定位系统的定义及功能

1. 导航定位系统的定义

导航定位是利用电、磁、光、力学等科学原理与方法，通过测量与运动物体每时每刻位置有关的参数，从而实现对运动物体的定位，并正确地将其从出发点沿着预定的路线，安全、准确、经济地引导到目的地。

导航定位系统由全球卫星定位系统（Global Navigation Satellite System，GNSS）和地理信息系统（Geographic Information System，GIS）组成，可以实现车辆的跟踪和定位，如图3-1所示。

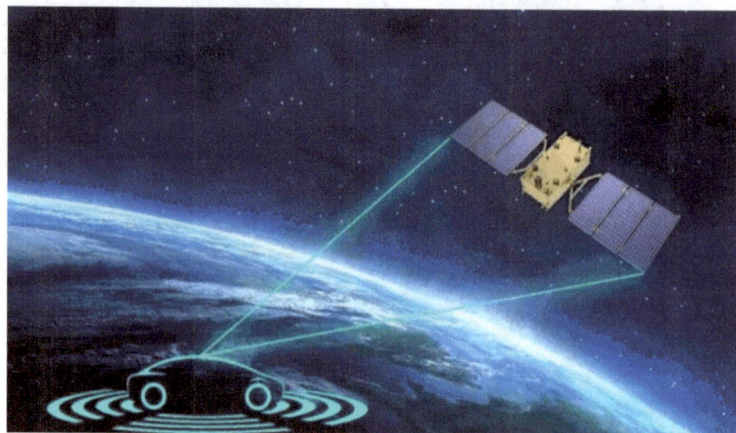

图 3-1　智能网联汽车的导航定位

　　地理信息系统中不仅包含了大量的地理信息库，还带有路网图形数据管理模块、图形图像操作模块和数据综合分析模块。利用地理信息系统可以方便找出某个地区的道路情况。

　　将全球卫星定位系统和地理信息系统综合应用便形成了电子地图。只要在汽车上安装了电子地图系统，汽车行驶在电子地图开通业务的区域内，车内的显示屏就会显示汽车所在区域的地图和汽车在地图上的实际位置。

2. 导航定位系统的基本功能

　　导航定位系统除了可以确定车辆位置以外，还可以衍生出其他功能。

（1）车辆定位及测速

　　导航定位系统实现对车辆的跟踪和定位，进而确定当前的位置，并由位置的改变推算出车辆的运行速度，如图 3-2 所示。

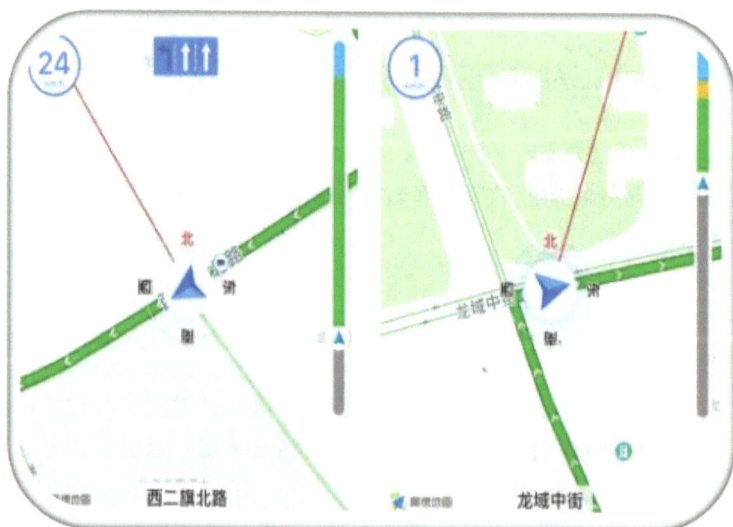

图 3-2　定位与导航

（2）路径规划

　　路径规划是指依据驾驶人提供的起点、终点、途经点或意愿，自动规划出的最佳行驶路

线，例如距离最短、时间最短、高速优先等，如图 3-3 所示。根据对环境信息的掌握程度，路
径规划可分为基于先验完全信息的全局路径规划和
基于车载传感器信息的局部路径规划。

（3）路径引导服务

路径引导是在出行过程中用语音或图形的方式
部分实施引导指令，使驾驶人沿预定行车路线顺利
抵达目的地，同时提供实时导航引导，即用户查找
到目的地后，具备告知选择路况参与规划路径的方
式、避开拥堵路段、超速报警、特殊地段提醒等功
能，如图 3-4 所示。

（4）综合信息服务

综合信息服务是车辆定位、路径规划和路径引
导功能的延伸，可向用户提供与电子地图有关的信
息检索与查询服务，如实时路况展示、信息查询、
导航轨迹显示、多媒体娱乐、信息资讯等其他功能，
如图 3-5 所示。

图 3-3　路径规划

（5）移动通信功能

导航定位系统可接收实时交通信息广播，使用
户及时掌握最新的道路交通状况，同时还可以将车辆状况报告给交通控制中心，实现报警、求
助和通信功能，如图 3-6 所示。

3. 智能网联汽车导航定位系统

准确可靠的汽车位置和姿态等定位信息是实现智能网联汽车导航功能的前提和基础。智能
网联汽车的导航定位技术是指通过全球导航卫星系统（GNSS）、惯性导航以及激光同步定位与
地图构建（Simultaneous Localization And Mapping，SLAM）、视觉 SLAM（指搭载特定传感器
的主体，在没有环境先验信息的情况下，在运动过程中建立环境的模型，同时估计自己的运动）
等，获取智能网联汽车的位置和航向信息。

图 3-4　路径引导

图 3-5 综合信息服务

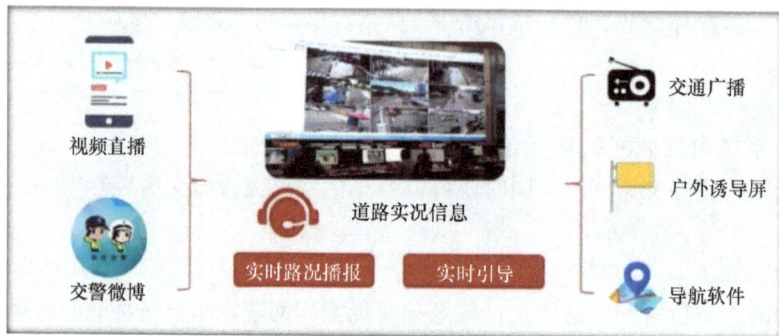

图 3-6 移动通信功能

定位技术的核心指标是定位精度。智能网联汽车要求定位系统能准确、实时感知自身在全局环境中的相对位置且定位精度达到厘米级，同时对定位技术的可靠性和安全性提出了非常高的要求。而采用普通导航地图、卫星定位及基站定位等现有的定位方案显然不能满足自动驾驶汽车对于高精度定位的需求。

3.1.2 导航定位系统的精度要求

高精度定位导航系统是智能网联汽车实现自动驾驶的基本前提，智能网联汽车的定位精度与自动驾驶级别和驾驶场景密切相关。

L1~L3 级的智能网联汽车，以高级辅助驾驶为主，其在典型场景中对定位精度的要求见表 3-1。

表 3-1 L1~L3 级智能网联汽车对定位精度的要求

应用场景	典型场景	通信方式	定位精度 /m
交通安全	前方碰撞预警	V2V	≤ 1.5
	交叉口碰撞预警	V2V	≤ 5
	路面异常预警	V2I	≤ 5

（续）

应用场景	典型场景	通信方式	定位精度 /m
交通效率	前方拥堵预警	V2V、V2I	≤ 5
	紧急车辆让行	V2V	≤ 5
	车速引导	V2I	≤ 5
信息服务	泊车引导	V2V、V2P、V2I	≤ 2
	汽车近场支付	V2V、V2I	≤ 3
	动态地图下载	V2N	≤ 10

智能网联汽车的 L4 ～ L5 级别自动驾驶除了更高要求的定位精度外，对于位置鲁棒性、车辆姿态精度等都有严格的要求，见表 3-2。

表 3-2 L4 ～ L5 级的智能网联汽车对定位精度的要求

项目	指标	理想值
位置精度	V2V	≤ 10cm
位置鲁棒值	V2V	≤ 30cm
姿态精度	V2I	≤ 0.5°
姿态鲁棒值	V2V、V2I	≤ 2.0°
场景	覆盖场景	全天候

3.1.3 定位导航系统的组成

智能网联汽车定位导航系统一般由电子地图数据库、地理信息系统引擎、定位模块、地图匹配模块、路径规划模块、路径引导模块、无线通信模块、人机交互界面八个主要模块组成，如图 3-7 所示，通过嵌入式操作系统实现其功能。

1. 电子地图数据库

电子地图是利用计算机技术、以数字方式存储和查阅地图，它包含以预定格式存储的数字化导航地图，为系统提供地理特征、道路位置、交通规则以及基础设施等多种信息。早期使用位图式存储，地图比例不能放大或缩小，现代电子地图采用矢量式图像存储，地图根据实际使用情况可放大、缩小或旋转。电子地图软件一般利用地理信息系统来存储和传送地图数据。

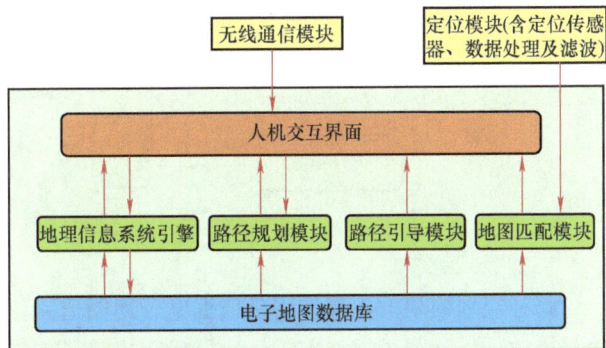

图 3-7 智能网联汽车定位导航系统的组成

2. 地理信息系统引擎

地理信息系统引擎主要是提供操作和查询电子地图的接口，包括电子地图的显示、浏览、动态刷新、缩放等功能以及相关的信息检索和查询服务，如图 3-8 所示。

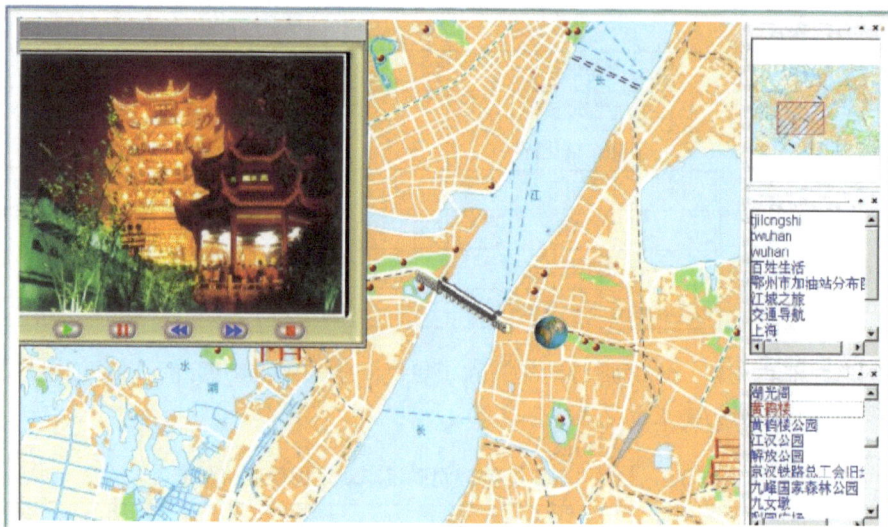

图 3-8　地理信息系统引擎

3.定位模块

定位模块是由定位传感器、数据处理以及滤波电路组成，其主要作用是提供实时、连续的车辆位置信息，如图 3-9 所示。

4.地图匹配模块

地图匹配模块的主要作用是将定位模块输出的位置信息与地图数据库提供的道路位置信息进行比较，通过适当模式匹配与识别，确定车辆当前行驶路段及其在路段中的准确位置，其匹配过程如图 3-10 所示。

图 3-9　定位模块

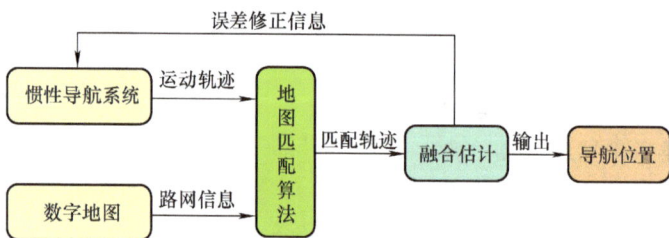

图 3-10　地图匹配过程

5.路径规划模块

路径规划模块的主要作用是依据电子地图道路信息，提供从车辆当前位置到目的地之间最优路径的过程。路径规划主要是让目标在规定范围内的区域内找到一条从起点到终点的无碰撞安全路径。路径规划有全局规划（图 3-11）和局部规划两种。

6.路径引导模块

路径引导模块的作用是根据电子地图数据库中的道路信息以及定位模块和地图匹配模块提供当前车辆位置，产生适当实时的驾驶指令，包括纵向（加速、制动）和横向（转向）控制指令，如图 3-12 所示。

图 3-11　从人大附中到地安门的全局规划路径

图 3-12　路径引导模块

7. 无线通信模块

无线通信模块可以实现车辆与交通管理系统之间相互交换实时的交通信息，其通信示意图如图 3-13 所示。

8. 人机交互界面

人机交互界面的作用是提供用户与车载计算机系统之间的交互接口。通过该界面，可以获得系统运行数据，也可以进行各种功能的选择，如图 3-14 所示。

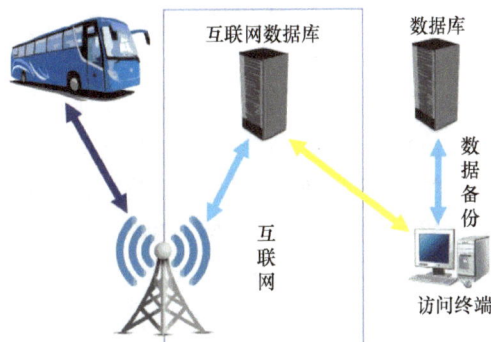

图 3-13　无线通信模块

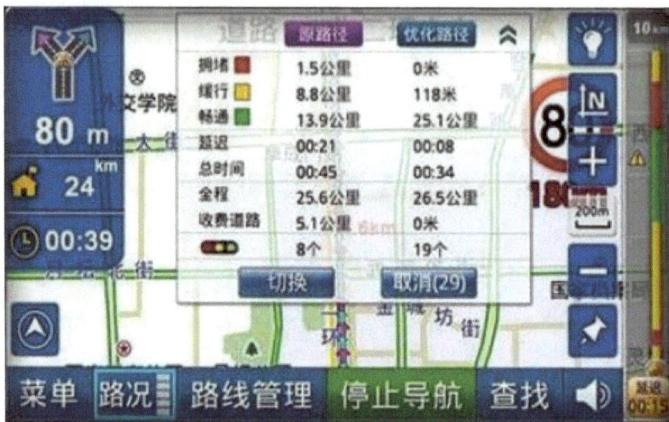

图 3-14　人机交互界面

9. 嵌入式操作系统

嵌入式操作系统提供了车辆导航系统运行的支撑环境，卫星导航定位技术及多传感器融合技术是现代导航系统的核心技术，路径规划与诱导技术是车辆导航的核心价值，电子地图是车辆导航系统不可缺少的数据支撑，通信技术实现了车辆导航系统与智能交通系统（Intelligent Traffic System，ITS）的集成，而多通道人机接口技术是展示车辆导航系统核心价值的途径。操作系统软件架构如图 3-15 所示。

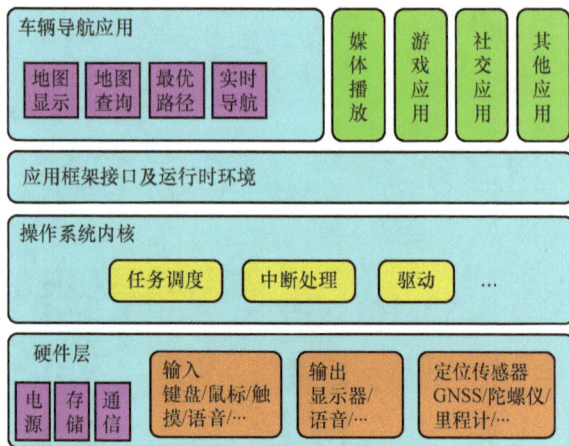

图 3-15　软件架构

3.1.4　定位导航系统的定位方法

智能网联汽车的定位技术及方案越来越多，由不同传感器组成的定位系统也变得多样化，根据技术原理不同，可将现有的汽车定位技术分成三类。

1. 基于信号的定位技术

基于信号的定位技术采用飞行测距法获取汽车与卫星之间的距离，使用三球定位原理得到汽车的空间绝对位置。其典型代表是全球导航卫星系统（GNSS），常用的全球定位系统（GPS）即为 GNSS 中的一种。

全球导航卫星系统是通过接收机接收卫星发射的信号，根据信号发射和接收的时间差或者信号的载波相位来确定卫星与接收机之间的直线距离，如图 3-16 所示。该方法通过 GPS 来进行车辆定位。基于 GPS 的定位方法优点在于可全天候连续定位，且适用于全局定位；缺点是受环境影响较大，如高楼、树木、隧道等都会屏蔽 GPS 信号，而且 GPS 定位精度低、更新周期长，远远不能满足自动驾驶的需求。

2. 基于航迹递推的定位技术

从一个已知的坐标位置开始，根据载体在该点的航向、航速和航行时间，推算下一时刻该

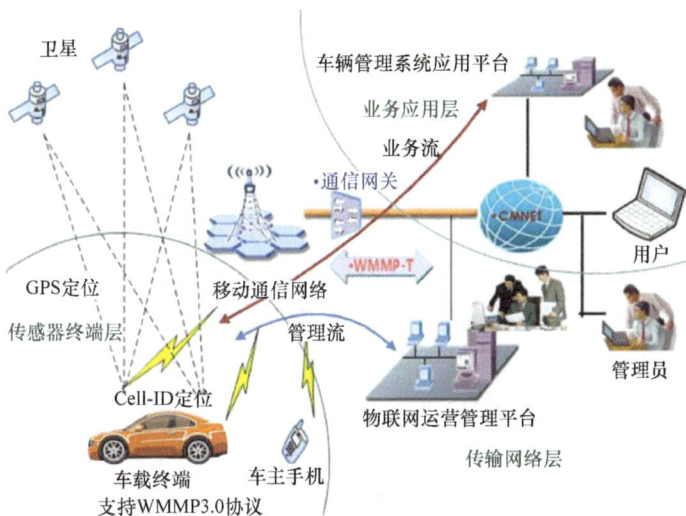

图 3-16　卫星定位系统

坐标位置的导航过程称为航迹递推。航迹递推是一种非常原始的定位技术，最早是海上船只根据罗经和计程仪所指示的航向、航程以及船舶操纵要素与风流要素等，在不借助外界导航物标的条件下求取航迹和船位，逐渐演化成如今自动驾驶汽车定位技术中最常用的方法。基于航迹递推的定位技术主要有以下类型。

（1）惯性导航定位技术（Inertial Navigation System，INS）

惯性导航定位技术（INS）依据牛顿原理定位，通过各种惯性传感器测量载体的速度、加速度、位移、航向等信息，解算出载体在惯性坐标系中的相对位置。惯性导航的定位精度取决于磁罗盘、陀螺仪、加速度计等惯性传感器的测量精度。其显著优点是完全自主，不需要使用通信设备，因此受外界因素影响较小。最大的缺点是具有误差累计效应，其定位精度会随定位过程的进行不断下降，安装及校准比较复杂，成本较高。

（2）里程计的航位推算定位技术（Dead Reckoning，DR）

里程计的航位推算定位技术（DR）是借助于先前已知位置及估计出的速度随时间的变化量来推导出当前位置的过程，属于自主导航。DR 通过车速传感器和回转仪、惯性导航系统，根据车辆的行驶轨迹计算车辆的相对位置，从而测定出车辆的当前位置。

3. 基于环境特征匹配的定位技术

基于环境特征匹配的定位技术是利用激光雷达或视觉传感器采集到的数据特征和高精度地图数据中存储的特征进行匹配，得到实时的汽车位姿，主要有以下两种类型。

（1）视觉传感器定位

视觉传感器提供了丰富的颜色和图像信息，处理这些信息正是深度学习技术的强项。通过深度学习模型识别车道线、道路上的文字、停止线等固定的标识，并与高精度地图数据进行对比，从而获取车辆的当前位置。它的优势在于成本低，缺点在于精度低、误差大，并且在强光、逆光、黑夜场景下的效果不好。

（2）激光雷达定位

事先通过采集车采集道路的 3D 点云地图数据，在智能网联汽车行驶过程中实时利用激光雷达采集点云数据，并与事先采集的点云数据进行比较，从而获取当前的车辆位置。它的优势在于探测精度高、探测距离远且对 GPS 的初值依赖度低，在没有 GPS 信号的场景下也能实现精准的车辆定位。缺点在于基于点云的地图数据时效性差，维护成本高。

3.1.5 高精度导航定位系统的网络架构

高精度定位系统的网络架构主要包括终端层、网络层、平台层和应用层，如图 3-17 所示。

1. 终端层

终端层为满足车辆在不同应用场景下的高精度定位需求，需要在终端采用多源数据融合的定位方案，包括基于差分数据的 GNSS 定位数据、惯性导航系统数据、传感器数据、高精度地图数据以及蜂窝网数据等。

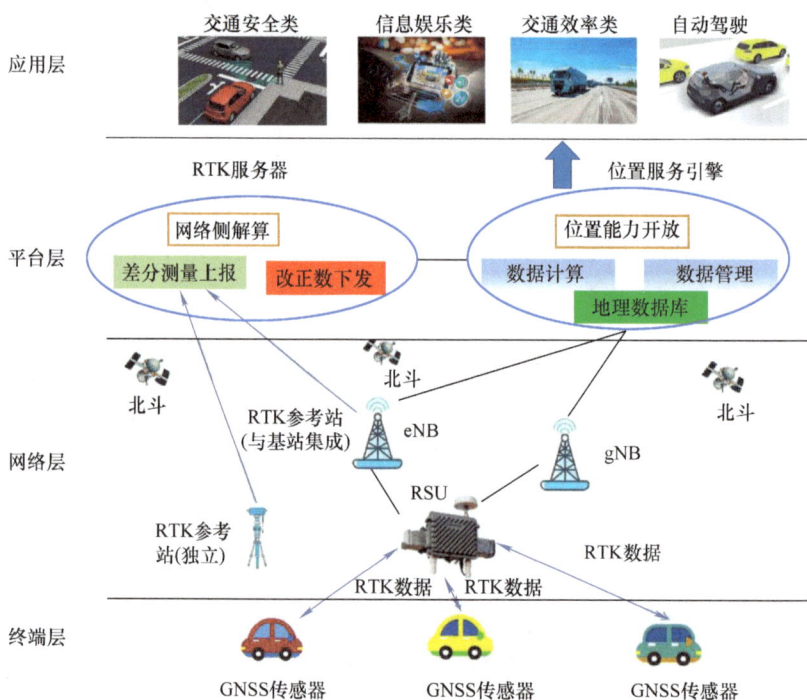

图 3-17　智能网联汽车高精度定位系统网络架构图

2. 网络层

系统网络层主要实现信号测量和信息传输，包括 5G 基站、实时差分定位（Real-Time Kinematic，RTK）基站和路侧单元（Road Side Unit，RSU）的部署。5G 作为新一代的通信技术，可以保证较高的数据传输速率，满足高精度地图实时传输的需求。5G 基站也可完成与终端的信号测量，上报平台，在平台侧完成基于 5G 信号的定位计算，为车辆高精度定位提供辅助。基于 5G 边缘计算，可实现高精度地图信息的实时更新，提升高精度地图的实时性和准确性。

地基增强站主要完成 RTK 测量，地基增强站可以与运营商基站共建，大大降低网络部署以及运维成本，同时可通过 5G 网络实现 RTK 基站测量数据的传输，以及参考站快速灵活部署。

RSU 可实现 RTK 信息播发，避免传统的 RTK 定位中终端初始位置的上报，同时 RSU 可提供局部道路车道级地图、实时动态交通信息广播。

3. 平台层

平台层可实现功能模块化，主要包括：

1）高精度地图。静态高精度地图信息，如车道线、车道中心线、车道属性变化等，此外还包含道路的曲率、坡度、航向、横坡等参数，能让车辆准确地转向、制动、爬坡等，还包含交通标志牌、路面标志等道路部件，标注出特殊的点如全球导航卫星系统（GNSS）消失的区域、道路施工状态等。

2）交通动态信息。例如道路拥堵情况、施工情况、交通事故、交通管制、天气情况等动态交通信息。

3）差分解算。平台通过 RTK 基站不断接收卫星数据，对电离层误差、对流层误差、轨道误差以及多路径效应等误差在内的各种主要系统误差源进行了优化分析，建立整网的电离层延迟、对流层延迟等误差模型，并将优化后的空间误差发送给移动车辆。

4）数据管理。例如全国行政区划数据、矢量地图数据、基础交通数据、海量动态应急救援车辆位置数据、导航数据、实时交通数据、兴趣点（Point of Interest，POI）数据等。这里的数据是指经过数据生产工艺，进行整合编译后的运行数据。

5）数据计算。包括路径规划、地图静态数据计算、动态实时数据计算、大数据分析、数据管理等功能。

4. 应用层

应用层为用户提供地图浏览、规划路线显示、数据监控和管理等功能，以及基于高精度定位系统提供车道级导航、线路规划和自动驾驶等功能。

🔗 知识链接

根据使用场景以及定位的不同，智能网联汽车的定位方案是多种多样的。在大多数的车联网应用场景中，通常需要通过多种技术的融合来实现高精度精准定位，其中还包括无线电定位，例如蜂窝网定位技术。基于蜂窝网的定位技术主要是利用移动台处于空闲或者通话状态的情况获取地理位置。利用蜂窝网对移动台的定位方法主要有到达角度定位法、到达时间定位法、到达时间差定位法。

3.2　高精度定位系统

3.2.1　全球导航卫星系统

全球导航卫星系统（GNSS）是一种基于卫星基础设施的、具有全球覆盖范围的无线电定位技术。卫星定位可以用来引导飞机、船舶、车辆以及个人，安全、准确地沿着选定的路线、准时到达目的地。卫星定位还可以应用到手机追寻等功能中。

全球导航卫星系统（GNSS）的组成

1. 全球导航卫星系统的组成

全球导航卫星系统由空间导航卫星、地面监控系统、用户设备部分（信号接收机）三部分组成，如图 3-18 所示。

（1）空间导航卫星

空间导航卫星用于发送某种时间信号、测距信号和卫星的瞬时坐标位置信号，主要由若干

地球静止轨道卫星、倾斜地球同步轨道卫星和中圆地球轨道卫星组成。目前卫星定位系统卫星一般不少于 30 颗。卫星的空间布置如图 3-19 所示，要确保在任意时刻、地球上任意一点都可以同时观测到 4 颗或以上的卫星，保持定位的精度，以实现导航、定位、授时等功能。

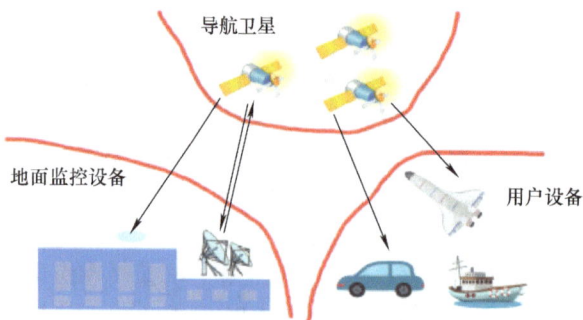

图 3-18　全球导航卫星系统的组成

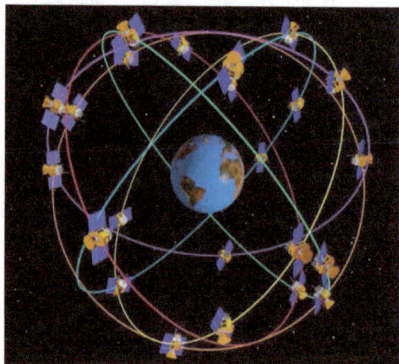

图 3-19　空间导航卫星

（2）地面监控系统

地面监控系统主要包括主控站、时间同步／注入站和监控站等若干地面站，如图 3-20 所示。主控站可以理解成整个系统的指挥中心，监控站起到监控卫星的作用，注入站主要是给卫星发送信号。卫星导航系统是全球覆盖，为了更好地检测和给卫星发送信号，这些站点分布在全球的几个位置。一般来讲，分布得越广，最终的效果会更好。

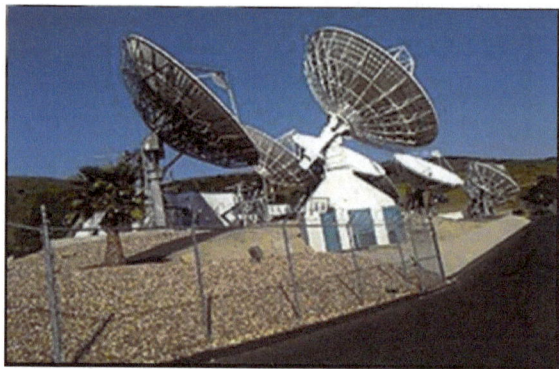

图 3-20　地面监控站

（3）用户设备

用户设备部分即信号接收机，其主要功能是能够捕获到按一定卫星截止角所选择的待测卫星，并跟踪这些卫星的运行。当接收机捕获到跟踪的卫星信号后，即可测量出接收天线至卫星的伪距离和距离的变化率，解调出卫星轨道参数等数据。根据这些数据，接收机中的微处理计算机就可按定位解算方法进行定位计算，计算出用户所在地理位置的经纬度、高度、速度、时间等信息。

2. 全球导航卫星系统的工作原理

（1）工作原理

卫星定位的实质是测量学的后方交会，将空间的人造卫星作为参照点，确定一个物体的空间位置。根据几何学理论，通过精确测量地球上某个点到三颗人造卫星之间的距离，能对此点的位置进行三角形的测定。

如图 3-21 所示，假设地面测得某点 P 到卫星 S_1 的距离为 r_1，根据几何学可知，P 点所在的空间可能

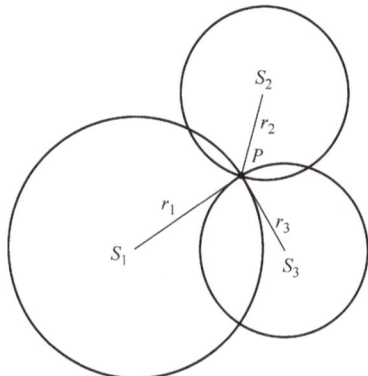

图 3-21　三球定位原理

位置集缩到一个球心为卫星 S_1、半径为 r_1 的球面上，再假设测得 P 点到第二颗卫星 S_2 的距离为 r_2，同样 P 点处于以第二颗卫星 S_2 为球心、半径为 r_2 的球面上，如果同时测得 P 点到第三颗卫星 S_3 的距离为 r_3，那么 P 点也处于以第三颗卫星 S_3 为球心、半径为 r_3 的球面上，这样就可以确定 P 点的位置，也就是三个球面的交汇处。

如图 3-22 所示，已知 3 颗卫星的位置 (X_1, Y_1, Z_1)、(X_2, Y_2, Z_2)、(X_3, Y_3, Z_3)，将其代入下面的公式即可得出卫星通过发送无线电信号确认到接收机的距离 ρ_1、ρ_2、ρ_3：

$$\rho_1 = \sqrt{(X_1 - X)^2 + (Y_1 - Y)^2 + (Z_1 - Z)^2}$$

$$\rho_2 = \sqrt{(X_2 - X)^2 + (Y_2 - Y)^2 + (Z_2 - Z)^2}$$

$$\rho_3 = \sqrt{(X_3 - X)^2 + (Y_3 - Y)^2 + (Z_3 - Z)^2}$$

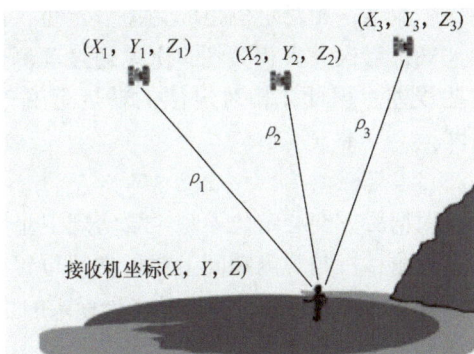

图 3-22　卫星定位坐标示意图

由于全球导航卫星系统（GNSS）采用单程测距，且难以保证卫星钟与用户接收机钟的严格同步，因此观测站和卫星之间的距离均受两种时钟不同步的影响。卫星钟差可用导航电文中所给的有关钟差参数进行修正，而接收机的钟差大多难以精准确定，通常采用引入第 4 颗卫星，求解 4 个未知参数（3 个点位坐标分量和一个钟差参数），形成 4 个方程式进行求解，从而得到观测点的经纬度和高度。

（2）定位方法

全球卫星导航系统根据用户站的运动状态，可分为静态定位和动态定位。静态定位是待定点固定不变，将接收机安置在待定点上进行大量的重复观测。静态定位精度高，是精度定位中的基本模式，应用广泛，中国北斗系统具有静态定位功能。

动态定位是指待定点处于运动状态，动态定位可测定待定点的实时位置，以及运动载体的状态参数，如速度、时间和方位等。该定位方式一般由中、低轨道上的多颗卫星和移动用户终端构成的无线电定位系统。

此外，全球卫星导航系统根据参考点位置不同，可分为绝对定位和相对定位。

绝对定位只用一台接收机来进行定位，又称作单点定位，它所确定的是接收机天线在坐标系统中的绝对位置，如图 3-23 所示。这种定位方式存在许多误差因素，如卫星轨道误差、卫星钟差、多普勒效应、电离层、对流层延迟、多路径效应等，因此定位精度偏低，单点精度在 3 ～ 5m 甚至更低，如图 3-24 所示。

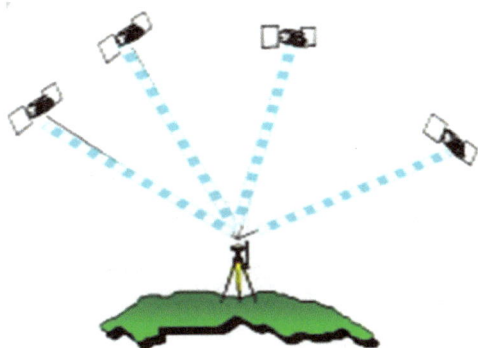

图 3-23　绝对定位

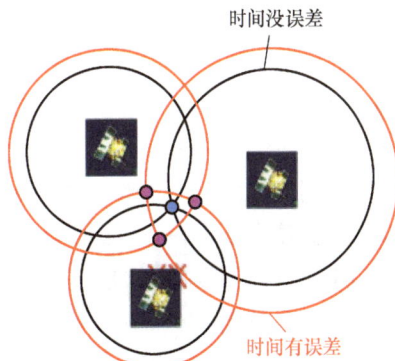

图 3-24　卫星定位误差

相对定位是利用两台或以上的接收机测定观测点至某一地面参考点（已知点）之间的相对位置，也就是测定地面参考点到未知点的坐标增量。如图 3-25 所示，其中两台接收机可以固定，也可以一个固定一个流动，相对定位也称为差分定位，由于星历误差和大气折射误差有相关性，所以通过观测量求差可消除这些误差。因此，相对定位的精度远高于绝对定位的精度。

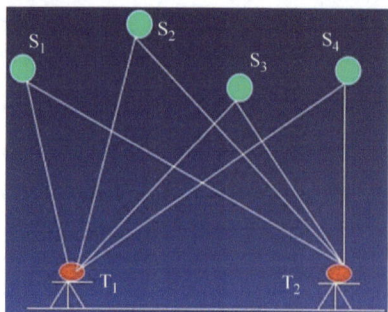

图 3-25　相对定位

（3）坐标系

根据后方交会定位原理，要实现卫星定位需要解决两个问题：一是观测瞬间卫星的空间位置；二是观测站点和卫星之间的距离，即卫星在坐标系的位置。而坐标往往与时间联系在一起，因为卫星定位是基于坐标系统和时间系统进行的。

卫星导航系统中，坐标系用于描述卫星在其轨道上的运动、表达地面观测站的位置以及处理定位观测数据。场合不同，选用的坐标系也不同，确定卫星位置用天球坐标系比较方便，而确定地面点位则用地球坐标系比较方便。

1）天球坐标系。天球坐标系是利用基本星历表的数据把基本坐标系固定在天球上，如图 3-26 所示，星历表中列出一定数量的恒星在某历元的天体赤道坐标值，以及由于岁差和自转共同影响而产生的坐标变化。星历表是记载每日星体运行状况的图表，能快速查出一个或多个星体在每天特定时刻的位置。常用的天球坐标系有天球空间直角坐标系、天球球面坐标系、协议天球坐标系三种。

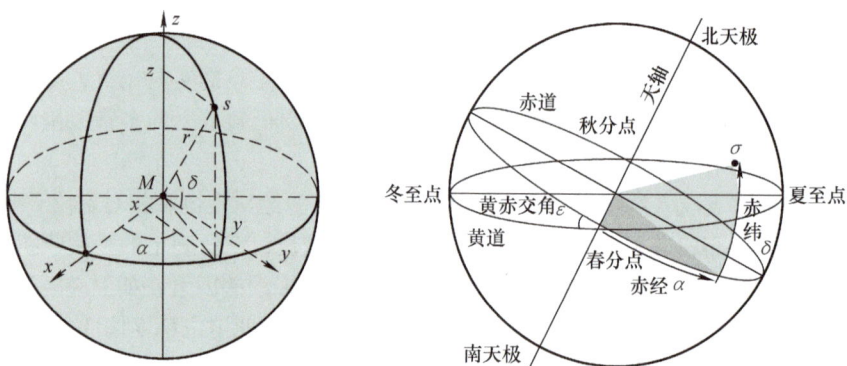

图 3-26　天球坐标系

2）地球坐标系。最常用的地球坐标系有两种：一种是地球空间直角坐标系，另一种是大地坐标系。考虑到地球的运动，还有一种协议地球坐标系。

地球空间直角坐标系的坐标原点位于地球质心（地心坐标系）或参考椭球中心（参心坐标系），z 轴指向地球北极，x 轴指向起始子午面与地球赤道的交点，y 轴垂直于 xoz 面并构成右手坐标系，如图 3-27 所示。

3）GNSS 坐标系。GNSS 计算主要涉及三个坐标系，即地

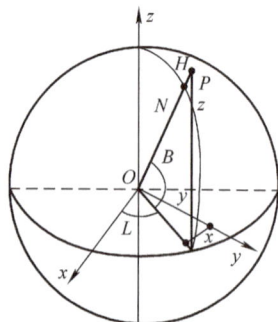

图 3-27　地球空间直角坐标系

心地固坐标系、地理坐标系和站心坐标系，如图 3-28 所示。

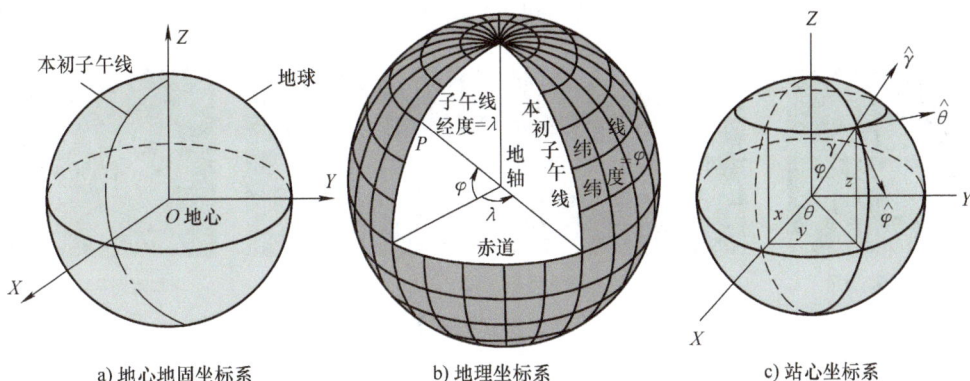

a) 地心地固坐标系　　　　b) 地理坐标系　　　　c) 站心坐标系

图 3-28　GNSS 坐标系

地心地固坐标系用 X、Y、Z 表示，以地心 O 为坐标原点，Z 轴指向协议地球北极，X 轴指向参考子午面与地球赤道的交点，也称为地球坐标系。一般 GNSS 坐标计算都在地心地固坐标系下进行的，目前在用的有 WGS84 和 CGC2000 等坐标系。

WGS84 坐标系统是美国根据卫星大地测量数据建立的大地测量基准，是目前 GPS 所采用的坐标系。GPS 卫星发布的星历就是基于此坐标系的，用 GPS 所测的地面点位，如不经过坐标系的转换，也是此坐标系中的坐标。

CGCS2000 坐标系是我国当前最新的国家大地坐标系，属于地心大地坐标系统，是 2000 国家大地坐标系。该坐标系以 ITRF97（国际地球参考框架 97）参考框架为基准，参考框架历元为 2000.0，是北斗导航系统使用的坐标系统。

地理坐标系则通过经度（Longitude）、纬度（Latitude）和高度（Altitude）来表示地球的位置，也称为经纬高坐标系（LLA）。

站心坐标系以用户所在位置 P 为坐标原点，三个轴分别指向东向、北向和天向，也称为东 - 北 - 天坐标系（ENU 坐标系）。站心坐标系的天向方向和地理坐标系的高度方向是一致的。站心坐标系用在惯性导航和卫星俯仰角计算中较多。

（4）时间系统

卫星定位技术中需要准确测定监测站至卫星的距离，而距离的测量都是通过精确测定信号传播的时间来实现的。为保障各卫星发射的导航信号的精确同步，都必须建立一个统一的时间参考，这通常被称为系统时间或系统时，这个系统时间要求独立、可靠、均匀和准确。

一般来说，凡是周期性的运动（振荡）都可以作为测量时间的参考，比如地球自转、地球绕太阳公转、月球绕地球运转、单摆的振动、带游丝摆轮的摆动、石英晶体振荡器的振荡、原子内部超精细结构能级跃迁辐射或吸收的电磁波等。卫星导航系统中使用的是作为高精度时间基准的原子时。

3.2.2　全球导航卫星系统的应用

全球导航卫星系统主要包括美国的全球定位系统（GPS）、中国的北斗卫星导航定位系统（BeiDou Navigation Satellite System，BDS）、俄罗斯的格洛纳斯卫星定位系统（Global Navigation Satellite System，GLONASS）以及欧洲空间局的伽利略卫星定位系统（Galileo Satellite Navigation Satellite System，GALILEO），如图 3-29 所示。

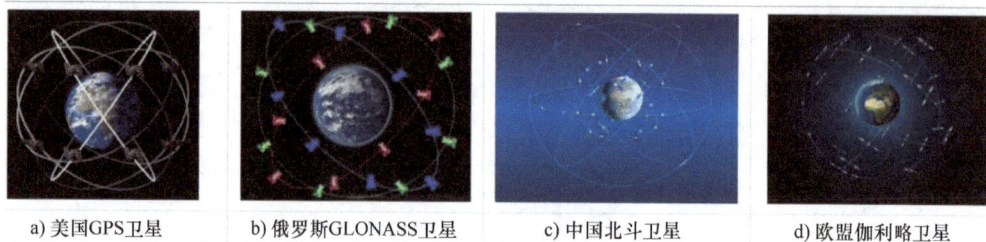

| a) 美国GPS卫星 | b) 俄罗斯GLONASS卫星 | c) 中国北斗卫星 | d) 欧盟伽利略卫星 |

图 3-29　全球导航卫星系统

1. 全球定位系统（GPS）

GPS 是由美国国防部建设的基于卫星的无线电导航定位系统，它能连续为世界各地的陆海空用户提供精确的位置、速度和时间信息，最大优势是覆盖全球，全天候工作，可以为高动态、高精度平台服务，目前得到普遍应用。

（1）全球定位系统（GPS）的组成

如图 3-30 所示，GPS 全球定位系统由空间部分（24 颗导航卫星）、监控站及 GPS 接收机三部分组成。

如图 3-31 所示，24 颗导航卫星，其中 21 颗工作卫星，3 颗为在轨备用卫星。它们分布在 6 个地球椭圆轨道平面上，相邻轨道之间的卫星彼此呈 30° 夹角，以 55° 的轨道倾角绕地球运行。卫星约 12h 绕地球一圈。

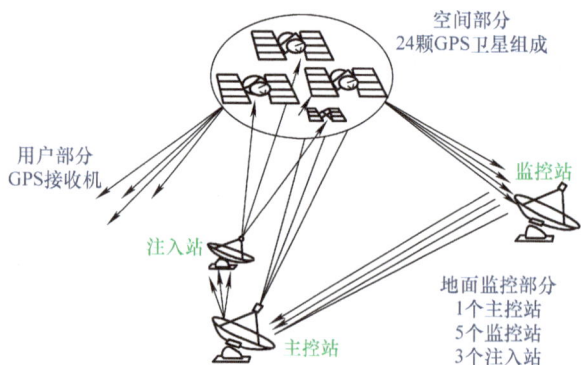

图 3-30　GPS 全球定位系统的组成

图 3-31　GPS 定位卫星分布

GPS 卫星定位导航系统共有 5 个监测站，其中 4 个与主控站（Main Control Station，MCS）和地面天线站重叠。每个监测站使用双频 GPS 信号接收器，对每个可见卫星每 6s 进行一次伪距测量和积分多普勒观察，收集气象、环境、地理信息等要素资料。

（2）全球定位系统（GPS）的工作原理

1）如图 3-32 所示，当 GPS 接收机收到一颗卫星传来的信号时，接收机可以测定该卫星离用户的空间距离，用户就位于以观测卫星为球心、以观测距离为半径的球面与地球表面相交的圆弧的某一点。

2）当 GPS 接收机接收到第二颗卫星的信号时，以第二颗卫星为球心、以第二个观测距离为半径的球面也与地球表面相交为一个圆弧，上述两个圆弧在地球表面会有两个交会点，但是还不能确定出用户唯一的位置。

3）当 GPS 接收机接收到第三颗卫星的信号时，以第三颗卫星为球心、以第三个观测距离为半径的球面也与地球表面相交为一个圆弧。上述三个弧在地球表面相交于一点，该点即 GPS 用户所在的位置。

图 3-32　全球定位系统（GPS）的工作原理

如果没有时钟误差，那么用户 GPS 接收机只要利用接收到的 3 颗卫星的距离观测值，就可以确定出用户所在的唯一位置。但由于 GPS 接收机的时钟有误差，使测得的距离含有误差，所以定位时要求 GPS 接收机至少观测到 4 颗卫星的距离观测值才能同时确定出用户所在的空间位置及接收机时钟差。

全球定位系统在智能网联汽车上的应用，如图 3-33 所示。

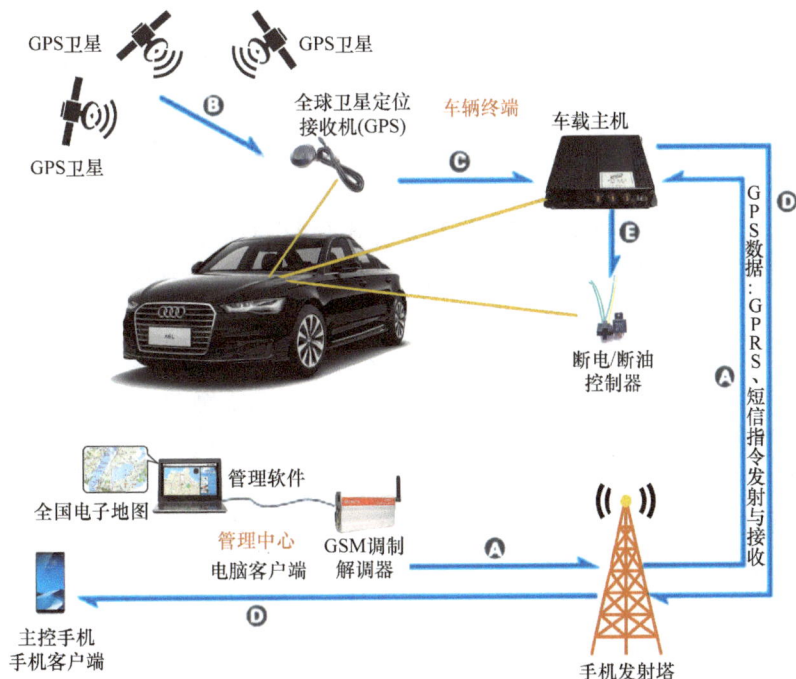

图 3-33　全球定位系统在智能网联汽车上的应用

2. 差分全球定位系统（DGPS）

卫星距离测量存在着卫星钟与传播延迟导致的误差问题，为了提高 GPS 定位精度，可采用差分全球定位系统（Differential Global Position System，DGPS）。DGPS 是在 GPS 的基础上利用差分技术，由基准站、数据传输设备和移动站组成。

如图 3-34 所示，DGPS 实际上是把一台 GPS 接收机放在位置已精确测定的点上，组成基准站。基准站接收机通过接收 GPS 卫星信号，将测得的位置与该固定位置的真实位置的差值作为公共误差校正量，通过无线数据传输设备将该校正量传送给移动站的接收机。移动站的接收机用该校正量对本地位置进行校正，最后得到厘米级的定位精度。附近的 DGPS 用户接收到修正后的高精度定位信息，从而大大提高其定位精度。

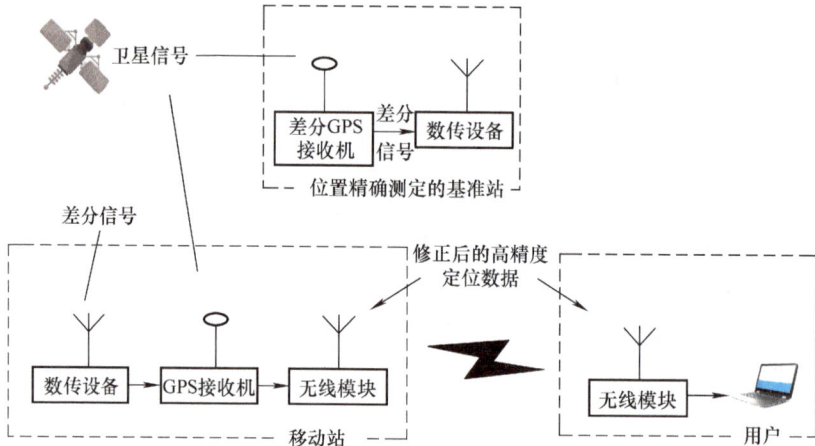

图 3-34　DGPS 的工作原理

根据 DGPS 基准站发送的信息方式，可将 DGPS 定位分为三类：位置差分、伪距差分和载波相位差分（Real Time Kinematic，RTK）。这三类差分方式的工作原理是相同的，都是由基准站发送改正数，由移动站接收并对其测量结果进行改正，以获得精确的定位结果。所不同的是，发送改正数的具体内容不一样，其差分定位精度也不同。

位置差分是最简单的差分方法，适用于用户与基准站间距离在 100km 以内的情况。伪距差分是目前应用最广的一种技术。载波相位差分（RTK）技术是建立在实时处理两个测站的载波相位基础上的，它能够实时地提供测站点在指定坐标系中的三维定位结果，并达到厘米级精度。如图 3-35 所示，在 RTK 作业模式下，基站采集卫星数据，并通过数据链将其观测值和站点坐标信息一起传送给移动站，而移动站通过对所采集到的卫星数据和接收到的数据链进行实时载波相位差分处理（历时不足 1s），得出厘米级。

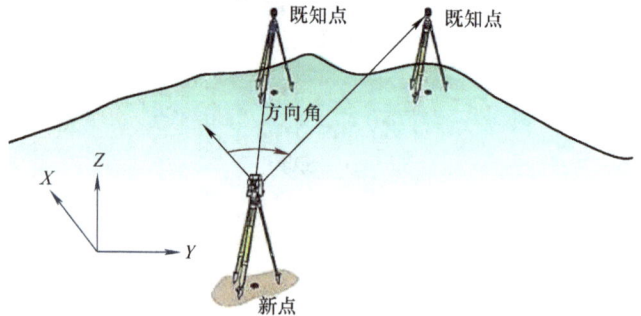

图 3-35　载波相位差分（RTK）技术

3. 北斗卫星导航定位系统（BDS）

北斗卫星导航定位系统（BDS）是由中国自行研制开发的区域性有源三维卫星定位与通信系统。

北斗导航定位系统应用于中国及周边国家，广泛应用于船舶运输、公路运输、铁路运输、海上作业、渔业生产、水文预报、森林防火、环境监测等行业，以及军事、公安、海关等有特殊指挥调度要求的单位。覆盖范围为东经 70° ~ 140°，北纬 5° ~ 55°。在地球赤道面上配备了两颗地球同步卫星，赤道角约为 60°。

北斗卫星定位系统由空间段、地面段和用户段三部分组成，如图 3-36 所示。

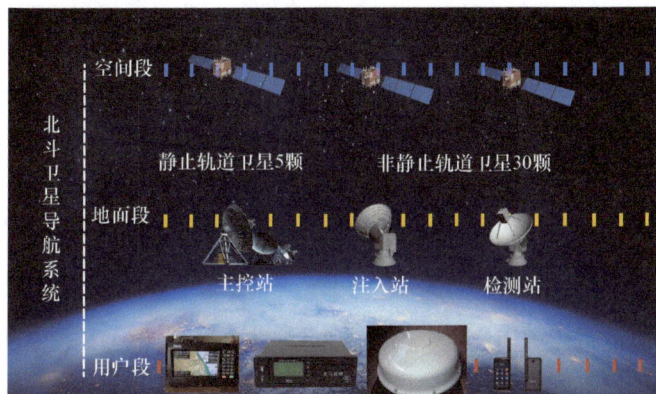

图 3-36　北斗卫星定位系统的组成

北斗卫星导航系统具有以下特点：

1）空间段采用 3 种轨道卫星组成的混合星座，与其他卫星导航系统相比，高轨卫星更多，抗遮挡能力强，尤其在低纬度地区性能优势更为明显。

2）提供多个频点的导航信号，能够通过多频信号组合使用等方式提高服务精度。

3）创新融合了导航与通信功能，具备定位导航授时、星基增强、地基增强、精密单点定短报文通信和国际搜救等多种服务能力。

虽然北斗卫星导航定位系统目前在汽车领域还没有大面积推广应用，但在国家制订的智能网联汽车发展规划中，已明确提出要大力推广北斗卫星导航系统在智能网联汽车中的应用。

3.2.3　惯性导航系统

惯性导航系统（INS）是建立在牛顿定律基础上的自主式导航系统，不与外界发生任何光、电、磁联系，仅靠系统本身就能对汽车进行连续的三维定位和三位定向。

惯性导航系统（INS）主要用于 GPS 信号丢失或很弱的情况下，暂时替代 GPS 进行定位，另外还可以配合激光雷达进行精准定位，如图 3-37 所示。

惯性导航系统
的组成

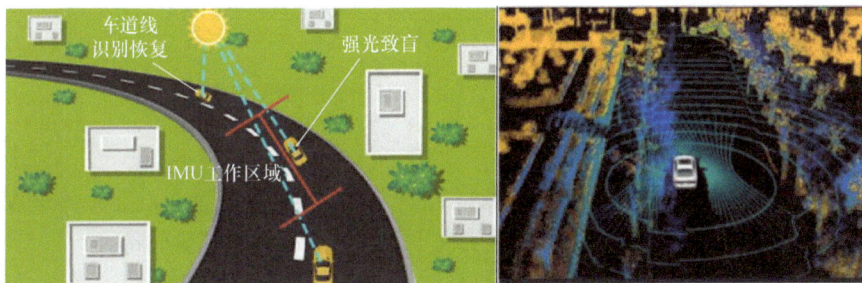

a) 替代GPS定位　　　　　　　b) 与激光雷达组合定位

图 3-37　惯性导航系统的作用

惯性导航及控制系统最初主要为航空航天、地面及海上军事用户所应用，是现代国防系统的核心技术产品。随着成本的降低和需求的增长，惯性导航技术已扩展到大地测量、资源勘测、地球物理测量、海洋探测、铁路、隧道、智能汽车等商用领域。

1. 惯性导航系统的特点

优点：

1）自主性和隐蔽性好。由于惯性导航系统不依赖任何外部信息，也不向外部辐射能量，不受外界电磁干扰。

2）可全天候在全球任何地点工作。其中这两个优点是 GNSS 所不能比拟的。

3）导航信息连续性好而且噪声低，能提供位置、速度、航向和姿态角数据。

4）数据更新率高，短期精度和稳定性好。

缺点：

1）由于导航信息经过积分而产生，因此定位误差随时间而增大，长期精度差。

2）每次使用之前需要较长的初始对准时间。

3）不能给出时间信息。

2. 惯性导航系统的组成

惯性导航系统通常由惯性测量单元（Inertial Measurement Unit，IMU）、信号预处理和机械力学编排三部分组成。图 3-38 为惯性测量单元实物。

一个惯性测量装置包括三个相互正交的单轴加速度计和三个相互正交的单轴陀螺仪。其中一个加速度计和一个陀螺仪组成一个惯性传感器组，并且共享原点和敏感轴。两个惯性传感器组的敏感轴是相互正交的，如图 3-39 所示。信号预处理部分对惯性测量单元输出信号进行信号调理、误差补偿并检查输出量范围等，以确保惯性测量单元正常工作。

图 3-38　惯性测量单元（IMU）实物

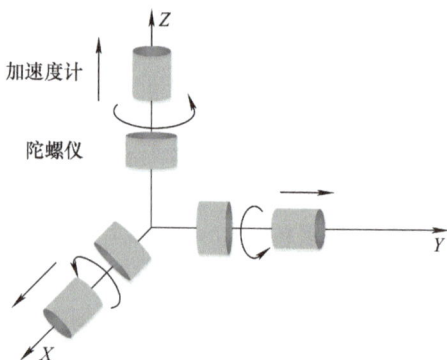

图 3-39　惯性测量单元（IMU）内部结构示意图

（1）加速度计

加速度计是输出载体加速度电信号的测量装置。它是惯性导航系统确定载体速度、载体距离和所在位置等导航参数的基本元件，也是实现平台初始对准不可缺少的部分。

加速度计用来测量载体相对惯性空间的绝对加速度和重力加速度之和，称为"比力"。加速度计可以输出沿敏感轴方向的比力，其中含有载体的绝对加速度。加速度计的结构和工作原理如图 3-40 所示。加速度计的类型很多，其中压阻式、激光式和光纤式应用较为广泛。

（2）陀螺仪

陀螺仪是用高速回转体的动量矩敏感壳体相对惯性空间绕正交于自转轴的一个或两个轴的角运动检测装置，如图 3-41 所示。陀螺仪可以输出载体相对于惯性坐标系的角加速度信号。通过惯性测量单元能产生相互正交的三个敏感轴的加速度计和陀螺仪输出，同时又已知敏感轴的准确指向，就可以掌握载体在三维空间内的运动加速度和角速度。

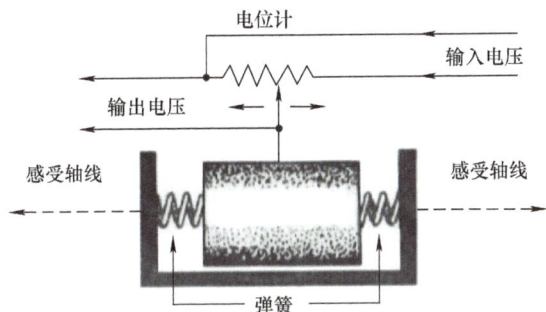

图 3-40　加速度计的结构及工作原理

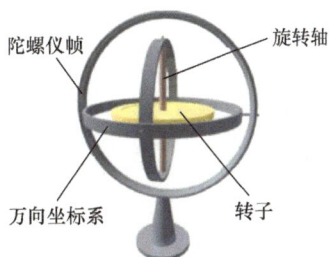

图 3-41　陀螺仪的结构

3. 惯性导航系统的分类

根据机械力学编排实现形式的不同，可分为平台式和捷联式惯性导航系统两种，如图 3-42 所示。

平台式惯性导航系统将陀螺仪和加速度计等惯性元件通过万向支架角运动隔离系统与运动载体固联。其惯性测量装置（加速度计和陀螺仪）安装在机电导航平台上，以平台坐标系为基准测量运动载体的运动参数。平台式惯性导航

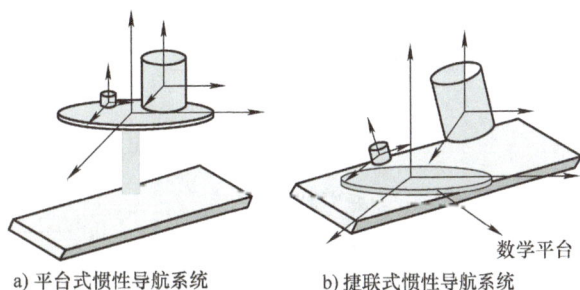

a) 平台式惯性导航系统　　　b) 捷联式惯性导航系统

图 3-42　惯性导航系统的结构模型

系统通过框架伺服系统隔离了载体的角运动，因此可以获得较高的系统精度，但可靠性有所下降。目前平台式惯性导航系统的技术水平很高，但造价、维修费用昂贵。

捷联式惯性导航系统，其惯性测量装置（加速度计和陀螺仪）直接装在飞行器、舰艇及导弹等载体上，载体转动时，加速度计和陀螺仪的敏感轴指向也跟随转动。陀螺仪测量载体角运动，计算载体姿态角，从而确定加速度计敏感轴的指向，再通过坐标变换，将加速度计输出的信号变换到导航坐标系上进行导航计算。捷联式惯性导航系统的惯性测量装置直接安装在载体上，使得安装、维修方便，体积小，但测量装置工作环境恶化，降低了系统的应用精度。除此之外，捷联式惯性导航系统中以数学平台代替机电导航平台。

4. 惯性导航系统的工作原理

惯性导航系统基于牛顿第二运动定律，利用载体先前已知的位置，根据惯性测量单元测量的加速度和角速度来确定其当前位置。其中加速度经过积分得到速度，经过二重积分得到位移，相反，速度和加速度也可以通过对位移的微分而估算得到。同样，汽车的俯仰、偏航、翻滚等姿态信息都可以通过对角加速度的积分得到。利用姿态信息，可以把导航参数从惯性坐标系变换到导航坐标系中。

综上，惯性导航系统通过陀螺仪测量载体旋转信息求解得到载体的姿态信息，再将由加速度计测量得到的载体比力信息转换到导航坐标系进行加速度信息的积分运算，就能推算出汽车的位置和姿态信息。惯性导航系统的工作原理如图 3-43 所示。

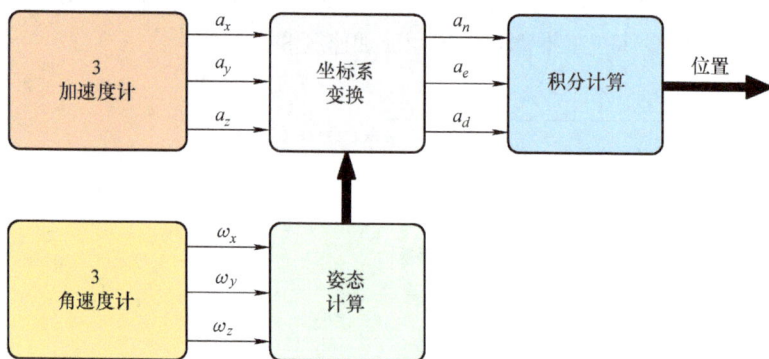

图 3-43　惯性导航系统的工作原理

（1）一维航迹递推

如图 3-44 所示，假定汽车直线行驶（即在一个固定的方向），在此情况下进行航迹递推时，只需要将一个加速度计安装在汽车上，并使加速度计的敏感轴方向与汽车运动方向一致，即可得到汽车的速度和位置。

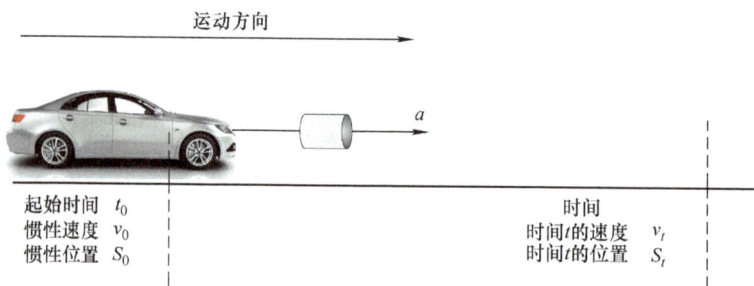

图 3-44　一维航迹递推

已知汽车的初始位置 S_0、初始速度 v_0，通过对加速度 a 进行积分即可得到汽车在 t 时刻的速度 v_t。

对速度 v_t 积分得到汽车在 t 时刻的位置 S_t：

$$S_t = \int v_t \mathrm{d}t$$
$$= \int (at + v_0)\mathrm{d}t$$
$$= \frac{1}{2}at^2 + v_0 t + S_0$$

（2）二维航迹递推

二维航迹递推的难点是需要将惯性坐标系（坐标轴为 Z、X、Y 轴，与汽车航向保持一致）下的加速度变换到一个与地球固连的坐标系下，常用的是地理坐标系，也称为导航坐标系（坐标轴为 E、N，N 轴与地理北向保持一致）。

在二维航迹递推中，将汽车看作是在二维平面 (x, y) 上的运动，需要已知汽车的起始点 (x_0, y_0) 和起始航向角 A。通过实时检测汽车在 x、y 两个方向上的行驶距离和航向角的变化，即可实时推算汽车的二维位置。

图 3-45 是将曲线运动近似为直线运动的捷联式惯性导航二维航迹递推示意图，其中黑色圆点表示汽车位置，θ 表示汽车与北向间的夹角，圆柱体表示加速度计与陀螺仪，陀螺仪敏感轴垂直于纸面向外。在进行类似一维航迹递推中的积分运算前，需要将惯性测量单元的输出转换到导航坐标系。汽车转弯将使陀螺仪产生一个相对于导航坐标系方向角变化的角速度 ω，结合初始航向角 A，对陀螺仪测量得到的角速度进行积分可以得到航向角 A_t。

汽车速度变化将产生导航坐标系下的加速度 a_y，惯性测量单元的测量信息转换到导航坐标系中。如图 3-46 所示，惯性坐标轴 X、Y 与导航坐标系 E、N 存在夹角 θ，得到导航坐标系中的加速度即可对其积分得到速度，二重积分后就得到导航坐标系中的位置。

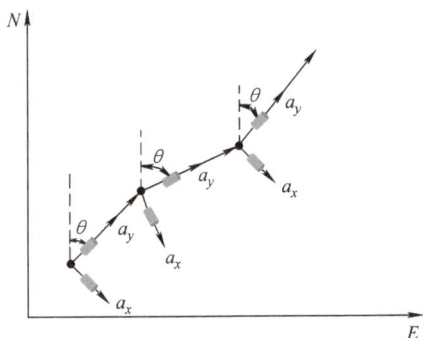

图 3-45　捷联式惯性导航二维航迹递推示意图

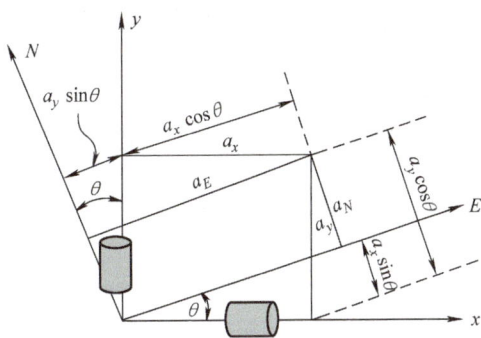

图 3-46　惯性坐标系到导航坐标系的转换

（3）三维航迹递推

三维航迹递推需要 3 个陀螺仪来测量载体相对于惯性空间的旋转角速率，需要 3 个加速度计来测量载体相对惯性空间受到的比力。如图 3-47 所示，载体的合加速度是重力加速度和其他外力产生的加速度的合成。为了消除重力加速度分量，需要知道加速度计相对于重力方向的角度，这个可以由解算的姿态矩阵给出。与二维航迹递推类似，对陀螺仪测量的角速度进行积分可以得到三个姿态角，去掉重力加速度的同时通过三维旋转矩阵将加速度计测量值投影到导航坐标系中。结合初始航向角，对三个加速度做一次积分可得三维的速度信息，通过两次积分运算可得三维的位置信息。

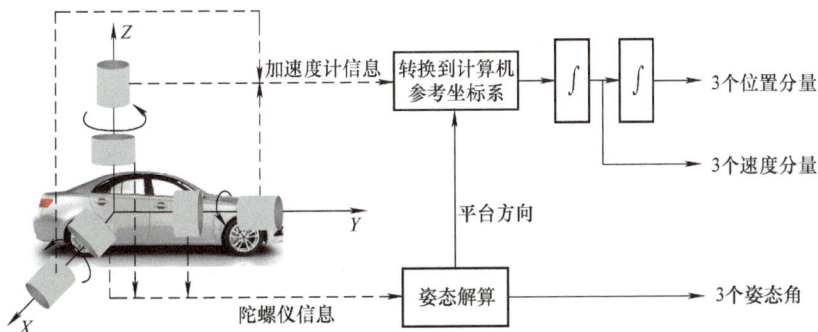

图 3-47　三维航迹递推

> **实验** 项目二——惯性导航传感器安装与标定
> 详见"惯性导航传感器安装与标定"实验指导和项目工单

3.2.4 组合定位

在自动驾驶定位系统的实践中，通常使用多种技术融合定位的方案。常见的组合方案有以下三种。

1. GNSS- 地图模型（Map Model，MM）

此类组合定位方案只需要 GNSS 接收机和地图模型库，成本较低，可靠性差。当 GNSS 信号丢失时，系统存在无法工作的致命弱点。

2. GNSS-INS-DR

全球卫星定位系统（GNSS）和惯性导航系统（INS）可以相辅相成，即与不同的卫星定位系统结合。图 3-48 为 GNSS-INS-DR 组合定位的工作原理，该方案的最大优点是当 GNSS 信号丢失时，比如车辆处于高楼林立的市区、地下停车场，通过陆桥及隧道、大山时，航位推算系统还可继续工作，可靠性得到提高。

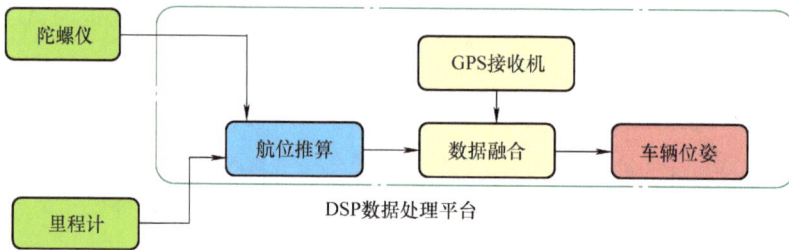

图 3-48　GNSS-INS-DR 组合定位的工作原理

GNSS-INS-DR 组合定位中，常见的航迹推算系统可以通过全球定位系统连续提供实时高精度的三维位置和航向、速度信息以推得车辆行进的路线。数据融合算法是 GNSS-INS-DR 组合导航中的关键问题，决定了系统的定位精度及可靠性。

3. GNSS-INS-DR-MM

如图 3-49 所示，该方案是在 GNSS-INS-DR 组合中加入子滤波器，通过对子滤波器的故障检测结果来判断地图匹配得正确与否，并利用正确的匹配结果对 GNSS-INS-DR 的误差进行补偿。该方案的缺点是对地图匹配的实时性和准确性要求较高，当地图匹配发生错误时，如何对故障做出正确的诊断并及时隔离故障是保证定位精度和可靠性的关键。

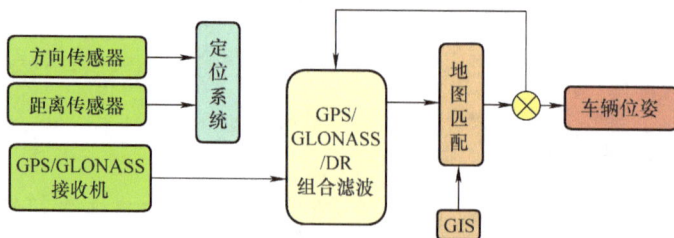

图 3-49　GNSS-INS-DR-MM 组合定位的工作原理

百度阿波罗（Apollo）系统使用了全球卫星定位系统（GNSS）、激光雷达、惯性测量单元（IMU）等多种传感器融合加上一个误差状态卡尔曼滤波器，使定位精度可以达到 5 ~ 10cm，具备高可靠性和鲁棒性，在市区允许最高车速超过 60km/h。

卡尔曼滤波器有一个最优化自回归数据处理算法。它根据有噪声的物体传感器测量值，预测出物体的位置坐标和速度。它具有很强的鲁棒性，从而给出更加准确、稳定的载体高精度定位信息，如图 3-50 所示。卡尔曼滤波器主要分为两个阶段：预测阶段根据最后一个时间点的位置信息预测当前的位置信息；更新阶段通过对目标位置的当前观测修正位置预测，从而更新目标的位置。

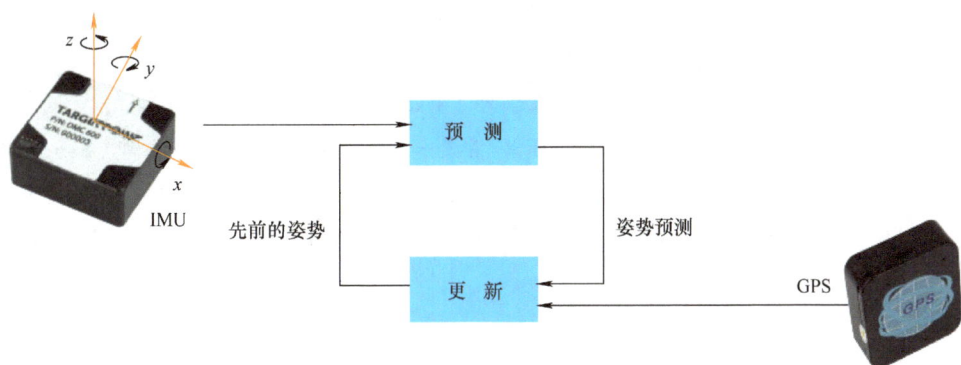

图 3-50　卡尔曼滤波器工作原理示意图

知识链接

人们日常生活需要知道准确的时间，生产、科研上更是如此。人们平时所用的钟表，精度高的大约每年会有 1min 的误差，这对日常生活是没有影响的，但在要求很高的生产、科研中就需要更准确的计时工具。1967 年起，原子时已取代历书时作为基本时间计量系统。用在原子钟里的元素有氢、铯（sè）、铷（rú）等，使得原子钟的精度可以达到每 100 万年误差为 1s，这为天文、航海、宇宙航行提供了强有力的保障。

原子时是以物质的原子内部发射的电磁振荡频率为基准的时间计量系统。原子时由原子钟的读数给出，国际计量局收集各国各实验室原子钟的比对和时号发播资料，进行综合处理，建立国际原子时（International Atomic Time，IAT）。

原子时计量的基本单位是原子时秒，其定义为铯原子基态的两个超精细能级间在零磁场下跃迁辐射 9 192 631 770 周所持续的时间。1967 年第十三届国际计量大会决定，把在海平面实现的上述原子时秒，规定为国际单位制中的时间单位。

世界时（Universal Time，UT）是格林尼治所在地的标准时间，以地球自转运动为标准的时间计量系统。地球自转的角度可用地方子午线相对于地球上的基本参考点的运动来度量。为了测量地球自转，人们在天球上选取了两个基本参考点：春分点和平太阳。

协调世界时（UTC）是以原子时秒长为基础，在时刻上尽量接近于世界时的一种时间计量系统。闰秒是为确保协调世界时与世界时相差不会超过 0.9s，由国际计量局统一规定在年底或年中（也可能在季末）对协调世界时增加或减少 1s 的调整。

协调世界时与国际原子时之间会出现若干整数秒的差别时，且两者之差逐年积累，便采用闰秒的方法使协调时与世界时的时刻相接近，其差不超过1s。它既保持时间尺度的均匀性，又能近似地反映地球自转的变化。

为了全球时间的同步和统一，全球卫星导航系统时间必须与国际法定的标准时间同步（溯源）。GNSS系统时间都以国际原子时（IAT）或协调世界时（UTC）为参考。现有的四大卫星定位系统，其时间系统并不相同，但需要转换成高度统一的时间。

GPS系统时间以GPST为连续的时间尺度，不采用闰秒，其溯源到美国海军天文台的协调世界时UTC（USNO）。GLONASS时间采用UTC作为时间参考，即采用闰秒制度，其溯源到苏联莫斯科的协调世界时UTC（SU）。伽利略（GALILEO）时间参考系统以GPST时间起点与GPS接轨，即也采用与国际原子时（TAI），在整数秒上相差19s。

BDS采用的时间基准为北斗时（BDT），它是一种原子时，以国际单位制（SI）秒为基本单位而连续累计，不用闰秒，起始历元为协调世界时（UTC）2006年1月1日0时0分0秒，采用周和周内秒的计数形式，BDT和GPST周秒间存在14s的差异。

✍ 小贴士

北斗卫星导航定位系统

北斗卫星导航定位系统是中国着眼于国家安全和经济社会发展需要，自主建设、独立运行的卫星导航系统，是为全球用户提供全天候、全天时、高精度的定位、导航和授时服务的国家重要空间基础设施。

北斗基础产品已实现自主可控，国产北斗芯片、模块等关键技术全面突破，性能指标与国际同类产品相当。多款北斗芯片实现规模化应用，工艺水平达到28nm。截至2018年11月，国产北斗导航型芯片、模块等基础产品销量已突破7000万片，国产高精度板卡和天线销量分别占国内市场30%和90%的市场份额。

北斗系统广泛应用于重点运输过程监控、公路基础设施安全监控、港口高精度实时定位调度监控等领域。截至2018年12月，我国有超过600万辆营运车辆、3万辆邮政和快递车辆，36个中心城市约8万辆公交车、3200余座内河导航设施、2900余座海上导航设施已应用北斗系统，已建成全球最大的营运车辆动态监管系统，有效提升了监控管理效率和道路运输安全水平。据统计，与2011年相比，2017年中国道路运输重特大事故发生起数和死亡失踪人数均下降50%。

2019年5月10日，由中国联通与华大北斗共同成立的"5G+北斗高精度定位开放实验室"将运营商、芯片模组商、设备商、垂直行业应用商、研究机构及高校联合起来，构建基于5G和北斗的合作生态系统，共同推动5G+北斗的高精度定位在垂直行业的应用落地。

持续与其他卫星导航系统开展协调合作，推动系统间兼容与互操作，共同为全球用户提供更加优质的服务。在中俄总理定期会晤委员会框架下，成立了中俄卫星导航重大战略合作项目委员会，签署了多项合作文件，围绕兼容与互操作、增强系统与建站、监测评估、联合应用等领域设立联合工作组，开展务实合作，推进 10 个标志性合作项目并取得阶段进展，完成中俄卫星导航监测评估服务平台建设并开通运行，促进两系统优势互补、融合发展。

3.3　高精度地图

人们在驾驶车辆时，能很轻松准确地识别障碍物、行人、交通信号灯或其他车辆。但若想让汽车能识别周围的环境，却是一项非常艰巨的任务。目前而言，高精地图已经将这项艰巨的任务向前推进了一大步。

3.3.1　高精度地图的定义

高精度地图是指绝对精度和相对精度均在亚米级的高分辨率、高丰富度要素的电子地图，也称为三维高精度地图，简称为 HD Map（High Definition Map）或 HAD Map（Highly Automated Driving Map），是自动驾驶解决方案的核心和基础。

通俗来讲，高精度地图是比普通导航地图精度更高、数据维度更广的地图。其精度更高，精确到厘米级，数据维度更广体现在地图数据除道路信息之外还包括与交通相关的周围静态信息。高精度地图与普通导航地图示例，如图 3-51 所示。

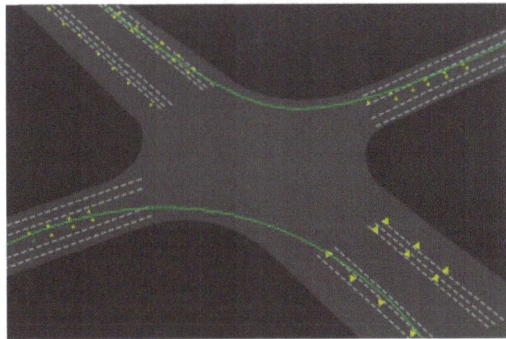

a) 高精度地图　　　　　　　　　　　　　　b) 普通导航地图

图 3-51　高精度地图与普通导航地图

3.3.2　高精度地图的分层架构

高精度地图主要由静态数据和动态数据构成，其中静态数据包括道路层、车道层、交通设施层等图层信息；动态数据包括实时路况层、交通事件层等图层信息。高精度地图的分层架构如图 3-52 所示。

高精度地图与普通导航地图的区别体现在五个方面，具体见表 3-3。

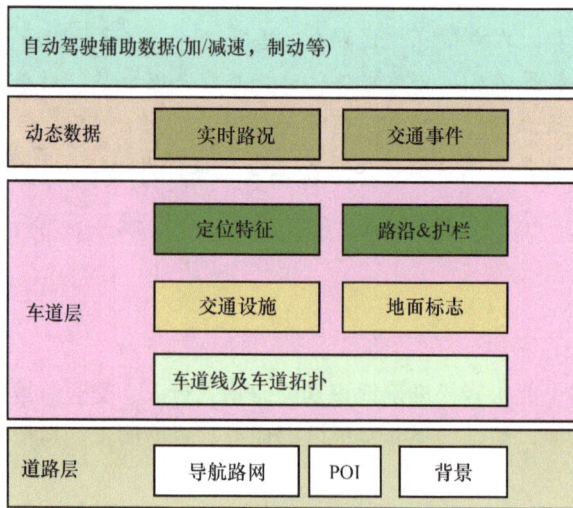

图 3-52　高精度地图的分层架构

表 3-3　高精度地图与普通导航地图的区别

	高精度地图	普通导航地图
使用对象及用途	为安全驾驶系统提供信息，自助自动驾驶，提供安全冗余	为驾驶人实现导航和搜索
地图精度	相对精度为厘米级：20cm 左右，绝对精度优于 1m。谷歌、HERE 等精度为：10～20cm	米级：10m 左右，商用 GPS 为 5m
时效性	永久静态数据：约为 1 个月；半永久静态数据：1 个小时 半动态数据：1min；动态数据：1s[①]	永久静态数据/半永久静态数据：月度或季度更新
数据维度	除了导航地图数据外，增加了两类： ①车道属性数据，如车道线的位置、类型、宽度等属性。 ②车道周边静态信息，如交通标志牌、交通信号灯、路灯、防护栏、下水道口等细节信息	只记录道路级别的数据，如道路等级、几何形状、坡度、曲率、方向等
采集模式	在普通导航地图基础上，还需要配备激光雷达的特定采集车辆（如 HAD 采集车），测绘需要甲级测绘资质。维护一座城市数据大概需要 10 辆左右的特定高精度地图采集车	国家测绘局数据＋企业实地采集数据＋数据加工检测

① 根据博世公司在 2007 年提出的定义，无人驾驶时代所需要的局部动态地图（Local Dynamic Map，LDM）根据更新频率可将数据分成四类：永久静态数据、半永久静态数据、半动态数据和动态数据。

3.3.3　高精度地图的功用

高精度地图的功用

高精度地图是 L3 级及以上完成自动驾驶不可缺少的关键技术，能够满足自动驾驶汽车在行驶过程中地图精确计算匹配、实时路径规划导航、辅助环境感知、驾驶决策辅助和智能汽车控制的需要，并在每个环节都发挥着至关重要的作用。其主要功用如图 3-53 所示。

1. 辅助环境感知

视觉、雷达等传统环境感知传感器有其局限性，如易受恶劣天气、距离、障碍物遮挡等影响。高精度地图可以对传感器无法探测或探测精度不够的部分进行补充，实现实时状况的监测及外部信息的反馈，进而获取当前位置精准的交通状况。

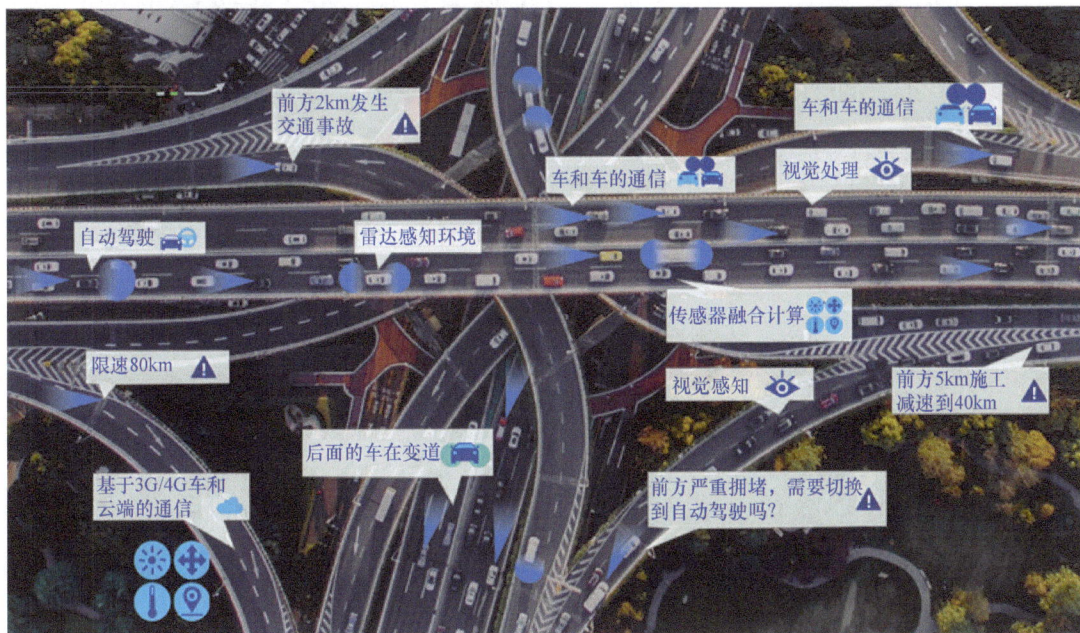

图 3-53　高精度地图在自动驾驶中的作用

通过对高精度地图模型的提取，可以将汽车周边的道路、交通设施、基础设施等元素和元素之间的拓扑结构提取出来。如果自动驾驶汽车在行驶过程中检测到高精度地图中不存在的元素，在一定程度上可将这些元素视为障碍物。通过这一方式，可帮助感知系统识别周围环境，提高检测精确度和检测速度，并节约计算资源。

2. 辅助高精度定位

由于存在各种定位误差，地图上的移动汽车并不能与周围环境始终保持正确的位置关系。在汽车行驶过程中，利用地图匹配可精确定位汽车在车道上的具体位置，从而提高汽车定位的精度。相较于更多地依赖于 GNSS 提供定位信息的普通导航地图，高精度地图更多地依靠其准确且丰富的先验信息（如车道形状、曲率和标志牌等），通过结合高维度的数据与高效率的匹配算法，实现更高精度的匹配与定位。

3. 辅助路径规划

普通导航地图仅能给出道路级的路径规划，而高精度地图的路径规划导航能力则提高到了车道级，例如高精度地图可以确定车道的中心线，可以保证汽车尽可能地靠近车道中心行驶。在人行横道、低速限制或减速带等区域，高精度地图可使汽车能够提前查看并预先减速，对于汽车行驶附近的障碍物，高精度地图可帮助自动驾驶汽车缩小路径选择范围，以便选择最佳避障方案。

4. 辅助控制

如图 3-54 所示，高精度地图是对物理环境道路信息的精准还原，可为汽车加减速、并道和转弯等驾驶决策控制提供关键道路信息，而且高精度地图能给汽车提供超视距的信息，并与其他传感器形成互补，辅助系统对汽车进行控制。

辅助环境感知

辅助定位

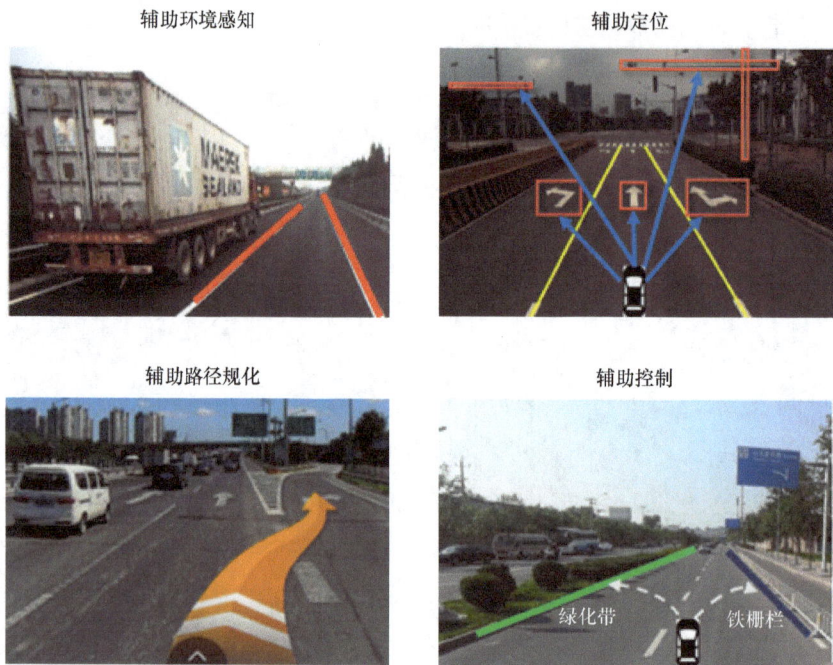

辅助路径规化

辅助控制

绿化带　　　铁栅栏

图 3-54　高精度地图的功用

3.3.4　高精度地图采集与生成过程

高精度地图的制作可分为"外业"部分的外业数据采集和"内业"部分的高精度地图制作与发布。高精度地图有严格规范的生产流程：首先，根据用户应用的需要对地图产品进行规划，制订生产规划；然后，数据信息采集部门开始收集数据信息和后处理；接着，对收集的数据进行处理编辑绘制地图；最后，对数据进行转换编译，生成矢量母库，完成生产环节，进入发布环节，如图 3-55 所示。

1. 外业采集

高精度地图的采集是一项庞大的任务。为了保证自动驾驶的安全性，高精度地图始终保持鲜度，因此，高精度地图的数据采集尤为重要。

采集过程如图 3-56 所示，采集员需要实时监控采集情况，不断确认采集设备是否工作正常，并且需要根据天气和环境情况来选择不同的摄像头参数。采集的数据经过数据自检、复制、备份后，进行回传，待数据入库检查无误后，保存至外业原始资料库。若数据自检和入库检查的过程中发现数据有问题，还需进行补充采集。

目前高精度地图源数据采集主要有两类：采集车采集和众包设备采集。

（1）高精度地图采集设备

采集车是数据采集的核心载体，目前其主要搭载的采集设备是摄像头、激光雷达、惯性测量单元（IMU）和全球导航卫星系统（GNSS）等。

1）摄像头。摄像头用于捕捉采集车周围环境的静态数据，通过对图像中的关键道路标志和路面关键信息的提取，进而完成地图的初步绘制。摄像头以图像的形式捕捉采集车周围环境信息，是高精度地图信息采集的关键设备。

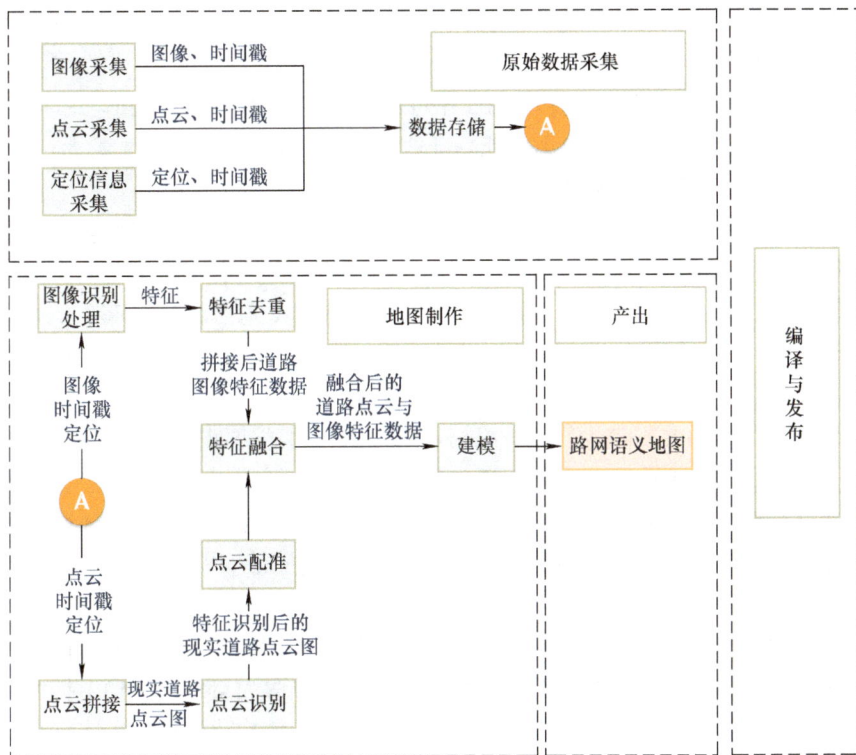

图 3-55　高精度地图构建流程图

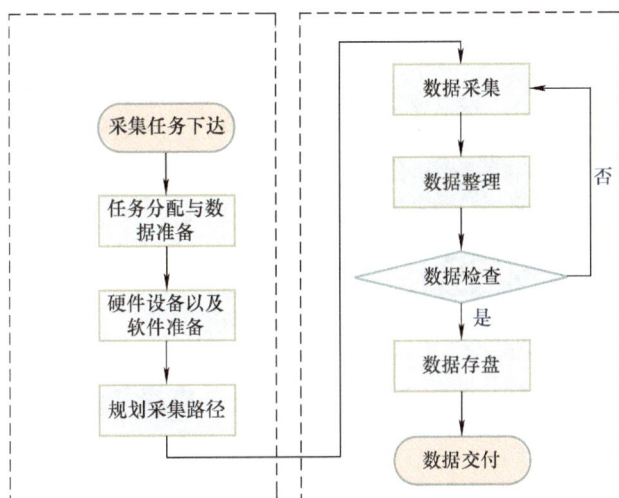

图 3-56　外业采集流程图

2）激光雷达。激光雷达用于获取采集车周围环境的静态数据。在测量过程中，激光雷达通过采样产生汽车周围环境的激光点云。典型的采样方式是发射器发射激光脉冲（单个发射器在 1s 内可发射万级到十万级的激光脉冲），激光脉冲接触到障碍物时，反射回接收器上；每发生一次发射和接收时，都可以获得一个点的空间坐标信息和光强度信息，当发射和接收这一行为进行得足够多时，便可以形成环境激光点云，从而将汽车周围环境实现量化，然后根据反射点距离及该点发生的时间和水平角度，经过简单几何变化便可以推导出障碍物的位置信息。

3）惯性测量单元（IMU）。

IMU用于获取采集车的绝对位置。IMU在对加速度进行两次积分得到运动距离的过程中，容易产生累计误差，所以单靠陀螺仪并不能精准地预测采集车的位置。

4）全球导航卫星系统（GNSS）。

GNSS用于获取采集车的绝对位置。GNSS接收机由储存的星历确定每颗卫星在各个时刻的位置，再结合由接收机与卫星之间的信号传输时间计算得到二者之间的距离，即可根据三球定位原理推算出接收机的位置。由于各种高大建筑物的遮挡（尤其是城市环境），GNSS多径反射的问题严重，GNSS定位信息很容易就有几米甚至十几米的误差，所以单靠GNSS无法制作高精度地图。

高精度地图采集车的装配较为复杂，根据不同地图公司的使用需求，所采用的配置方案可能不同。为了获得更高精度的地图数据，通常使用多种传感器的组合来进行静态交通环境数据的采集，如通过图像信息和激光点云数据结合的方式，能在确保获得大量可靠数据的同时，简化数据处理过程，提高处理效率；GNSS + IMU组合定位的方式可以提高采集车的定位精度。

（2）众包设备采集

由于采集车价格昂贵，众包设备采集模式成为高精度地图数据采集的另一途径。

众包设备采集是指地图公司与整车厂合作，借助不同品牌大量级的车辆上摄像头获取路况与道路特征，然后通过深度学习和图像识别算法将其转换为结构化数据，生成高精度地图众包信息。图3-57为众包设备采集的流程，图3-58所示为众包设备采集的道路场景。

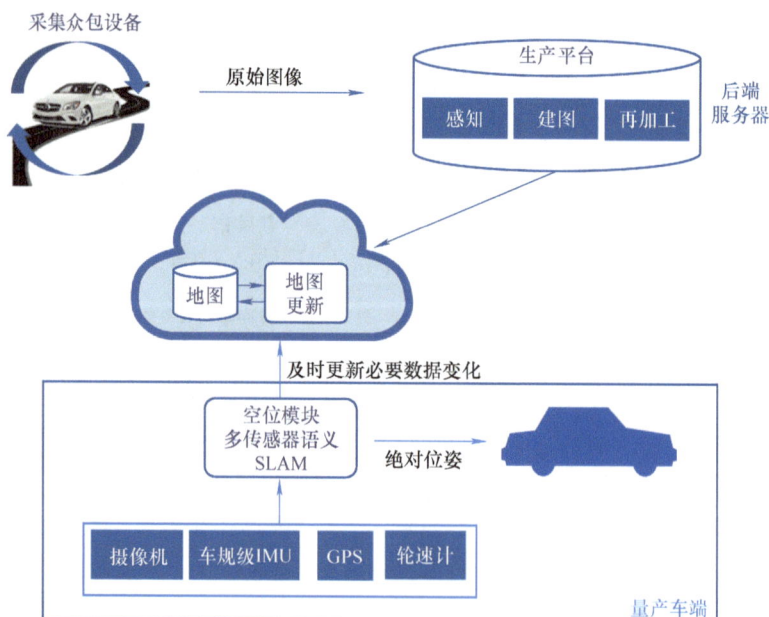

图 3-57　众包设备采集的流程

（3）数据模型

高精度地图数据要素的数据模型需要覆盖地面道路信息、行驶车道信息、沿路标志信息等整个自动驾驶地图的基础先验数据库，如图3-59所示。数据模型主要分为道路模型、车道模型、道路标记模型和基本对象模型四大类，见表3-4。外业采集的数据包括行车轨迹、图像、激光点云等数据，拥有车道线、路沿、护栏、路灯、交通标志牌等信息。

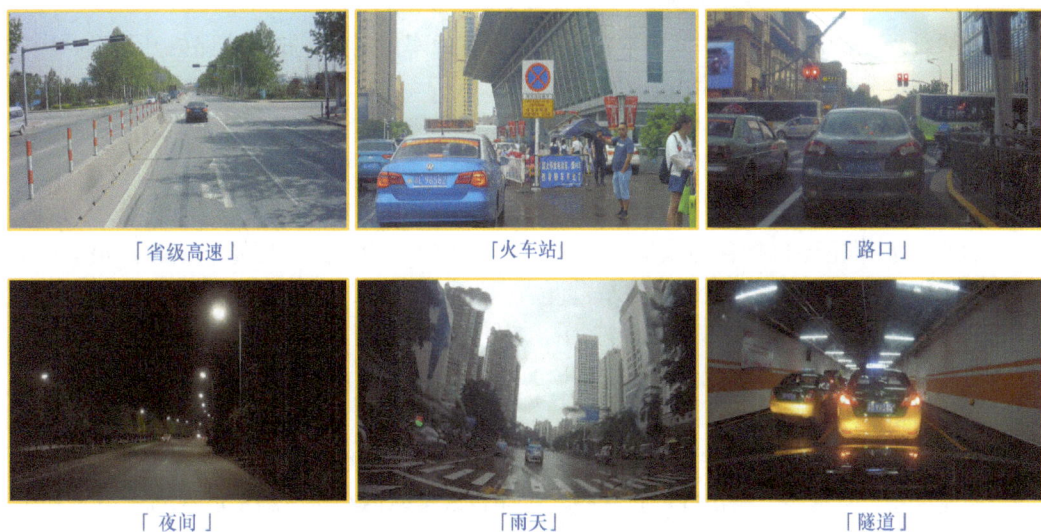

「省级高速」　　　　　「火车站」　　　　　「路口」

「夜间」　　　　　「雨天」　　　　　「隧道」

图 3-58　众包设备采集的道路场景

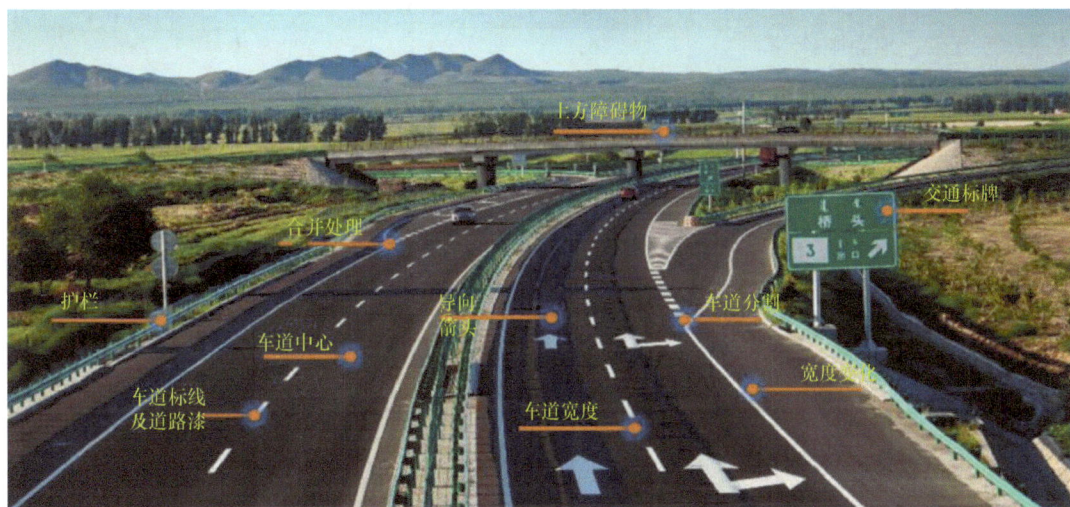

图 3-59　高精度地图数据要素

表 3-4　高精度地图数据要素

数据模型	要　素
道路模型	道路中心线、道路拓扑、隧道、收费站、曲率、坡度
车道模型	车道边界线、车道数、车道宽度、车道类型、车道线颜色、车道线材质、车道线宽度、车道在建信息、道路连接、车道拓扑、护栏、路沿
道路标记模型	地面限速、箭头、文字、导流区
基本对象模型	限速、禁止超车、线型诱导、其他标牌、杆、龙门架、跨线桥

1）道路模型。

道路几何形状是通过形状点连接成的，形状点以坐标形式进行描述，如道路中心线与道路拓扑等。

曲率表征道路的弯曲程度，其中弯曲程度越大，曲率值越大。根据道路的几何形状中的各个形状点，进行曲线拟合后计算出离散点的曲率值。

坡度指道路纵向的起伏程度，道路起伏程度越大，则坡度值越大。计算时，对形状点高程差与水平距离取反正切计算得到坡度。

2）车道模型。

车道类型要素主要包括普通车道、入口车道、出口车道、进入匝道、退出匝道、应急车道、连接匝道等。车道类型会赋值在该车道上。

普通车道指无特殊属性的车道，一般为高速公路中的主行车道。按照实际的车道形态进行制作表达，并在右侧车道线上赋值主路属性。

3）道路标记模型。

道路标记模型主要指车道线的样式，包括无属性、单实线、长虚线、双实线、左实右虚线、右实左虚线、双虚线、路沿线、护栏线。道路标线会赋值在对应的车道线上。

4）基本对象模型。

高精度地图中对象的类型包括杆、牌、龙门架、地面标线等。其中杆类型中包括灯杆、基站杆、摄像头杆、交通标志牌依附杆等。而地面标线可细分为多个子类型，如地面箭头、地面文字、导流区、地面限速等。

对象表达为一个能够容纳整个对象的包围盒，该包围盒按照对象的外切线将对象完全包围，一个对象对应一个包围盒，且包围盒属性与对象的属性对应。制作范围为道路两侧和上方，两侧制作范围一般为道路横向外 20m，仅制作隶属于道路的对象。

2. 高精度地图制作与编译

采集车采集到符合要求的数据并回传保存后，首先进行数据处理，将各传感器数据进行融合以进行各种对象的识别及标注，针对其中的误差及错误进行人工检查并更正，之后编译成可供自动驾驶应用的符合格式规范的高精度地图。

（1）高精度地图数据处理

数据处理指的是对收集到的数据进行整理、分类和清洗以获得初始地图模版，其中不包含任何语义信息或注释，之后通过激光点云配准、激光点云识别和图像识别等人工智能技术，把不同传感器采集的数据进行融合，即把 GNSS、激光点云、图像等数据叠加在一起，进行道路标线、路沿、路牌、交通标志等道路元素的识别及分类。对于在同一条道路上双向采集带来的重复数据，也会在这一环节进行自动整合和删除。高精地图数据处理如图 3-60 所示。

传感器采集到的环境数据分为激光点云和图像两大类。一般在制图过程中处理的数据以激光点云为主，小部分以视觉为主。激光点云由于其精度高、数据特征描述准确等特点，其处理技术被广泛地应用于自动驾驶中。如图 3-61 所示，在高精度地图制作中，通常使用激光雷达扫描获取点云数据，进而重建三维道路环境，并利用重建好的三维环境进行道路要素特征的提取与识别，准确地反映道路环境并描述其道路环境特征，准确表述道路环境特征，得到高精度点云地图。同时，其处理后的激光点云数据能够与图像数据进行映射或融合处理，得到信息更加丰富的彩色激光点云地图，为人工检测与修订提供充分的数据基础。

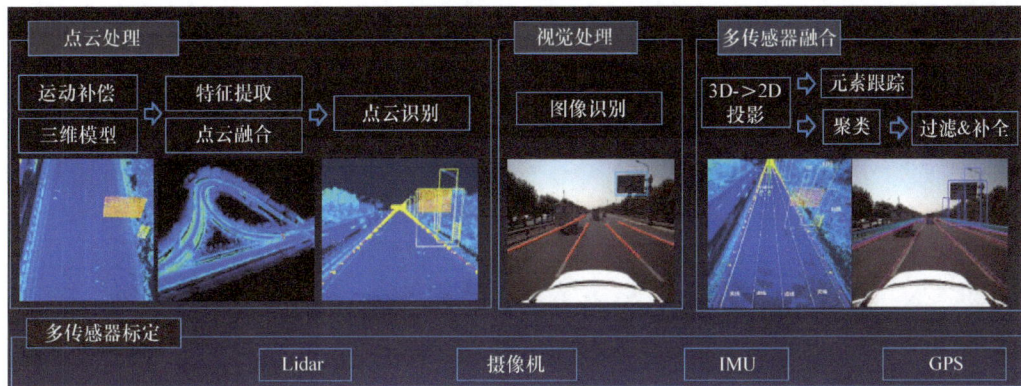

图 3-60 高精地图数据处理过程

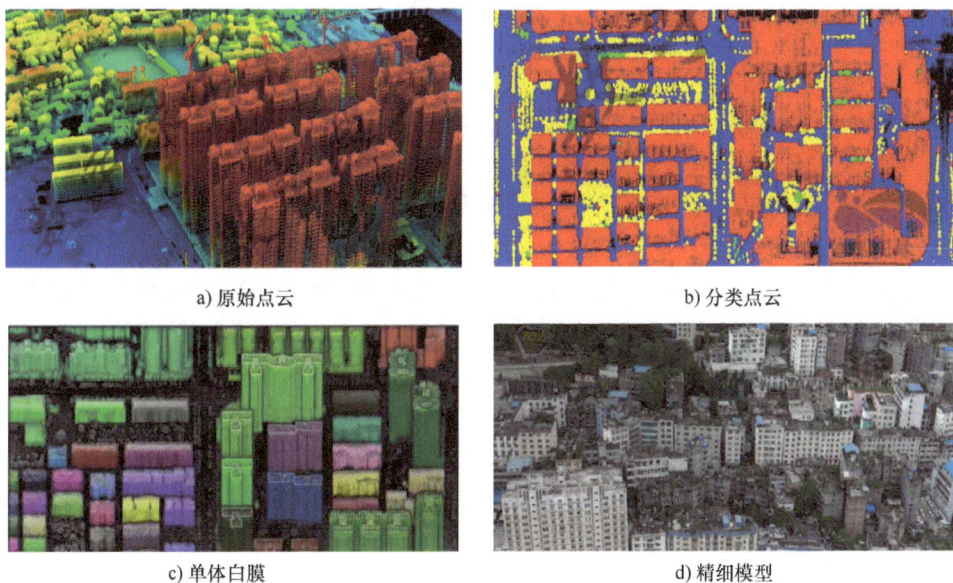

a) 原始点云

b) 分类点云

c) 单体白膜

d) 精细模型

图 3-61 高精度地图生产过程

由于自动化处理不可能做到完全准确，自动识别存在误差及错误，需要人工验证，如图 3-62 所示。比如限速标识误识、车道线是否正确、信号灯及标志牌逻辑处理、路口虚拟逻辑线生成等。图 3-63 为高精度地图的矢量化图。

图 3-62 高精度地图的自动化处理对比

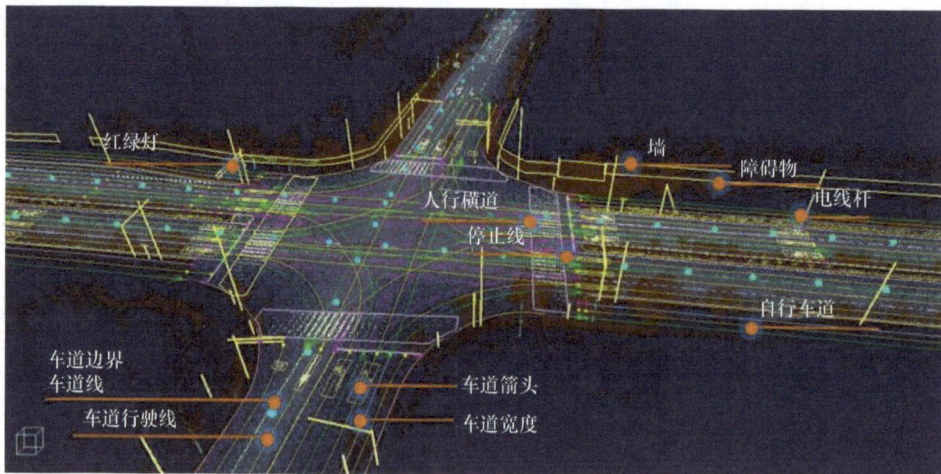

图 3-63　高精度地图的矢量化图

在城市道路中采用实时动态差分技术（RTK）方案获取位置信息，由于高楼遮挡或林荫路等场景对信号的稳定性的影响无法避免，因此，在采集到激光点云之后需要借助同步定位与地图构建技术（SLAM）或其他方案对位姿进行优化，才能将激光点云准确拼接，在形成一个完整的激光点云后，可对其进行识别、标注来绘制高精度地图。

（2）高精度地图数据编译

经过数据处理后的高精度地图，还需要将其数据编译成符合格式规范的高精度地图。高精度地图的格式规范定义了如何对采集到的地图进行完整地表达。目前主要通用格式规范有导航数据标准（Navigation Data Standard，NDS）和地图数据格式（OpenDRIVE）。

（3）高精度地图质量控制与发布

在将高精度地图发布给用户之前，必须设计高效的评估模型及测试标准，并对高精度地图的质量进行验收。同时，为了用户更好地调用高精度地图中所需要的部分，需设计地图引擎以实现高精度地图资源调度与更新。高精度地图的质量要求贯穿整个地图生产过程，包含各个生成过程的检查方式、检查内容、成果质量评定标准。高精度地图的质量控制流程如图 3-64 所示。

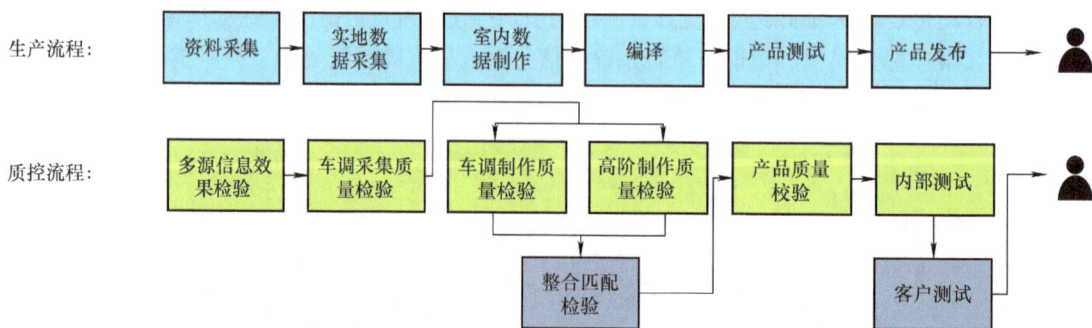

图 3-64　高精度地图的质量控制流程

高质量地图质量控制目标如图 3-65 所示。高精度地图的数据质量标准基于 ISO 19157 和质量管理体系 IATF 16949 等。

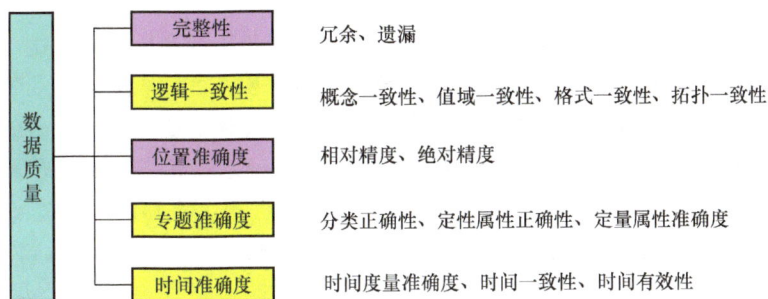

图 3-65　高质量地图质量控制目标

若高精度地图数据全部导入智能网联汽车，将会占用大量资源且费时，一般使用地图引擎。地图引擎的本质是提供读写高精度地图数据的应用程序编程的接口（Application Programming Interface，API）。从应用层来看，地图引擎就是提供了驱动和管理地理数据，实现渲染、查询等功能的一套函数库。通过 API，就能实现读取、增添、删除及修改高精度地图，从而保持车端地图的新鲜度。地图引擎基于车端数据互传机制，采集车端状态和道路数据，通过地图更新、数据回传形成云端到车端的数据闭环，持续优化高精度地图。高精度地图更新，后续地图更新也可以采取众包方式或与政府实时交通处理部门合作来解决，典型示例（华为）如图 3-66 所示。

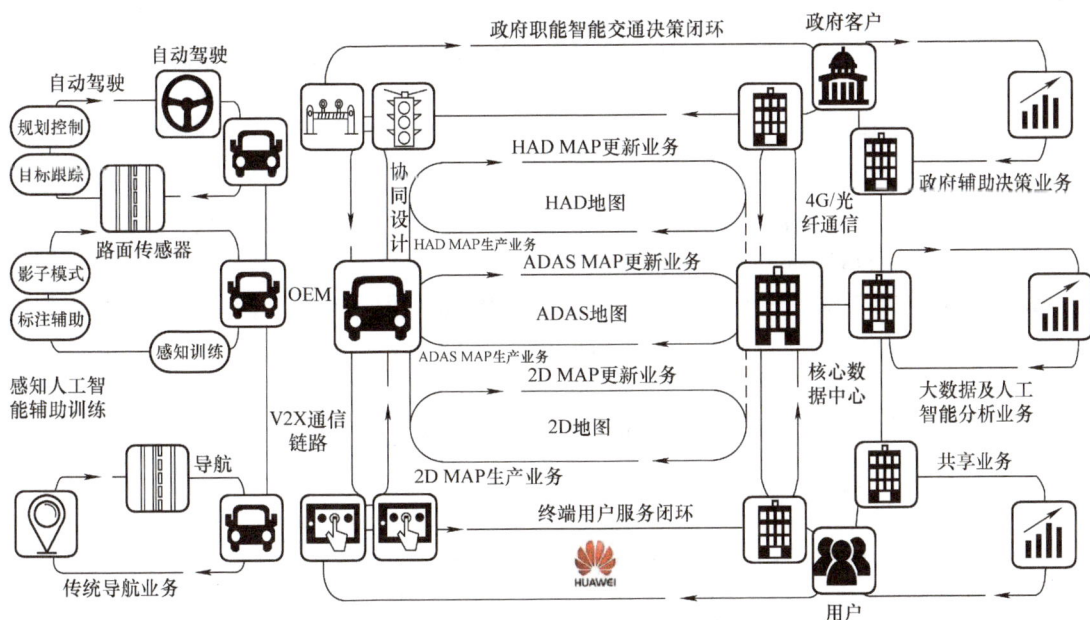

图 3-66　高精度地图更新示例

知识链接

高精度地图生产过程中涉及的关键技术主要集中在图像识别与处理、激光点云处理以及同步定位与地图构建等方面，同时也是当前各领域的专家学者研究的焦点。同时基于空中下载技术（Over-the-Air Technology，OTA）的地图数据更新和传感器数据回传等云端服务体系是高精度地图实时更新的重要保障。

当 GNSS 信号薄弱或丢失时，无法使用常规手段进行高精度地图的构建以及自动驾驶的定位。同步定位与地图构建可在这些特殊场景下辅助展开工作。SLAM 最早在机器人领域应用，指机器人从未知环境的未知地点出发，在运动过程中通过观测到的环境特征定位自身位置和姿态，再根据自身位置构建周围环境的地图，从而达到同时定位和地图构建的目的。简单地讲，SLAM 主要解决两个问题："我在哪里"和"我周围是什么"。第一个问题对应自身定位问题，第二个问题对应了了解周围环境即地图构建问题。

3.4　高精度地图在智能网联汽车中的实际应用

在生活中，偶尔会遇到工作人员在绘制人行道或者车道线，在绘制这些路标时需要严格遵守相关的规范。在对高精度地图进行数据编辑时，同样需要符合相应的格式规范。

3.4.1　Apollo 高精度地图的格式规范

Apollo 高精度地图采用的格式规范是 Apollo OpenDRIVE，是基于国际通用的 OpenDRIVE 规范，并做了一定修改。与标准 OpenDRIVE 规范相比，Apollo OpenDRIVE 格式规范采用绝对坐标点序列描述边界形状；新增了对于禁停区、人行横道、减速带等元素的描述；新增了 junction 与 junction 内元素的关联关系；还增加了车道中心线到真实道路边界的距离、停止线与红绿灯的关联关系。

Apollo 高精度地图文件的整体结构，一个空车运转节点的背后是一个标题（header）节点、路（road）节点与接合（junction）节点，每个类型的节点背后还有各自的细分。而道路线、道路连接处、道路对象都从属于 road 节点。在 junction 节点下有着较为复杂的数据处理方式：通过 connection road 将不同的两条道路连接起来，从而实现路口的数据呈现。介于路口的类型复杂，junction 也常常需要多种连接逻辑。OpenDrive 为高精地图提供了矢量式的存储方式，相比传统的堆叠式更省容量，在未来的云同步方面也拥有优势。

OpenDRIVE 格式规范是国际上较为通用的一种格式规范，在运用它表述道路时，会涉及段（Section）、车道（Lane）、交叉点（Junction）、轨迹（Tracking）。

3.4.2　Apollo 高精度地图的坐标系

Apollo 高精度地图坐标系采用的是 WGS84 经纬坐标系，属于大地坐标系。可直观地认为该坐标系类似于把全球分成 60 个区域（Zone），每个 Zone 的中心建立一个局部坐标系。

3.4.3　Apollo 高精度地图的数据要素

Apollo 高精度地图的数据要素可分为三部分：道路元素、路口元素及其他道路对象元素，如图 3-67 所示。

3.4.4　Apollo 高精度地图的构建

Apollo 高精度地图的构建流程大致可分为：数据采集、数据处理、目标检测、人工验证和地图发布，如图 3-68 所示。

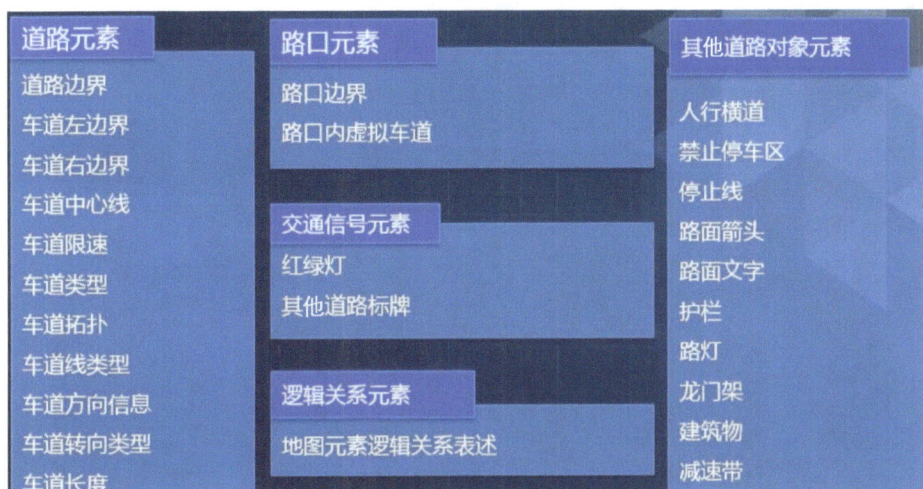

图 3-67　Apollo 高精度地图的数据模型要素

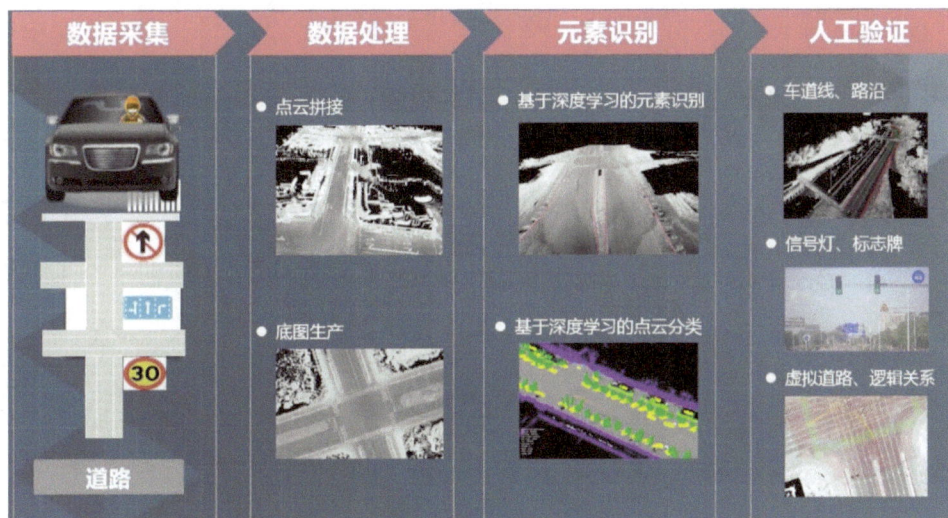

图 3-68　Apollo 高精度地图构建流程

Apollo 高精度地图数据采集是一项庞大的任务，近 300 辆 Apollo 采集车负责收集高精地图的源数据，以便道路发生变化时地图能得到快速更新。Apollo 采集车搭载了激光雷达、摄像头、GPS、IMU 等设备。采集的地图数据主要分为两种：一种是点云，另一种是图像。64 线或 32 线激光雷达通过不断地扫描可获得道路点云数据，如图 3-69 所示，三台搭载尼康 D810 鱼眼镜头的单反相机用于生成 360°图像。IMU 惯性导航系统用于 GPS 信号缺失时为车辆提供位置信息。

激光雷达输出的点云数据经过数据融合加工进行拼接，对点云的处理如图 3-70 所示，再将完整的点云压缩成图像。

接着是基于深度学习的要素识别，如图 3-71 所示。通过对点云数据的特征提取，例如从其中提取车道线或者路灯等。

底图数据、图像数据和点云数据经过人工生产验证环节，最后整合融合处理成自动驾驶高精地图，如图 3-72 所示。

图 3-69　Apollo 采集车及搭载设备

图 3-70　数据融合加工处理

图 3-71　基于深度学习的地图要素识别

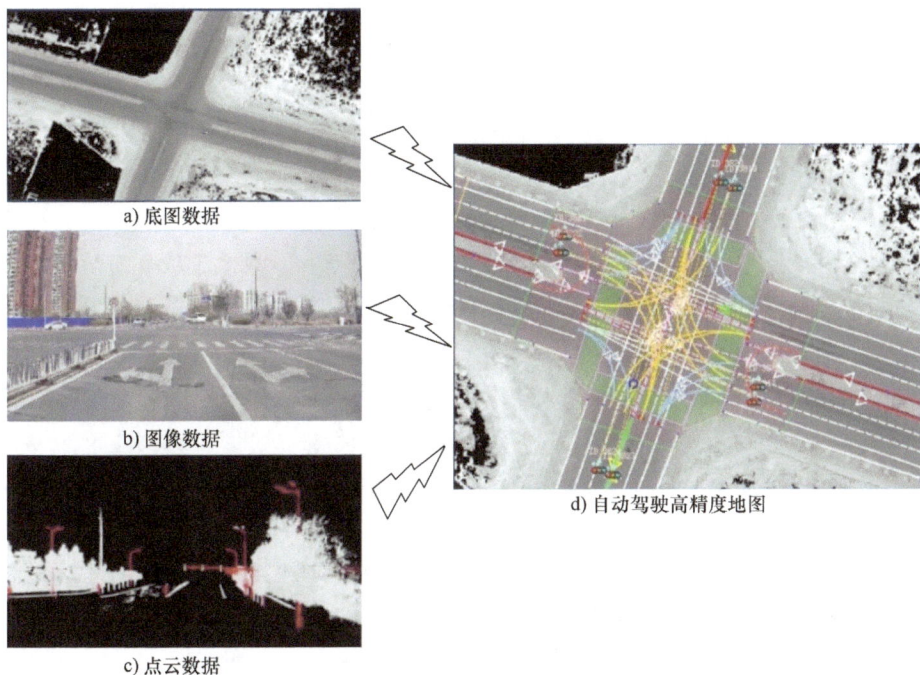

a) 底图数据

b) 图像数据

c) 点云数据

d) 自动驾驶高精度地图

图 3-72 人工生产验证环节

按上述步骤制作，就会得到一个定位地图、高精度动态图、路径规划地图和仿真地图，如图 3-73 所示。

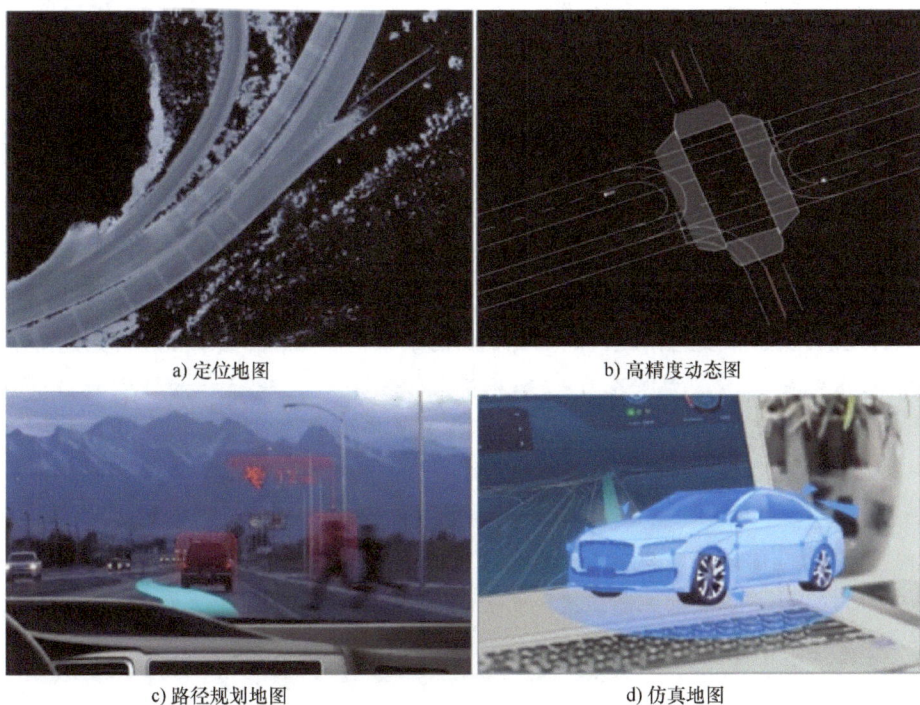

a) 定位地图

b) 高精度动态图

c) 路径规划地图

d) 仿真地图

图 3-73 最终成果图

📎 知识链接

目前我国高精度地图产业的发展有四个方面的限制及监管。

1. 测绘资格许可

2016 年出台的《关于加强自动驾驶地图生产测试与应用管理的通知》规定，自动驾驶地图的绘制需由具有导航电子地图制作测绘资质的单位承担，规定了从事高精地图的测试生产和应用必须要严用导航电子地图资质，在道路测试过程中要严格限制地图接触的人员范围。

根据《测绘资质管理规定》和《测绘资质分级标准》的要求，资质的申请对高精地图生产的设备以及人员都有明确的规定，对于初创公司来说有一定的门槛要求。

2. 地理要素表达

《测绘地理信息管理工作国家秘密范围的规定》《关于导航电子地图管理有关规定的通知》《公开地图内容表示补充规定（试行）》及《基础地理信息公开表示内容的规定（试行）》等标准要求，公开地图数据产品中，不允许表达道路的最大纵坡、最小曲率半径、高程、重要桥梁的坡度、重要隧道的高度和宽度等属性信息。

《关于进一步规范重要地理信息在公开地图上表示的通知》中规定，在地图上表示的地理信息必须是依法公开的内容，应符合《公开地图内容表示若干规定》等有关规定。

3. 地理信息保密

《基础地理信息公开表示内容的规定（试行）》中指出了地理信息敏感内容，如公开发布含敏感地理信息的地图，需要做加密处理，地图发布需要进行审图环节。

依据《公开地图内容表示补充规定（试行）》，利用涉及国家秘密的测绘成果编制的公开地图，在依法送测绘行政主管部门进行地图审核前，应当采用国家测绘局规定的统一方法进行保密技术处理。

《地图审核管理规定》《关于加强互联网地图管理工作的通知》规定，未经依法审核批准的互联网地图，一律不得公开登载和传输。

4. 地理信息安全监管

高精地图涉及国家安全问题，如地图数据的采集、制作、上传、审图和加密等各个环节都要保障数据安全。《网络安全法》《数据安全管理办法（征求意见稿）》《数据出境安全评估指南（征求意见稿）》和《重要数据识别指南（草稿）》对重要数据做出规定：重要数据指一旦泄露可能直接影响国家安全、经济安全、社会稳定、公共健康和安全的数据，例如地理信息数据。

自然资源部和国家保密局联合印发的《测绘地理信息管理工作国家秘密范围的规定》（95 号文件），对国家地理信息的涉密规定做了一系列调整，整体密级做了下降，对国家秘密内容做了大量的限定性约束。

✏️ 小贴士

华为数字平台 Cyberverse 为我国高精度地图产业注入新鲜血液

华为数字平台 Cyberverse 是支撑华为地图服务 MapKit 的一款 AR 导航与标记的底层应用，主要功能是提供全场景高精度的空间计算。华为地图 MapKit 主要有自定义地图实时路况与规划、精准定位、AR 导航与标记。2020 年 7 月 5 日，国家自然资源部公布华为已具备甲级地图测绘资质与制作资质，这也是我国民用地图领域最高的资质。

Cyberverse 融合 3D 高精度地图能力、空间计算能力、强环境理解能力和超逼真的虚实融合渲染能力，在端管云融合的 5G 架构下，将提供地球级虚实融合世界的构建与服务能力。

Cyberverse 的全场景空间计算，使得手机可以解算出自己的厘米级定位，从而实现真实世界与物理世界的无缝融合。

Cyberverse 强环境理解功能，融合了深度学习技术和地理位置信息，极大地提升了手机准确识别物理环境与物体的能力。

思考题

1. 常见的高精度定位技术有哪些？
2. 简述惯性导航系统的基本工作原理。
3. 简述高精度地图与传统电子地图的差异。
4. 简述高精度地图采集与生成过程。

第4章 智能网联汽车网络与通信系统

本章首先介绍智能网联汽车的网络与通信系统，即网络系统的基础知识、车载网络与车载移动互联网，在此基础上进一步介绍智能网联PC5通信及Uu通信，最后介绍网络与通信系统在智能网联汽车中的实际应用。

学习目标

1. 了解智能网联汽车网络系统的概念。
2. 了解智能网联汽车通信系统。
3. 了解智能网联汽车无线通信系统。
4. 掌握网络与通信系统在智能网联汽车中的实际应用。

4.1 智能网联汽车网络系统

智能网联汽车并不仅仅是汽车，它是由多种车载网络和成百上千的传感器组成的，这些传感器和道路基础设施上的传感器互联互通，这样的智能网联汽车就会变成一个庞大的网络系统。那么智能网联汽车涉及的网络系统有哪些呢？这些网络有什么特点？

4.1.1 网络系统的基础知识

1. 网络系统概述

计算机网络是将地理位置不同的具有独立功能的多台计算机及其外部设备，通过通信线路连接，在网络操作系统、网络管理软件及网络通信协议的管理和协调下，实现资源共享和信息传递的计算机系统。数据通信是计算机网络的最主要功能之一，利用数据传输技术在两个终端之间传递数据信息、资源共享、集中管理、实现分布式处理和负荷均衡。计算机网络可分为局域网、城域网、广域网、无线网。

计算机网络发展经历了四个阶段。诞生阶段，20世纪60年代中期之前的第一代计算机网络以单个计算机为中心；形成阶段，20世纪60年代中期至70年代以多个主机通过通信线路互联；互联互通阶段，计算机网络具有统一的网络体系结构并遵守国际标准；高速网络技术阶段，发展为以因特网为代表的互联网。

计算机网络应用主要体现在商业、家庭移动用户方面。商业方面，提供通信媒介，如电子邮件、视频会议、电子商务活动，通过因特网与客户做各种交易，如书店、音像。家庭运用包括访问远程信息、个人通信、交互式娱乐等。

2. 智能网联汽车的网络体系和构成

智能网联汽车的网络体系主要包括三种网络，即以车内总线通信为基础的车内网络，常称车载网络；以短距离无线通信为基础的车载自组织网络；以远距离无线通信为基础的车载移动互联网。因此，智能网联汽车的网络体系是融合车载网络、车载自组织网络和车载移动互联网络的一体化网络系统，如图 4-1 所示。

图 4-1　智能网联汽车网络体系构成

4.1.2　车载网络

1. 概述

车载网络是早期的汽车内部传感器、控制和执行器之间的通信，用点对点的连线方式连成复杂的网状结构。

随着电控系统的日益复杂，以及对汽车内部控制功能电控单元相互之间通信能力要求的日益增长，采用点对点的链接会使得车内线束增多，这样在考虑内部通信的可靠性、安全性以及重量方面都给汽车设计和制造带来了很大的困扰。因此，为了减少车内连线，实现数据的共享和快速交换，同时提高可靠性等，在快速发展的计算机网络上，实现 CAN、LIN、FlexRay、MOST、以太网等基础构造的汽车电子网络系统，即车载网络。车载网络在汽车上的应用如图 4-2 所示。

美国汽车工程师学会提出将车载网络划分为五种类型：A 类低速网络、B 类中速网络、C 类高速网络、D 类多媒体网络和 E 类安全网络。不同类型的车载网络需要通过网关进行信号的解析交换，使不同的网络类型能够相互协调，保证汽车各系统正常运转。

1）A 类低速网络：传输速率一般小于 10kbit/s，有多种通信协议，该类网络的主流协议是 LIN（局域互联网络）。LIN 是用于连接智能传感器、执行器的低成本串行通信网络。LIN 采用可扩缩一致性接口（Scalable Coherent Interface，SCI）、通用异步接受发送设备（Universal Asynchronous Receiver/Transmitter，UART）等通用硬件接口，配以相应的驱动程序，成本低廉，配置灵活，适应面广，主要用于电动门窗、电动座椅、车内/车外照明系统等。

2）B 类中速网络：传输速率在 10 ～ 125kbit/s 之间，对实时性要求不太高，主要面向独立模块之间数据共享的中速网络。目前，该类网络的主流协议是低速 CAN（控制器局域网络），主要用于故障诊断、空调、仪表显示。

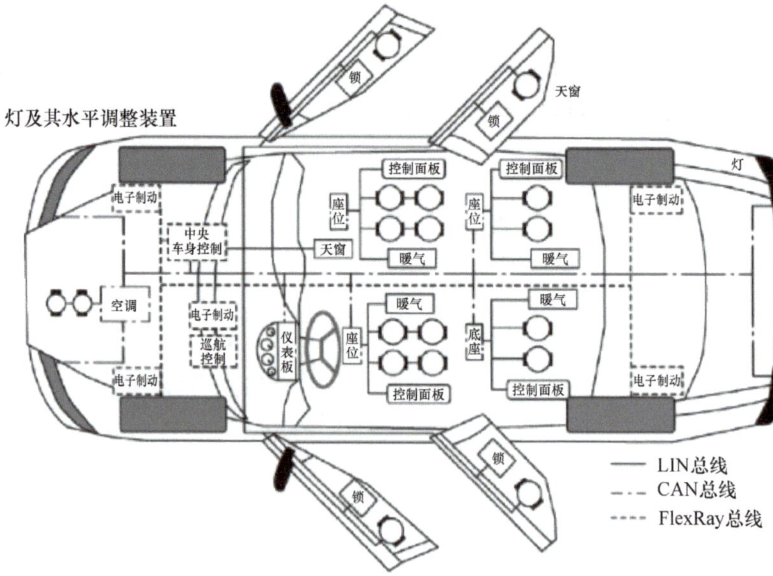

图 4-2　车载网络在汽车上的应用

3）C 类高速网络：传输速率在 125 ~ 1000kbit/s 之间，对实时性要求高，主要面向高速、实时闭环控制的多路传输网；该类网络的主流协议是高速 CAN、FlexRay 等，主要用于牵引力控制、发动机控制、制动防抱死控制、车身稳定控制、悬架控制等。

4）D 类多媒体网络：传输速率在 250 ~ 100Mbit/s 之间，该类网络的协议主要有 MOST、以太网、蓝牙、ZigBee 技术等，主要用于要求传输效率较高的多媒体系统、导航系统等。

5）E 类安全网络：传输速率为 10Mbit/s，主要面向汽车安全系统的网络。

图 4-3 所示是汽车车载网络结构示意图。

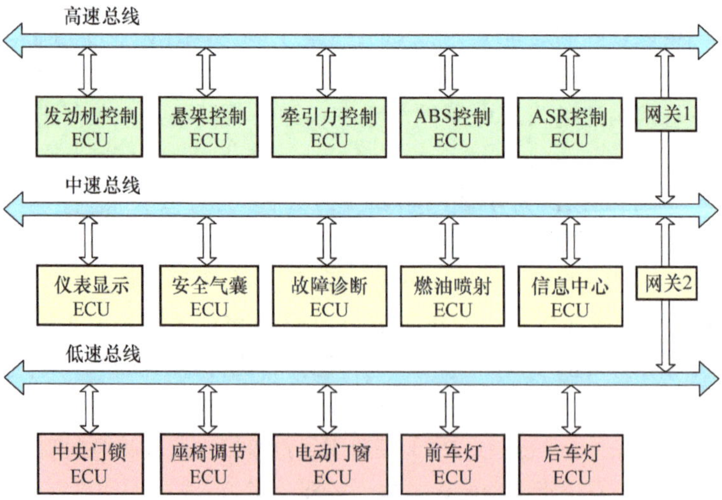

图 4-3　汽车车载网络结构示意图

智能网联汽车车载网络具有以下特点：

1）复杂化。智能网联汽车电控系统的网络体系结构复杂，它包含多达数百个控制单元的通信节点，控制单元被划分到十几个不同的网络子系统之中，由控制单元产生的需要进行通信的信号个数多达数千个。

2）异构化。为满足各个功能的子系统在网络带宽、实时性、可靠性和安全性方面的不同需求，CAN、LIN、FlexRay、MOST、以太网、自组织网络、移动互联网等多种网络技术都将在智能网联汽车上得到应用，因此，不同网络子系统中所采用的网络技术之间存在很大程度的异构性。这种异构性不仅体现在网络类型的不同，而且同种类型的网络在带宽和传输速率方面也存在异构性，如高速 CAN 总线网络和低速 CAN 总线网络。网关用来实现不同网络子系统之间的互联和异构网络的集成，所以在网关内需要对协议进行转换。

3）网关互联的层次化架构。智能网联汽车电控系统和先进驾驶辅助系统的网络体系结构具有层次化的特点，它同时包括同一网络子系统内不同控制单元之间的通信和两个或多个网络子系统所包含的控制单元之间的跨网关通信等多种情况。如防碰撞系统功能的实现依赖于安全子系统、底盘控制子系统、车身子系统以及 V2V、V2I、V2P 之间的交互和协同控制。

4）通信节点组成和拓扑结构是变化的。智能网联汽车需要实现 V2V、V2I、V2P 之间的通信，它的网络体系结构中包含的通信节点和体系结构的拓扑结构是变化的。

2. 控制器局域网

（1）CAN 总线的定义

控制器局域网（Controller Area Network，CAN）总线是德国博世公司从 20 世纪 80 年代初为解决现代汽车中众多的控制与测试仪器之间的数据交换而开发的一种串行数据通信协议，它是一种多主总线，通信介质可以是双绞线、同轴电缆或光导纤维的局域网。通信速率最高可达 1Mbit/s，属于中速网络，通信距离（无须中继）最远可达 10km。

（2）CAN 总线的特点

CAN 总线采用双绞线作为传输介质，媒体访问方式为位仲裁，是一种多主总线。CAN 总线为时间触发的实时通信网络，其总线仲裁方式采用基于优先级的载波侦听多路访问冲突检测（CSMA/CD）法。CAN 总线网络具有以下特点：

1）多主控制。在总线空闲时，所有单元都可开始发送消息；最先访问总线的单元可获得发送权；多个单元同时开始发送时，发送高优先级 ID（标识符）消息的单元可获得发送权。

2）消息的发送。在 CAN 协议中，所有的消息都以固定的格式发送；总线空闲时，所有与总线相连的单元都可以开始发送新消息；两个以上的单元同时开始发送消息时，对各消息 ID 的每个位进行逐个仲裁比较；仲裁获胜（被判定为优先级最高）的单元可继续发送消息，仲裁失利的单元则立刻停止发送而进行接收工作。

3）系统的柔软性。与总线相连的单元没有类似于"地址"的信息；因此在总线上增加单元时，连接在总线上的其他单元的软硬件及应用层都不需要改变。

4）高速度和远距离。当通信距离小于 40 m 时，CAN 总线的传输速率可以达到 1Mbit/s；通信速度与其通信距离成反比，当其通信距离达到 10 km 时，其传输速率仍可以达到约 5kbit/s。

5）远程数据请求。可通过发送"遥控帧"请求其他单元发送数据。

6）错误检测功能、错误通知功能、错误恢复功能。错误检测功能是指所有的单元都可以检测错误；错误通知功能是指一旦检测出正在发送的单元出现错误，会强制结束当前的发送，并立即同时通知其他所有单元；错误恢复功能是指强制结束发送单元会不断反复发送此消息，直到成功发送为止。

7）故障封闭。CAN 总线可以判断出错误的类型是总线上暂时的数据错误（如外部噪声等）还是持续的数据错误（如单元内部故障、驱动器故障、断线等）；当总线上发生持续的数据错误时，可将引起此故障的单元从总线上隔离出去。

8）连接。CAN 总线可以同时连接多个单元，可连接的单元总数理论上是没有限制的；但实际上可连接的单元数受总线上的时间延迟及电气负载的限制；降低传输速率，可连接的单元数增加；提高传输速率，则可连接的单元数减少。

（3）CAN 总线在汽车上的应用（图 4-4）

汽车 CAN 总线有两条：一条用于驱动系统高速的 CAN 总线，速率达到 500kbit/s；另一条用于车身系统的低速 CAN 总线，速率为 100kbit/s。高速 CAN 总线主要连接发动机、自动变速器、ABS/ASR、ESP 等对通信实时性有较高要求的系统；低速 CAN 总线主要连接灯光、电动车窗、自动空调及主要信息显示系统等，多为低速电动机和开关量器件，对实时性要求低而数量众多。不同速度的 CAN 网络之间通过网关联接。对汽车 CAN 总线上的信息进行采集时，需要确定所采集的信号处于哪个 CAN 网络中，以便设置合适的 CAN 通道波特率。

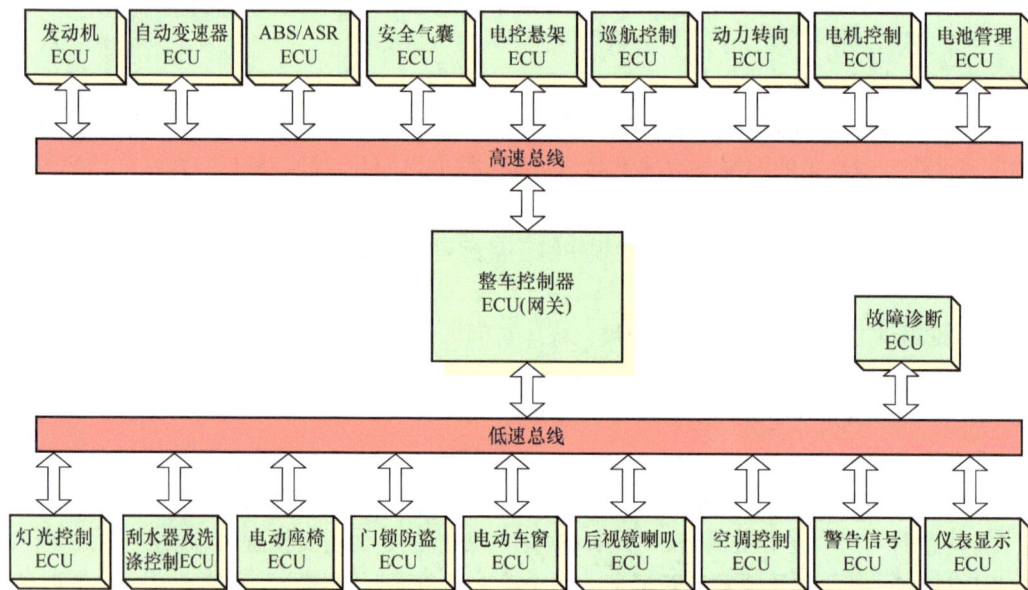

图 4-4　CAN 总线在汽车上的应用实例

3. 局域互联网络

（1）LIN 总线的定义

局部连接网络（Local Interconnect Network，LIN）也被称为局域网子系统，是专门为汽车开发的一种低成本串行通信网络，用于实现汽车中的分布式电子系统控制。LIN 网络的数据传输速率为 20kbit/s，属于低速网络，媒体访问方式为单主多从，是一种辅助总线，辅助 CAN 总线工作；使用 LIN 总线可大大降低成本。

（2）LIN 总线的特点

LIN 总线网络具备以下特点：

1）LIN 总线的通信基于 SCI 数据格式，媒体访问采用单主节点、多从节点的方式，数据优先级由主节点决定，灵活性好。

2）一条 LIN 总线最多可以连接 16 个节点，共有 64 个标识符。

3）LIN 总线采用低成本的单线连接，传输速率最高可达 20kbit/s。

4）不需要进行仲裁，同时在从节点中不需要石英或陶瓷振荡器，只采用片内振荡器就可以实现自同步，从而降低硬件成本。

5）几乎所有的微控制单元（MCU）均具备 LIN 所需硬件，且实现费用较低。

6）网络通信具有可预期性，信号传播时间可预先计算。

7）通过主机节点可将 LIN 与上层网络（CAN）相连接，实现 LIN 的子总线辅助通信功能，从而优化网络结构，提高网络效率和可靠性。

8）LIN 总线通信距离最大不超过 40m。

（3）LIN 总线在汽车上的应用（图 4-5）

由于一个 LIN 网络通常由一个主节点、一个或多个从节点组成，所以 LIN 网络为主从式控制结构。

LIN 网络主要应用于车门、转向盘、座椅、后视镜等。LIN 网络将模拟信号用数字信号代替，实现对汽车低速网络的需求，结构简单，维修方便。

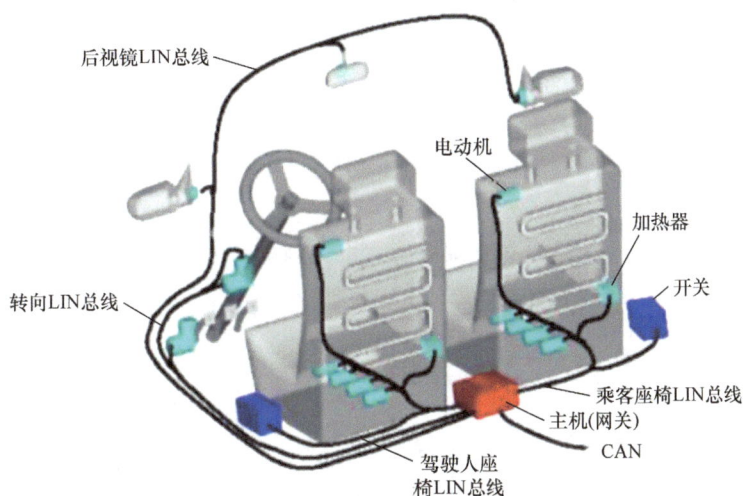

图 4-5　LIN 总线在汽车上的应用

4. FlexRay 总线网络

（1）FlexRay 总线的定义

FlexRay 是一种用于汽车的高速可确定性的、具备故障容错的总线系统。

汽车中的控制器件、传感器和执行器之间的数据交换主要是通过 CAN 网络进行的。然而新的线控技术（X-by-wire）系统设计思想的出现，导致车辆系统对信息传送速度尤其是故障容错与时间确定性的需求不断增加；FlexRay 通过在确定的时间槽中传送信息，以及在两个通道上的故障容错和冗余信息的传送，可以满足这些新增加的要求。

（2）FlexRay 总线的特点

FlexRay 总线网络具有以下特点。

1）数据传输速率高。最大传输速率可达到 10Mbit/s，双通道总数据传输速率可达到 20Mbit/s，因此，应用在车载网络上的 FlexRay 的网络带宽可以是 CAN 网络的 20 倍。

2）可靠性好。具有冗余数据传输能力的总线系统使用两个相互独立的信道，每个信道都由一组双线导线组成；一个信道失灵时，该信道应传输的信息可在另一条没有发生故障的信道上传输；此外，总线监护器的存在进一步提高了通信的可靠性。

3）确定性。确定性数据传输用于确保时间触发区域内的每条信息都能实现实时传输。

4）灵活性。灵活性是 FlexRay 总线的突出特点，体现在以下方面：支持多种方式的网络拓扑结构，点对点连接、串级连接、主动星形连接、混合型连接等；信息长度可配置，可根据实际控制应用需求，为其设定相应的数据载荷长度；双通道拓扑既可用于增加带宽，也可用于传输冗余的信息；周期内静态、动态信息传输部分的时间都可随具体应用而改变。

（3）FlexRay 总线在汽车上的应用

FlexRay 网络具有速度快、效率高、容错性强等特点，可用于汽车动力和底盘系统的控制数据传输。

1）替代 CAN 总线。数据传输速率要求超过 CAN 的应用，FlexRay 替代多条 CAN 总线。

2）用作"数据主干网"。数据传输速率高，且支持多种拓扑结构，非常适合于车辆主干网络，连接多个独立网络。

3）用于分布式测控系统。分布式测控系统用户要求确切知道消息到达时间，且消息周期偏差非常小，如动力系统、底盘系统的一体化控制中。

4）用于高安全性要求的系统。FlexRay 本身不能确保系统安全，但它具备大量功能以支持面向安全的系统设计。

奥迪 A8 中的 FlexRay 总线拓扑结构如图 4-6 所示。

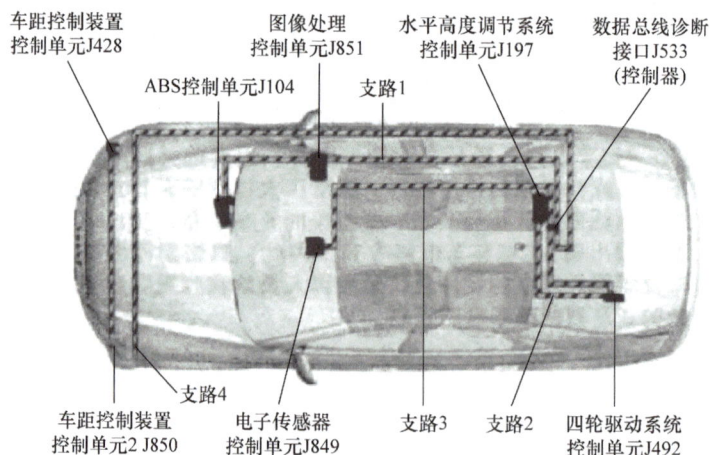

图 4-6　奥迪 A8 中的 FlexRay 总线拓扑结构

5. 多媒体定向系统传输

（1）MOST 总线的定义

多媒体定向系统传输（Media Oriented Systems Transport，MOST）总线是使用光纤或双绞线作为传输介质的环形网络，可以同时传输音频/视频流数据、异步数据和控制数据，支持高达 150Mbit/s 的传输速率。

MOST25 是第 1 代总线标准，最高可支持 24.6Mbit/s 的传输速率，以塑料光纤作为传输介质；第 2 代标准 MOST50 的传输速率是 MOST25 的 2 倍，采用塑料光纤、非屏蔽双绞线作为传输介质；第 3 代标准 MOST150，不仅最高可支持 147.5Mbit/s 的传输速率，还解决了与以太网的连接等问题，MOST150 将成为 MOST 总线技术发展的趋势。

（2）MOST 总线的特点

MOST 总线网络具有以下特点：

1）在低成本条件下，最高可以达到 147.5Mbit/s 的速率。

2）无论是否有主控计算机都可以工作。

3）支持声音和压缩图像的实时处理。

4）支持数据的同步和异步传输。

5）发送 / 接收器嵌有虚拟网络管理系统。

6）支持多种网络连接方式。

7）可以减轻线束的质量。

8）光纤网络不会受到电磁辐射干扰与搭铁环的影响。

（3）MOST 总线在汽车上的应用（图 4-7）

MOST 总线可以实现实施传输声音和视频以满足高端汽车娱乐装置的需求，主要用于车载电视、车载电话、车载 CD、车载互联网、DVD 导航等系统的控制；用在车载摄像头等行车系统。

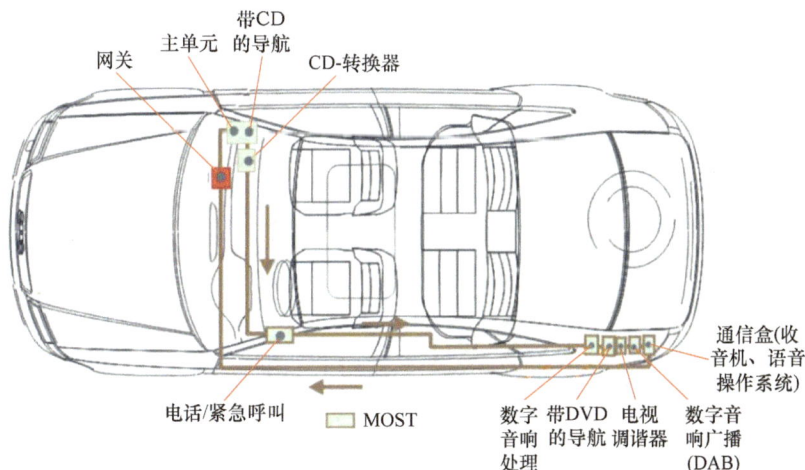

图 4-7 MOST 总线在汽车上的应用

6. 以太网

（1）以太网的定义

以太网（Ethernet）是由美国施乐（Xerox）公司创建，并由施乐公司、英特尔（Intel）公司和数字装备（DEC）公司联合开发基带局域网规范，是当今现有局域网采用的最通用的通信协议标准。以太网包括标准以太网（10Mbit/s）、快速以太网（100Mbit/s）、千兆以太网（1000Mbit/s）和万兆以太网（10Gbit/s）。

（2）以太网的特点

以太网有以下特点：

1）数据传输速率高。最大传输速率能达到 10Gbit/s，并且还在提高，比任何一种现场总线都快。

2）应用广泛。以太网是一种标准的开放式网络，不同厂商的设备很容易互联。

3）容易与信息网络集成，有利于资源共享。由于具有相同的通信协议，以太网能实现与因特网的无缝连接，方便车辆网络与地面网络的通信。

4）支持多种物理介质和拓扑结构。以太网支持多种传输介质，包括同轴电缆、双绞线、光缆、无线等，使用户可根据带宽、距离、价格等因素作多种选择。

5）软硬件资源丰富。大量的软件资源和设计经验可以显著降低系统的开发成本，加快系统的开发和推广速度。

6）可持续发展潜力大。车载网络采用以太网，可以避免其发展游离于计算机网络技术的发展主流之外，从而使车载网络与信息网络技术互相促进，共同发展。

（3）以太网的应用

以太网在汽车上的应用刚刚开始，但它的优越性能得到了汽车业界的重视，有望成为重要的车载网络。随着先进传感器、高分辨率显示器、车载摄像头、先进驾驶辅助系统及其数据传输控件的加入，汽车电子产品正变得更加复杂。采用标准的以太网协议将这些设备连接起来，可以简化布线，节约成本，减少线束质量和增加行驶里程。

图 4-8 所示为以太网在智能网联汽车上的应用实例。

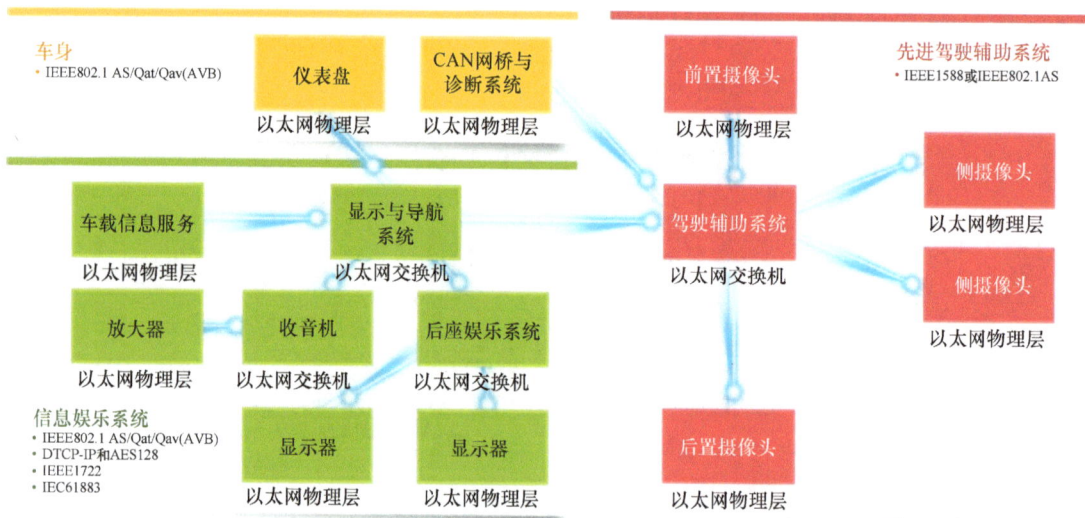

图 4-8　以太网在智能网联汽车上的应用

4.1.3　车载移动互联网

1. 车载移动互联网的定义

移动互联网是以移动网络作为接入网络的互联网及服务，包括移动终端、移动网络和应用服务 3 个要素。移动互联网包含两方面的含义：一方面，移动互联网是移动通信网络与互联网的融合，用户以移动终端接入无线移动通信网络（4G 网络、5G 网络、WLAN、WiMax）的方式访问互联网；另一方面，移动互联网还产生了大量新型的应用，这些应用与终端的可移动、可定位和随身携带等特性相结合，为用户提供个性化的、位置相关的服务。

2. 车载移动互联网的特点

移动互联网具有以下特点：

1）终端移动性。移动互联网业务使得用户可以在移动状态下接入和使用互联网服务，移动的终端便于用户随身携带和随时使用。

2）业务及时性。用户使用移动互联网能够随时随地获取自身或其他终端的信息，及时获取所需的服务和数据。

3）服务便利性。由于移动终端的限制，移动互联网服务要求操作简便，响应时间短。

4）业务/终端/网络的强关联性。实现移动互联网服务需要同时具备移动终端、接入网络和运营商提供的业务三项基本条件。

5）终端和网络的局限性。移动互联网业务在便携的同时，也受到了来自网络能力和终端能力的限制。在网络能力方面，受到无线网络传输环境、技术能力等因素的限制；在终端能力方面，受到终端大小、处理能力、电池容量等的限制。

3. 车载移动互联网的接入方式

移动互联网的接入方式主要有卫星通信网络、无线城域网（WMAN）、无线局域网（WLAN）、无线个域网（WPAN）和蜂窝网络（4G/5G 网络）等。

1）卫星通信网络。卫星通信网络的优点是通信区域大、距离远、频段宽、容量大；可靠性高、质量好、噪声小、可移动性强、不容易受自然灾害影响。缺点是存在传输时延大、回声大、费用高等问题。

2）无线城域网。无线城域网是以微波等无线传输为介质，提供同城数据高速传输、多媒体通信业务和互联网接入服务等，具有传输距离远、覆盖面积大、接入速度快、高效、灵活、经济、较为完备的 QoS 机制等优点。缺点是暂不支持用户在移动过程中实现无缝切换，性能与4G 的主流标准存在差距。

3）无线局域网。无线局域网是指以无线或无线与有线相结合的方式构成的局域网，如WiFi。无线局域网具有布网便捷、可操作性强、网络易于扩展等优点。缺点是性能、速率和安全性存在不足。

4）无线个域网。无线个域网是采用红外、蓝牙等技术构成的覆盖范围更小的局域网。目前，无线个域网采用的技术有蓝牙、紫蜂（ZigBee）、超宽带（UWB）、60GHz、红外（IrDA）、射频识别（RFID）、近场通信（NFC）等，具有低功耗、低成本、体积小等优点。缺点主要是覆盖范围小。

5）蜂窝网络。蜂窝移动通信系统由移动站、基站子系统、网络子系统组成，采用蜂窝网络（4G/5G 网络）作为无线组网方式，通过无线信道将移动终端和网络设备进行连接。其中宏蜂窝、微蜂窝是蜂窝移动通信系统应用较多的蜂窝技术。蜂窝移动通信的主要缺点是成本高、带宽低。

4. 车载移动互联网的组成及应用

（1）车载移动互联网的组成

车载移动互联网的组成是以车为移动终端，通过远距离无线通信技术构建的车与互联网之间的网络，实现车辆与服务信息在车载移动互联网上的传输。

车载移动互联网的组成如图 4-9 所示，它先通过短距离通信技术在车内建立无线个域网或无线局域网，再通过 4G/5G 网络与互联网连接。

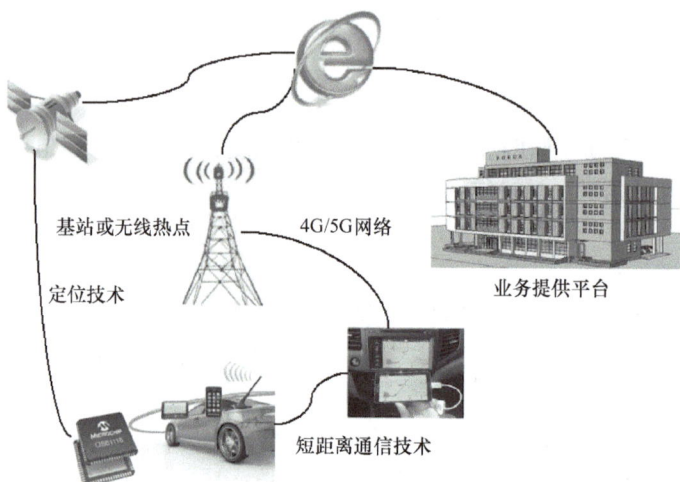

图4-9　车载移动互联网的组成

（2）车载移动互联网的应用

车载移动互联网的典型应用就是车联网。

车联网是指利用物联网、无线通信、卫星定位、云计算、语音识别等技术，建立的一张全面覆盖市民、车辆、交通基础设施、交通管理者、交通服务商等的快速通信网络，可实现智能信号控制、实时交通诱导、交通秩序管理、交通信息服务等一系列交通管理与服务应用，最终达到交通安全、行车高效、驾驶舒适、节能环保等目标。

车联网主要面向道路交通，为交通管理者提供决策支持，为车辆与车辆、车辆与道路提供协同控制，为交通参与者提供信息服务，更多表现在汽车基于现实中的场景应用，主要涉及安全类、驾驶类、娱乐类和服务类的应用。

智能网联汽车是智能汽车与车联网交集的产品。智能网联汽车是车联网的重要组成部分，其技术进步和产业发展有利于支持车联网的发展。车联网是智能网联汽车的最重要载体，只有充分利用互联技术，才能保障智能网联汽车拥有真正的智能和互联。智能网联汽车的聚焦点是在车上，发展方向是自动驾驶，发展重点是提高汽车的行驶安全性。车联网的聚焦点是建立一个比较大的交通体系，发展重点是给交通参与者提供信息服务，其终极目标是智能交通系统。

智能网联汽车通过车载移动互联网，可以实现导航及位置服务、实时交通信息服务、网络信息服务、汽车使用服务、汽车出行服务、商务办公等。汽车与互联网互联，赋予了汽车连接真实世界的能力。

🔗 知识链接

MOST 总线相关知识

✍ 小贴士

互联网之父

互联网之父，指互联网的创始人、发明人，这一美称被先后授予多人，包括：蒂姆·伯纳斯·李（Tim Berners-Lee）、温顿·瑟夫（Vint Cerf，原名为 Vinton Gray "Vint" Cerf）、罗伯特·卡恩（Robert Elliot Kahn）等，所以"互联网之父不是一个人，而是一个群体"。

蒂姆·伯纳斯·李爵士（1955 年出生于英国）是万维网的发明者。1989 年 3 月他正式提出万维网的设想，1990 年 12 月 25 日，他在日内瓦的欧洲粒子物理实验室里开发出了世界上第一个网页浏览器。

温顿·瑟夫是互联网基础协议——TCP/IP 协议和互联网架构的联合设计者之一，互联网奠基人之一。20 世纪 70 年代，温顿·瑟夫曾经参与互联网的早期开发与建设，并因此获得了"互联网之父"的美誉。

罗伯特·卡恩是现代全球互联网发展史上最著名的科学家之一，TCP/IP 协议合作发明者，互联网雏形 Arpanet 网络系统设计者，"信息高速公路"概念创立人。

4.2　智能网联汽车无线通信系统

智能网联汽车不是独立的运输个体，而是无数个移动终端。智能网联汽车之间，智能网联汽车与道路基础设施、行人之间都有信息交流，以保证安全行驶，提高通行效率。

目前主流的智能网联汽车的 V2X 通信包含什么内容呢？它们有什么特点？它们之间的优劣是什么？

4.2.1　通信系统基础知识

通信系统是用以完成信息传输过程的技术系统的总称。现代通信系统主要借助电磁波在自由空间的传播或在导引媒体中的传输机理来实现，前者称为无线通信系统，后者称为有线通信系统。

当电磁波的波长达到光波范围时，这样的电信系统称为光通信系统，其他电磁波范围的通信系统则称为电磁通信系统，简称为电信系统。由于光的导引媒体采用特制的玻璃纤维，因此有线光通信系统又称光纤通信系统。一般电磁波的导引媒体是导线，按其具体结构可分为电缆通信系统和明线通信系统；无线通信系统按其电磁波的波长则有微波通信系统与短波通信系统之分。按照通信业务的不同，通信系统又可分为电话通信系统、数据通信系统、传真通信系统和图像通信系统等。由于人们对通信的便利性要求越来越高，对通信业务的要求越来越多样化，所以通信系统正迅速向着无线化方向发展，而无线通信系统将在通信网中发挥越来越重要的作用。

4.2.2　无线通信系统的定义和分类

1. 无线通信的定义

无线通信就是不用导线、电缆、光纤等有线介质，而是利用电磁波信号在自由空间中传播的特性进行信息交换的一种通信方式。无线通信可以传输数据、图像、音频和视频等。

无线通信系统一般由发射设备、传输介质和接收设备组成；发射设备和接收设备上需要安装天线，完成电磁波的发射与接收，如图4-10所示。

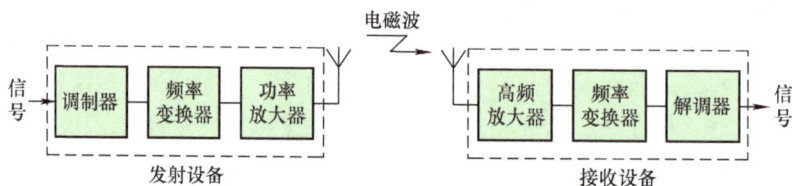

图 4-10　无线通信系统的组成

2. 无线通信的分类

无线通信可以按传输信号形式、无线终端状态、电磁波波长、传输方式和通信距离等进行分类。

（1）根据传输信号形式分类

根据传输信号形式的不同，无线通信可以分为模拟无线通信和数字无线通信。

1）模拟无线通信。模拟无线通信是将采集的信号直接进行传输，传输的是模拟信号。

2）数字无线通信。数字无线通信是将采集的信号转变为数字信号后再进行传输，传输的信号只包括数字 0、1。数字无线通信正在逐步取代模拟无线通信。

（2）根据无线终端状态分类

根据无线终端状态的不同，无线通信可以分为固定无线通信和移动无线通信。

1）固定无线通信。固定无线通信是指终端设备是固定的，如固定电话通信。

2）移动无线通信。移动无线通信是指终端设备是移动的，如移动电话通信。

（3）根据电磁波波长分类

根据电磁波波长的不同，无线通信可以分为长波无线通信、中波无线通信、短波无线通信、超短波无线通信、微波无线通信等。

1）长波无线通信。长波无线通信是指利用波长大于1000m、频率低于300kHz的电磁波进行的无线通信，也称低频通信。它可细分为在长波（波长为 1 ～ 10km、频率为 30 ～ 300kHz）、甚长波（波长为 10 ～ 100km、频率为 3 ～ 30kHz）、特长波（波长为 100 ～ 1000km、频率为 300 ～ 3000Hz）、超长波（波长为1000 ～ 10000km、频率为30 ～ 300Hz）和极长波（波长为1万 ～ 10 万 km、频率为 3 ～ 30Hz）波段的通信。

2）中波无线通信。中波无线通信是指利用波长为 100 ～ 1000m、频率为 300 ～ 3000kHz 的电磁波进行的无线通信。

3）短波无线通信。短波无线通信是指利用波长为 10 ～ 100m、频率为 3 ～ 30MHz 的电磁波进行的无线通信。

4）超短波无线通信。超短波无线通信是指利用波长为 1 ～ 10m、频率为 30 ～ 300MHz 的电磁波进行的无线通信。

5）微波无线通信。微波无线通信是指利用波长小于 1m、频率高于 300MHz 的电磁波进行的无线通信，它可细分为分米波（波长为 100 ～ 1000mm、频率为 300 ～ 3000MHz）、厘米波（波长为 10 ～ 100mm、频率为 3 ～ 30GHz）、毫米波（波长为 1 ～ 10mm、频率为 30 ～ 300GHz）、丝米波（波长为 0.1 ~ 1mm、频率为 300 ~ 3000GHz）波段的通信。

（4）根据传输方式分类

根据信道路径和传输方式的不同，无线通信可以分为红外通信、可见光通信、微波中继通信和卫星通信等。

1）红外通信。红外通信是一种利用红外线传输信息的通信方式。

2）可见光通信。可见光通信是指利用可见光波段的光作为信息载体，在空气中直接传输光信号的通信方式。

3）微波中继通信。微波中继通信是利用微波的视距传输特性，采用中继站接力的方法达成的无线电通信方式。

4）卫星通信。卫星通信实际上也是一种微波通信，它以卫星作为中继站转发微波信号，在多个地面站之间通信。

（5）根据通信距离分类

根据通信距离，无线通信可以分为短距离无线通信和远距离无线通信。

1）短距离无线通信。短距离无线通信和远距离无线通信在传输距离上至今并没有严格的定义，一般来说，只要通信收发两端是以无线方式传输信息，并且传输距离被限定在较短的范围内（一般是几厘米 ~ 几百米），就可以称为短距离无线通信。它具有低成本、低功耗和对等通信这三个重要特征。短距离无线通信技术主要有蓝牙技术、紫蜂（ZigBee）技术、WiFi 技术、超宽带（UWB）技术、60GHz 技术、红外（IrDA）技术、射频识别（RFID）技术、近场通信（NFC）技术、可见光（VLC）技术、专用短程通信（DSRC）、LTE-V 等。

2）远距离无线通信。当无线通信传输距离超过短距离无线通信的传输距离时，称为远距离无线通信。远距离无线通信技术主要有移动通信、微波通信和卫星通信等。

4.2.3　V2X 通信

1. V2X 通信的定义

V2X 是指智能网联汽车车用无线通信技术，它是将车辆与一切事物相连接的新一代信息通信技术。其中 V 代表车辆，X 代表任何与车辆交互信息的对象，当前 X 主要包含车辆（V2V）、行人（V2P）、路侧基础设施（V2I）和网络（V2N）。

（1）车辆与车辆通信

车辆与车辆通信（V2V）主要是指通过车载单元（OBU）进行车辆间的通信。车载单元可实时获取周围车辆的车速、车辆位置、行车状态警告等信息，车辆之间也可以构成一个互动的平台，实时交换各种文字、图片、音频和视频等信息。车辆与车辆通信主要应用于避免和减缓交通事故、车辆监督管理、生活娱乐等。同时，基于公共网络的车辆与车辆通信，还应用于车辆间的语音、视频通话等。

V2V 通信是将无线数字传输模块植入智能网联汽车中，无线数字传输模块可以向周边网联汽车提供本车状态信息和数字化交通信号灯信息等。网联汽车中的无线数字传输模块可同步接收来自其他网联汽车的数字化信息并在汽车内进行显示，同时将信息与车内的驾驶辅助系统相连，为网联汽车的安全行驶提供依据。根据接收到的由其他网联汽车发送的数字信息，网联汽车便会知道周边网联汽车的状况，包括位置、距离、相对速度及加速度等，并在紧急制动情况下可令随后的网联汽车同步减速，有效防止汽车追尾事故的发生。

V2V 通信的主要特点包括车与车之间的链接是间断性和随机的；车辆之间的通信可以进行多跳传输，能保证消息安全正确到达；车辆之间的多跳传输取决于路由的选择。

（2）车辆与基础设施通信

车辆与基础设施通信（V2I）是指车辆区域设备与道路区域的设备（如交通信号灯、交通摄像头、路侧单元等）进行通信，道路区域设备获取附近区域的车辆信息并发布实时的各种信息。车辆与基础设施通信主要应用于实时信息服务、车辆监控管理、不停车收费等。

V2I 通信是将无线数字传输模块植入当前的道路交通基础设施中，无线数字传输模块可向路经的汽车发送数字化交通信号灯信息、指示信息、路况信息等，并接受网联汽车的信息查询及导航请求，然后可将有关信息反馈给相关网联汽车。网联汽车可接收来自基础设施的数字化信息，并将信息在网联汽车内显示，同时还将信息与车内的驾驶辅助系统相连接，作为汽车安全驾驶的控制信号。

V2I 通信主要特点包括车辆可以通过路侧单元（RSU）来接入互联网；路侧单元可以对在其覆盖范围内的车辆节点进行信息广播；路侧单元可以准确地捕获其覆盖范围内的道路状况、交通灯以及车辆状况；V2I 通信具有一定的实时性和可靠性。

（3）车辆与行人通信

车辆与行人通信（V2P）是指行人使用用户区域的设备，如智能手机、笔记本电脑、多功能读卡器等，与车辆区域的设备进行通信。车与行人通信主要应用于防止车与行人相撞、智能钥匙、信息服务、车辆信息管理等。

（4）车辆与应用平台通信

车辆与应用平台通信（V2N）是指车载单元通过接入网 / 核心网与远程的应用平台建立连接，应用平台与车辆之间进行数据交互，并对获取数据进行存储和处理，提供远程车辆交通、娱乐、商务服务和车辆管理等应用。V2N 通信主要应用于车辆导航、车辆远程监控、紧急救援、信息娱乐服务等。

2. V2X 通信技术分类

V2X 通信技术主要有 DSRC 和 C-V2X，如图 4-11 所示。DSRC（专用短程通信技术）是一种高效的短程无线通信技术，它可以实现在特定小区域内对高速运动下的移动目标的识别和双向通信，例如车辆与车辆（V2V）、车辆与基础设施（V2I）双向通信，实时传输图像、语音和数据信息，将车辆和道路有机连接。C-V2X 是基于蜂窝的 V2X 通信技术，它是基于 4G/5G 等蜂窝网通信技术演进形成的车用无线通信技术，包含了两种通信接口：一种是车、人、路之间的短距离直接通信接口（PC5）；另一种是终端和基站之间的蜂窝通信接口（Uu），可实现长距离和更大范围的可靠通信。

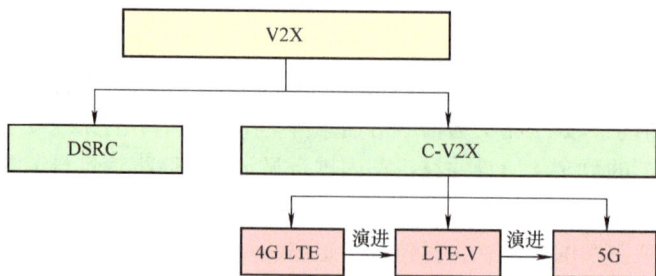

图 4-11　V2X 通信技术分类

C-V2X 通信如图 4-12 所示。

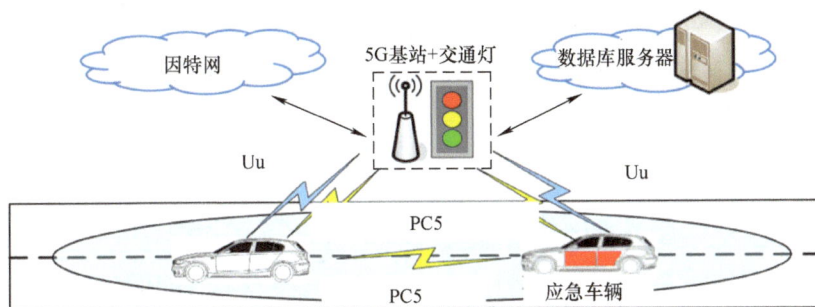

图 4-12　C-V2X 通信

C-V2X 包含两种通信接口。

1）PC5（直连通信接口）。终端与终端之间的通信接口，即车、人、道路基础设施之间的短距离直接通信接口。其特点是：通过直连、广播、网络调度的形式实现低时延、高容量、高可靠的通信。

2）Uu（蜂窝网通信接口）。终端和基站之间的通信接口。其特点是：实现长距离和更大范围的可靠通信。

两种通信接口的使用条件：

PC5 接口：无论是否有蜂窝网络覆盖均可采用 PC 接口进行 V2X 通信。

Uu 接口：当支持 C-V2X 的终端设备（如车载终端、智能手机，路侧单元等）处于基站的蜂窝网络覆盖范围内时，在蜂窝网络的控制下方可使用。

C-V2X 将 Uu 接口和 PC5 接口相结合，彼此相互支撑，形成有效冗余来保障通信可靠性。

LTE-V2X 是指基于 LTE 移动通信技术演进形成的车用无线通信技术，包括蜂窝通信（Uu）和直接通信（PC5）两种工作模式（图 4-13）。LTE-V2X 是车对万物（V2X）通信的全球解决方案，拥有强大的 5G 新空口（5G NR）演进路径，旨在提升汽车安全性、改善自动化驾驶和提升交通效率。它是现今唯一一项遵循全球 3GPP 规范的 V2X 通信技术，基于 PC5 的直连通信模式是指在统一的 5.9GHz 智能交通系统（ITS）频段上支持车对车（V2V）、车对基础设施（V2I）及车对行人（V2P）通信，无须使用 SIM 卡，成为蜂窝用户或蜂窝网络协助。

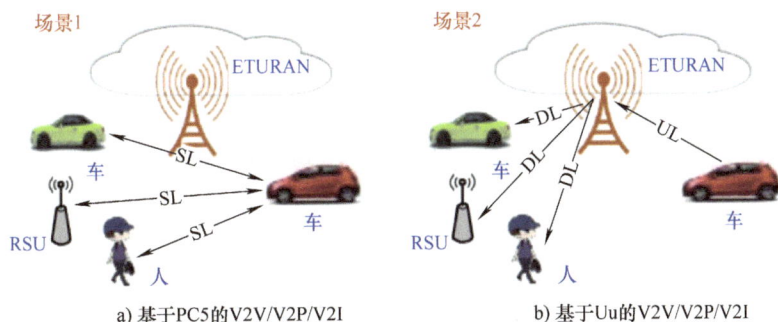

a）基于PC5的V2V/V2P/V2I　　b）基于Uu的V2V/V2P/V2I

图 4-13　LTE-V2X 的分类

注：SL（Side Link），侧链路；DL（down Link），下行链路；UL（uplink），上行链路。

同时 C-V2X 根据接口的不同又可分为 V2X-Direct 和 V2X-Cellular 两种通信方式，如图 4-13 所示。V2X-Direct 通过 PC5 接口，采用车联网专用频段（如 5.9GHz），实现车车、车路、车人之间直接通信，时延较低，支持的移动速度较高，但需要有良好的资源配置及拥塞控制算法。V2X-Cellular 则通过蜂窝网络（Uu）接口转发，采用蜂窝网频段（如 1.8GHz）。PC5 口和 Uu 口的对比见表 4-1。

表 4-1　基于 PC5 口通信和 Uu 口通信的比对

	PC5 口通信	Uu 口通信
特点	低延时，覆盖范围小 适合交通安全类、局域交通效率业务	广覆盖、可回传到云平台 适合信息娱乐类、广域交通效率业务
功能增强	帧结构增强以应对高速移动带来的问题 多种信息发送周期满足多种业务需求 拥塞控制机制以应对车辆高密度场景 基于位置的频谱池资源规划及调度管理 自我感知资源和自组织通信方法 车载终端多种同步方式	本地下行广播满足低时延要求 面向车联网应用的 QoS 设置 多种信息发送周期满足多种业务需求

V2X 技术演进路线如图 4-14 所示。目前的车联网网络以 LTE-V2X 为主，包括 Uu 口通信以及 PC5 口通信两种方式，功能上满足 3GPP 提出的 27 种应用场景（3GPP TR 22.885），包括主动安全、交通效率和信息娱乐。而 LTE-eV2X 的目标是在保持与 LTE-V2X 兼容性条件下，进一步提升 V2X 直通模式的可靠性、数据速率和时延性能，以部分满足更高级的 V2X 业务的需求。其相关技术主要针对 PC5 的增强，采用与 LTE-V2X 相同的资源池设计理念和相同的资源分配格式，因此可以与 LTE-V2X 用户共存且不产生资源碰撞干扰影响。LTE-V2X 中的增强技术主要包括载波聚合、高阶调制、发送分集，以及低时延研究和资源池共享研究等。未来车联网将是 5G-V2X 与 LTE-eV2X 多种技术共存的状态，主要实现与自动驾驶相关的 25 种应用场景（3GPP TR 22.886），包括编队行驶、高级驾驶、传感信息交互和远程驾驶等。

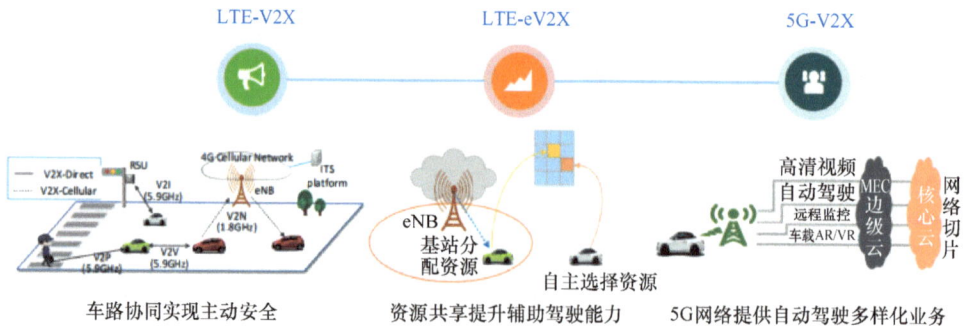

图 4-14　V2X 技术演进路线

通过在汽车及路侧单元中部署 LTE-V2X 技术，道路上的车辆和路侧单元可以直接进行通信，驾驶人可快速高效地获取相关路侧单元信息，能支持交通信号相位及配时等使用场景。C-V2X 目前已获得包括 5G 汽车联盟（5GAA）在内的全球通信标准协会及汽车生态系统领域的广泛支持。

中国工业与信息化部已经明确选择了 C-V2X 技术路线作为车联网（智能网连汽车）的直连通信技术。结合国家政策及产业链生态的发展，C-V2X 技术更适合中国车联网的发展。

基于 PC5 接口数据传输的安全以及对上层应用的安全能力支持，推荐采取安全机制如下：

1）网络层安全：车联网终端直连通信数据在 PC5 接口上广播发送，数据传输安全完全由应用层保障。网络层仅提供标识更新机制对用户隐私进行保护，车联网终端通过随机动态改变源端用户层二标识和源 IP 地址，防止用户身份标识信息在 PC5 广播通信的过程中遭到泄露，防止用户通信数据被攻击者窃听、伪造、篡改。

2）安全能力支撑：网络层向应用层提供安全能力支撑，提供用户标识的跨层同步机制、源 IP 地址与应用层标识同步更新，防止由于网络层与应用层用户身份标识更新不同步，导致用户标识关联信息被攻击者获取，用户隐私信息泄露。

4.2.4　DSRC 通信

1. DSRC 通信的定义

专用短程通信技术（Dedicated Short Range Communication，DSRC）是一种高效的短程无线通信技术，它可以实现在特定小区域内对高速运动下的移动目标的识别和双向通信，例如车辆与车辆（V2V）、车辆与基础设施（V2I）双向通信，实时传输图像、语音和数据信息，将车辆和道路有机连接。

DSRC 通信系统的参考架构如图 4-15 所示。车辆与车辆之间，以及车辆与路侧基础设施之间，通过 DSRC 进行信息交互。

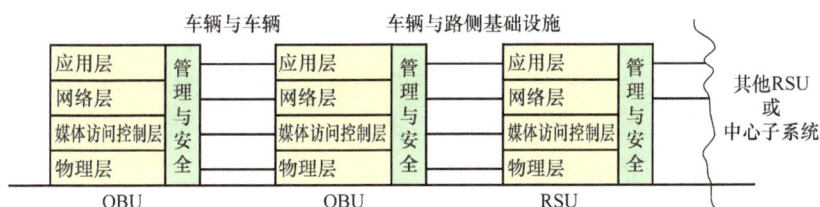

图 4-15　DSRC 通信系统的参考架构

DSRC 通信系统包含物理层、媒体访问控制层（MAC）、网络层和应用层。

1）物理层。物理层是建立、保持和释放专用短程通信网络数据传输通路的物理连接的层，位于协议栈的最底层。

2）媒体访问控制层。媒体访问控制层是提供短程通信网络节点寻址及接入共享通信媒体的控制方式的层，位于物理层之上。

3）网络层。网络层是实现网络拓扑控制、数据路由，以及设备的数据传送和应用的通信服务手段的层，位于媒体访问控制层之上。

4）应用层。应用层是向用户提供各类应用及服务手段的层，位于网络层之上。

车载单元的媒体访问控制层和物理层负责处理车辆与车辆之间，车辆与路侧基础设施之间的专用短程无线通信连接的建立、维护和信息传输；应用层和网络层负责把各种服务和应用信息传递到路侧基础设施及车载单元上，并通过车载子系统与用户进行交互；管理和安全功能覆盖专用短程通信整个框架。

2. DSRC 通信系统的组成

DSRC 通信系统主要由车载单元（OBU）、路侧单元（RSU）以及 DSRC 协议 3 部分组成，如图 4-16 所示。路侧单元通过光纤的方式连入互联网。深色车代表 V2V/V2I 类安全业务，浅色车代表车载信息技术广域业务。车与车之间的信息交换通过 RSU 和 OBU 之间通信实现，车载信息技术业务通过 IEEE 802.11p+RUS 回程的方式实现。可以看到，DSRC 架构中需要部署大量的 RSU 才能较好地满足业务需要，建设成本较高。

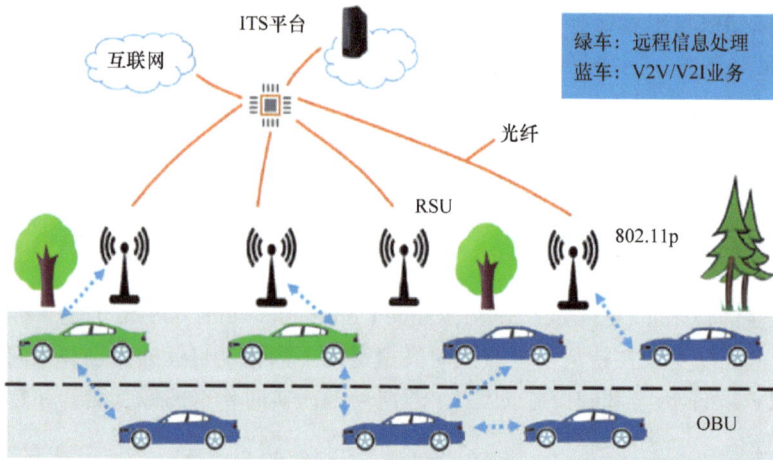

图 4-16　DSRC 通信系统的组成

3. DSRC 通信技术要求

（1）总体功能要求

专用短程通信总体功能包含无线通信能力和网络通信功能，无线通信能力要求如下：

1）车路通信的路侧单元最大覆盖半径大于 1km。

2）车车通信单跳距离可达 300m。

3）支持 OBU 的最大运动速度不小于 120km/h。

网络通信功能要求如下：

1）广播功能。

2）多点广播功能。

3）地域群播功能。

4）消息优先级的功能管理。

5）通道 / 连接管理功能。

6）车载单元的移动性管理功能。

（2）媒体访问控制层技术要求

媒体访问控制层技术有以下要求：

1）车载单元与车载单元通信接口要求：为满足汽车辅助驾驶中紧急安全事件消息的传播，媒体访问控制层的通信时延应小于 40ms。

2）媒体访问控制层支持的并发业务数应大于 3。

3）路侧单元支持的并发终端用户容量应大于 128 个。

（3）网络层技术要求

网络层技术有以下要求：

1）网络层可适配不同的物理层。

2）支持终端的运动最大速度不小于 120km/h；在跨路侧设备覆盖区时，可保证业务连续性。

3）紧急安全事件业务的端到端传输时延应小于 50ms。

4）可支持多种接入技术要求，网络层和应用层与接入层技术具有相对独立性，可以通过多种接入技术为网络层提供服务。

5）支持传输技术多样性，网络层与数据传输技术相对独立，网络层不受底层传输技术的影响。

6）服务质量（QoS）保证，可为业务建立优先级，并具备 QoS 识别能力，以支持网络的 QoS 保证机制。

（4）应用层技术要求

应用层主要包括车车通信应用、车路通信应用以及其他交通应用。主要技术要求如下：

1）业务接口统一，制定标准格式。

2）业务支撑管理。

3）安全性。

4. DSRC 通信支持的业务

用短程通信支持的业务包括但不限于以下业务：

1）汽车辅助驾驶。包括辅助驾驶和道路基础设施状态警告，其中辅助驾驶包括碰撞风险预警、错误驾驶方式的警示、信号违规警告、慢速车辆指示、摩托车接近指示、车辆远程服务、行人监测、协作式自动车队等；道路基础设施警告包括车辆事故、道路工程警告、交通条件警告、气象状态及预警、基础设施状态异常警告等。

2）交通运输安全。包括紧急救援请求及响应、紧急事件通告、紧急车辆调度与优先通行、运输车辆及驾驶人的安全监控、超载超限管理、交通弱势群体保护等。

3）交通管理。包括交通法规告知、交通执法、信号优先、交通灯最佳速度指引、停车场管理等。

4）导航及交通信息服务。包括路线实时指引和导航，施工区、收费、停车场、换乘、交通事件信息，流量监控、建议行程、兴趣点通知等。

5）电子收费。包括以电子化的交易方式向用户收取相关费用，如道路、桥梁和隧道通行费与停车费等。

6）运输管理。包括运政稽查、特种运输监测、车队管理、场站区管理等。

7）其他。包括车辆软件 / 数据配置和更新、车辆和 RUS 的数据校准、协作感知信息更新及发送等。

DSRC 技术在智能网联汽车上可实现 V2X 通信。DSRC 的有效通信距离为数百米，车辆通过 DSRC 以 10 次 /s 的频率，向路上其他车辆发送位置、车速、方向等信息；如果车辆接收到其他车辆所发出的信号，在必要时（例如马路转角有其他车辆驶出，或前方车辆紧急制动、变换车道）车内装置会以闪烁信号、语音提醒或座椅和转向盘振动等方式提醒驾驶人注意，如图 4-17 所示。

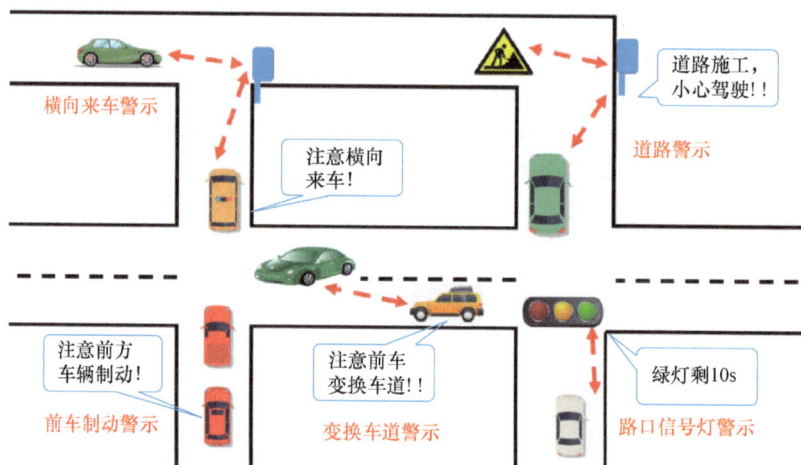

图 4-17　DSRC 技术用于 V2X 通信

4.2.5　LTE-V 通信

1. LTE-V 通信的定义

LTE-V 是我国具有自主知识产权的 V2X 技术（图 4-18），是按照全球统一规定的体系架构及其通信协议和数据交互标准，在车辆与车辆（V2V）、车辆与基础设施（V2I）、车辆与行人（V2P）之间组网，构建数据共享交互桥梁，助力实现智能化的动态信息服务、车辆安全驾驶、交通管控等。

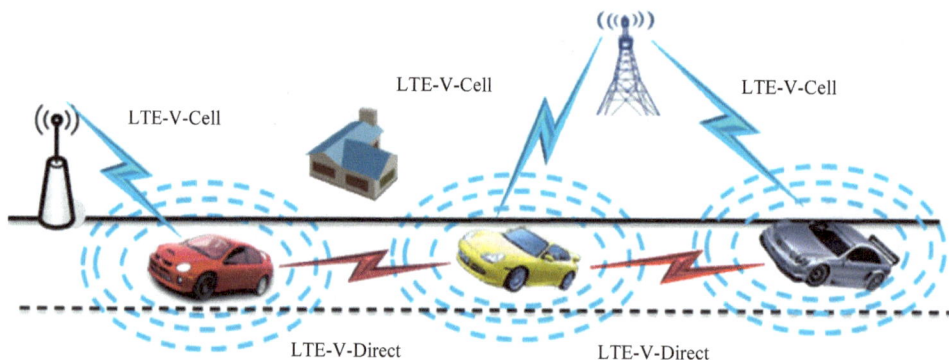

图 4-18　LTE-V2X 通信

2. LTE-V 通信的组成

LTE-V 通信由用户终端、路侧单元（RSU）和基站 3 部分组成，如图 4-19 所示。LTE-V 通信方式针对车辆应用定义了两种通信方式，蜂窝链路式（LTE-V-Cell）和短程直通链路式（LTE-V-Direct），其中蜂窝链路式通过 Uu 接口承载传统的车联网车载信息技术业务，操作于传统的移动宽带授权频段；短程直通链路式通过 PC5 接口实现 V2V、V2I 直接通信，促进实现车辆安全行驶。在短程直通链路式通信模式下，车辆之间的信息交互基于广播方式，可采用终端直通模式，也可经由 RSU 来进行交互，大大减少了 RSU 单元需要的数量。

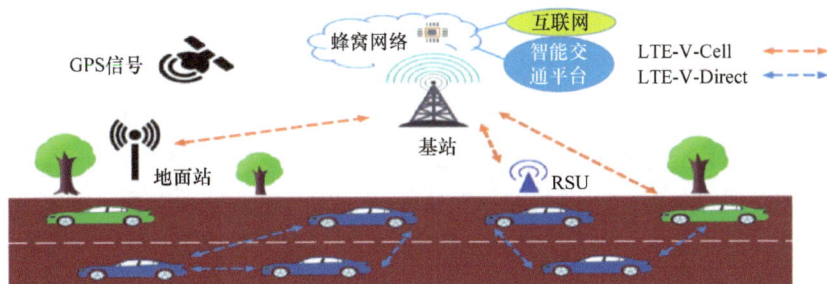

图 4-19　LTE-V2X 通信的组成

3. LET-V 通信与 DSRC 通信的比较

V2X 技术包括 LTE-V 和 DSRC 两种，其中 LTE-V 是基于 LTE 的智能网联汽车协议，由 3GPP 主导制定规范，主要参与厂商包括华为公司、大唐公司、LG 公司等；DSRC 主要基于 IEEE 802.11p 与 IEEE 1609 系列标准，是一种专门用于 V2V 和 V2I 之间的通信标准，主要由美国、日本主导。

LTE-V 和 DSRC 均需要路侧单元（RSU），但两种技术 RSU 承载的能力不尽相同。两种技术中，RSU 均会为车辆提供道路相关的信息，如红绿灯、限速等，在 V2I 的模式下将这些信息发给车辆。二者不同之处在于 V2V 模式下的信息交互：在 DSRC 技术下，V2V 的信息交流必须通过 RSU，因此 RSU 个数需求量很大；在短程直通链路式（LTE-V-Direct）通信模式下，车辆之间的信息交互基于广播方式，可采用终端直通模式，也可经由 RSU 来进行交互，因此 RSU 需求的数量很小。

LTE-V 技术与 DSRC 技术的比较见表 4-2。

表 4-2　LTE-V 技术与 DSRC 技术比较

性能与特点	LTE-V 技术	DSRC 技术
支持车速	500km/h	200km/h
带宽	可扩展至 100MHz	75MHz
传输速率	峰值速率上行 500Mbit/s，下行 1Gbit/s	3～27Mbit/s，平均 12Mbit/s
通信距离	约为 DSRC 的 2 倍	几百米，容易被建筑遮挡，受 RSU 密度影响
IP 接入方式	通过蜂窝基站接入，基站直接调度。业务连续性好，调度效率高	部署 RSU
低延时安全业务（前车防碰撞预警、盲区预警等）	LTE 直通技术解决	采用 IEEE802.11p 协议
优势	采用蜂窝技术、可管控。 充分利用基础设施，V2I 实施有优势。 移动性好，安全性高。 可平滑演进至 5G。 电信产业（系统、芯片和运营商）支持	成熟度高，NXP 等芯片商和大量汽车厂商已经接近可提高商用产品。 V2X 应用场景较为成熟
劣势	尚未成熟。 跨部门协调难度大	CSMA/CA 机制存在隐藏节点、数据竞争碰撞问题。 5.9GHz 频段穿透性、传输距离受限，且由于干扰原因，在我国商用可能受阻。 后续演进路线不明。 V2I 场景技术实施难度大

4.2.6 蓝牙通信

1. 蓝牙通信的定义

蓝牙（Bluetooth）通信是由世界著名的 5 家大公司——爱立信、诺基亚、东芝、IBM 和英特尔，于 1998 年 5 月联合宣布的一种短距离无线通信技术。

蓝牙是一种支持设备短距离通信的无线电技术，能在包括移动电话、掌上电脑、无线耳机、笔记本电脑、智能汽车、相关外设等众多设备之间进行无线信息交互，如图 4-20 所示。利用蓝牙技术能够有效地简化移动通信终端设备之间的通信，也能够简化设备与因特网之间的通信，从而使数据传输变得更加迅速高效，为无线通信拓宽道路。

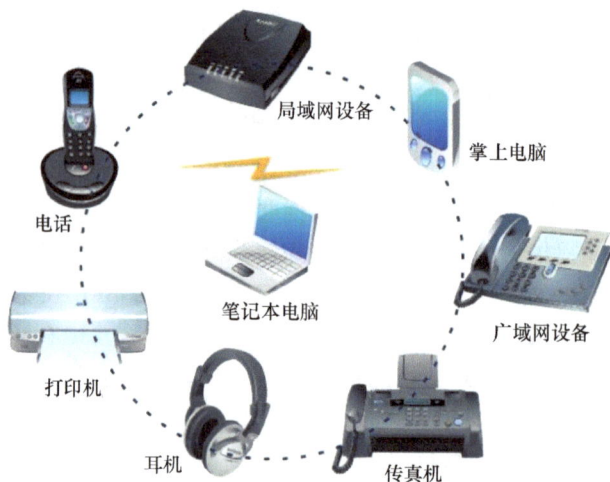

图 4-20　蓝牙通信

2. 蓝牙通信的特点

蓝牙通信具有以下特点：

1）全球范围适用。蓝牙工作在 2.4GHz 的 ISM 频段，全球大多数国家 ISM 频段的范围是 2.4 ~ 2.4835GHz。使用该频段无需向各国的无线电资源管理部门申请许可证，便可直接使用。

2）通信距离为 0.1 ~ 10m，发射功率 100mW 时可以达到 100m。

3）可同时传输语音和数据。蓝牙采用电路交换和分组交换技术，支持异步数据信道、三路语音信道，以及异步数据与同步语音同时传输的信道。

4）可以建立临时性的对等连接。根据蓝牙设备在网络中的角色，可分为主设备和从设备。主设备是组网连接主动发起连接请求的蓝牙设备，几个蓝牙设备连接成一个皮网（piconet，也叫微微网）时，其中只有一个主设备，其余都是从设备。皮网是蓝牙最基本的一种网络形式，最简单的皮网是一个主设备和一个从设备组成的点对点的通信连接。

5）抗干扰能力强。工作在 ISM 频段的无线电设备有很多种，为了很好地抵抗来自这些设备的干扰，蓝牙采用了跳频方式来扩展频谱。蓝牙设备在某个频点发送数据之后，再跳到另一频点发送，而频点的排列顺序是伪随机的，每秒频率改变 1600 次，每个频率持续 625μs。

6）蓝牙模块体积很小，便于集成。

7）功耗低。蓝牙设备在通信连接状态下，有四种工作模式：激活模式、呼吸模式、保持模式和休眠模式。激活模式是正常的工作状态，另外三种模式是为了节能所规定的低功耗模式。

8）接口标准开放。蓝牙技术联盟（SIG）为了推广蓝牙技术的应用，将蓝牙的技术标准全部公开，全世界范围内的任何单位和个人都可以进行蓝牙产品的开发，只要最终通过 SIG 的蓝牙产品兼容性测试，就可以推向市场。

9）成本低。随着市场需求的扩大，各个供应商纷纷推出自己的蓝牙芯片和模块，蓝牙产品价格下降。

3. 蓝牙通信的应用

蓝牙通信在汽车上的应用主要有车载蓝牙电话、车载蓝牙音响、车载蓝牙导航、蓝牙后视镜、汽车虚拟钥匙等。

（1）车载蓝牙电话

车载蓝牙电话是专为行车安全和舒适性而设计的，如图 4-21 所示。其功能主要是：自动辨识移动电话，不需要电缆或电话托架便可与手机联机；使用者不需要触碰手机（双手保持在转向盘上）便可控制手机，用语音指令控制接听或拨打电话。使用者可以通过车上的音响或蓝牙无线耳麦进行通话。若选择通过车上的音响进行通话，当有来电或拨打电话时，车上的音响会自动静音，通过音响的扬声器／麦克风进行语音传输。若选择蓝牙无线耳麦进行通话，只要耳麦处于开机状态，当有来电时按下接听按钮就可以实现通话。

（2）车载蓝牙音响

车载蓝牙音响是以稳定的、高度通用的蓝牙无线技术为基础的无线有源音箱，蓝牙音响内设锂电池，可以随时充电。当驾驶人靠近汽车时（几米范围内），手机 App 通过蓝牙与汽车连接，能够实现汽车解锁及获取汽车信息。

当驾驶人远离汽车时，可以采用手机 App 通过移动网络获取车辆信息，如胎压、预估续驶里程、车辆位置、离车辆保养剩余里程等，如图 4-22 所示。软件会提示虚拟钥匙超出范围，此时手机 App 无法对汽车解锁。

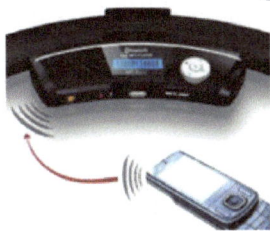

图 4-21　车载蓝牙电话

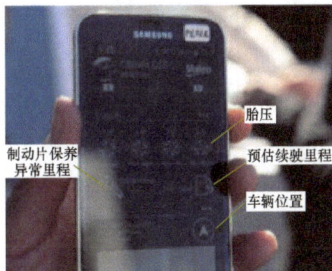

图 4-22　利用蓝牙技术获取车辆信息

手机 App 虚拟钥匙共享功能可自动识别手机通讯录中安装了相同 App 的人。车主可以通过简单操作把汽车虚拟钥匙转交给相应的联系人；甚至可以设定虚拟钥匙的作用时间，让虚拟钥匙在指定时间内才是有效的，过期的虚拟钥匙将无法对汽车进行任何操作，如图 4-23 所示。

汽车虚拟钥匙技术的共享功能使借车过程极大地简化，只要双方手机中都安装了相同的手机 App 就能够实现虚拟钥匙的移交，给用户带来了极大的便利。蓝牙这种短距离通信技术从一定程度上又拉近了人与车的距离，只有携带虚拟钥匙的人靠近车辆时才能对汽车进行解锁操作，一定程度上增强了该技术的安全性。

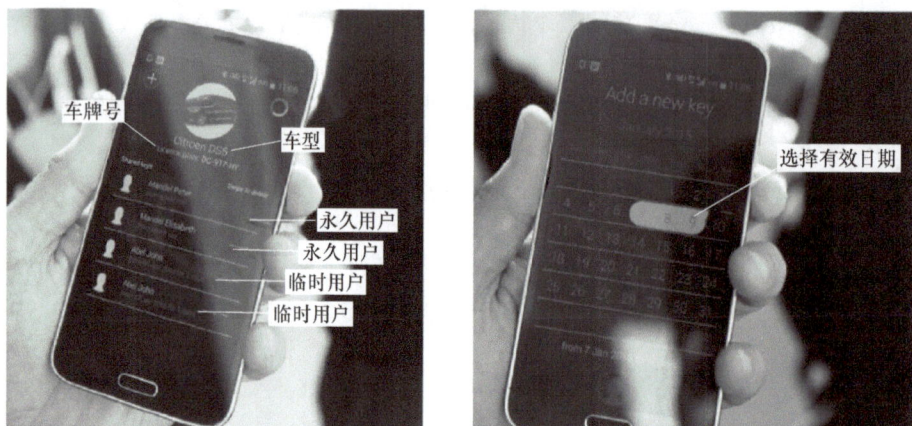

图 4-23　手机 App 虚拟钥匙共享功能

　　智能蓝牙连接技术将在车辆与可穿戴技术连接的实现过程中发挥至关重要的作用，包括实现监测驾驶人疲劳驾驶、血液中酒精含量以及血糖水平等生物计量指标的连接。智能手表、血压计、脉搏监测仪、酒精监测仪或血糖监测仪等将成为与车辆连接的可穿戴设备。

　　随着蓝牙技术的不断发展，蓝牙技术在汽车上的应用会越来越多。

4.2.7　射频识别（RFID）技术

1. 射频识别（RFID）技术的定义

　　射频识别（Radio Frequency Identification，RFID）技术也称为电子标签，是一种无线通信技术，可以通过无线电信号识别特定目标并读写相关数据，而无须识别系统与特定目标之间建立机械或者光学接触，所以，它是一种非接触式的自动识别技术。射频识别系统主要由电子标签、读写器和天线等部分组成，如图 4-24 所示。

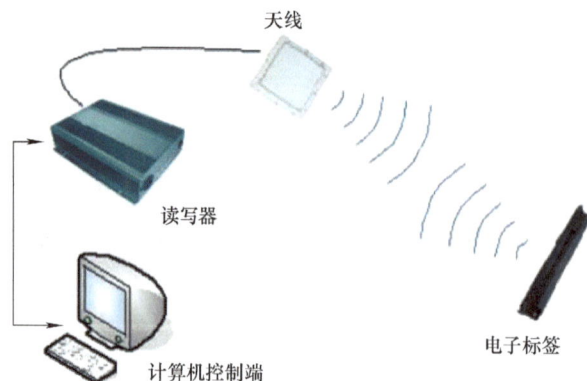

图 4-24　射频识别系统的组成

2. RFID 技术的特点

RFID 技术具有以下特点：

1）读取方便快捷。数据的读取无须光源，甚至可以透过外包装来进行。有效识别距离更大，采用自带电池的主动标签时，有效识别距离可达到 30m 以上。

2）识别速度快。标签一进入磁场，读写器就可以即时读取其中的信息，而且能够同时处理多个标签，实现批量识别。

3）数据容量大。数据容量最大的二维条形码，最多也只能存储 2725 个数字；若包含字母，则存储量会更少；RFID 标签则可以根据用户的需要扩充到数万。

4）穿透性和无屏障阅读。在被覆盖的情况下，RFID 能够穿透纸张、木材和塑料等非金属或非透明的材质，并能够进行穿透性通信。

5）使用寿命长，应用范围广。无线通信方式使其可以应用于粉尘、油污等高污染环境和放射性环境，而且其封闭式包装使得其寿命大大超过印刷的条形码。

6）标签数据可动态更改。利用编程器可以向标签写入数据，从而赋予 RFID 标签交互式便携数据文件的功能，而且写入时间相比打印条形码更少。

7）安全性好。不仅可以嵌入或附着在不同形状、类型的产品上，而且可以为标签数据的读写设置密码保护，从而具有更高的安全性。

8）动态实时通信。标签以 50 ～ 100 次 /s 的频率与读写器进行通信，所以只要 RFID 标签所附着的物体出现在解读器的有效识别范围内，就可以对其位置进行动态的追踪和监控。

3. 射频识别（RFID）技术的应用

1）用于交通信息的采集，如采集机动车流量、车辆平均车速、道路拥堵状况。

2）智能交通控制，如交通信号优化控制、公交信号优化控制、特定区域出入管理。

3）违章、违法行为检测。与视频监控、视频抓拍系统配合，通过 RFID 射频识别设备对过往车辆进行检测、抓拍和身份判别。

4.2.8　5G 移动通信

1. 5G 移动通信的定义

5G 是第 5 代移动通信系统。5G 是 4G 的延伸，是对现有无线接入技术（包括 3G、4G 和 WiFi）的技术演进，以及一些新增的补充性无线接入技术集成后解决方案的总称。图 4-25 可以形象地描述 5G 网络的传输速率。

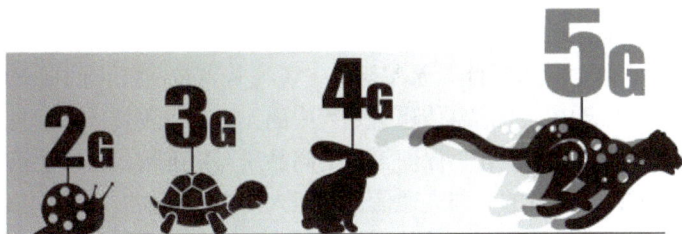

图 4-25　5G 移动通信传输速率比拟

5G 网络将融合多类现有或未来的无线接入传输技术和功能网络，包括传统蜂窝网络、大规模多天线网络、认知无线网络、无线局域网、无线传感器网络、小型基站、可见光通信和设备直连通信等，并通过统一的核心网络进行管控，以提供超高速率和超低时延的用户体验和多场景的一致无缝服务。

2. 5G 移动通信的特点

智能网联汽车或无人驾驶汽车将使用 5G 移动通信。5G 移动通信具有以下特点：

1）高速度。相对于4G网络，5G网络要解决的第一个问题就是速度。网络速度提升，用户体验与感受才会有较大提高，网络才能面对VR/超高清业务时不受限制，对网络速度要求很高的业务才能被广泛推广和使用。对于5G网络的基站峰值要求不低于20Gbit/s，这个速度是峰值速度，不是每一个用户的体验。随着新技术的使用，这个速度还有提升的空间。这样一个速度，意味着用户可以每秒下载一部高清电影，也可能支持VR视频。这样的高速度给未来对速度有很高要求的业务提供了机会和可能。

2）泛在网。随着业务的发展，网络业务需要无所不包，广泛存在。只有这样才能支持更加丰富的业务，才能在复杂的场景上使用。泛在网有两个层面的含义：一是广泛覆盖，二是纵深覆盖。广泛是指社会生活的各个地方，需要广覆盖，以前高山峡谷就不一定需要网络覆盖，因为生活的人很少，但是如果能覆盖5G网络，就可以大量部署传感器，进行环境、空气质量甚至地貌变化和地震的监测，这就非常有价值。5G网络可以为更多这类应用提供基础。纵深是指社会生活中，虽然已经有网络部署，但是需要进入更高品质的深度覆盖。5G网络的到来，可把以前网络品质不好的卫生间、地下停车库等都用5G网络广泛覆盖。一定程度上，泛在网比高速度还重要，只是建一个少数地方覆盖、速度很高的网络，并不能保证5G网络的服务与体验，而泛在网才是5G网络体验的一个根本保证。

3）低功耗。5G网络要支持大规模物联网应用，就必须要有功耗的要求。这些年，可穿戴产品有一定的发展，但是遇到很多瓶颈，最大的瓶颈是体验较差。以智能手表为例，需要每天充电，甚至不到一天就需要充电。所有物联网产品都需要通信与能源，虽然今天通信可以通过多种手段实现，但是能源的供应只能靠电池。通信过程若消耗大量的能量，就很难让物联网产品被用户广泛接受。如果能把功耗降下来，让大部分物联网产品一周充一次电，甚或一个月充一次电，就能大大改善用户体验，促进物联网产品的快速普及。

4）低时延。5G网络的一个新场景是无人驾驶、工业自动化的高可靠连接。人与人之间进行信息交流，140ms的时延是可以接受的，但是如果用于无人驾驶、工业自动化，这个时延就无法满足要求。5G网络对于时延的最低要求是1ms，甚至更低，这就对网络提出了严格的要求。5G网络是这些新领域应用的必然要求。无人驾驶汽车，需要中央控制中心和汽车进行互联，车与车之间也应进行互联，在高速度行动中，一个制动，需要瞬间把信息送到车上做出反应，100ms左右的时间，车就会冲出几十米，这就需要在最短的时延中，把信息送到车上，进行制动与车控反应。无人驾驶飞机更是如此。如数百架无人驾驶飞机编队飞行，极小的偏差就会导致碰撞和事故，这就需要在极小的时延中，把信息传递给飞行中的无人驾驶飞机。工业自动化过程中，一个机械臂的操作，如果要做到极精细化，保证工作的高品质与精准性，也需要极小的时延，最及时地做出反应。这些特征，在传统的人与人通信，甚至人与机器通信时，要求都不那么高，因为人的反应是较慢的，也不需要机器那么高的效率与精细化。而无论是无人驾驶汽车、无人驾驶飞机还是工业自动化，都是高速度运行，还需要在高速中保证信息及时传递和及时反应，这就对时延提出了极高的要求。要满足低时延的要求，需要在5G网络建构中找到各种办法，减少时延。

5）万物互联。传统通信中，终端是非常有限的，固定电话是以人群为定义的，而手机是按个人应用来定义的。到了5G网络时代，终端不是按人来定义，因为每人可能拥有数个终端，每个家庭可能拥有数个终端。通信业对5G网络的愿景是每平方千米可以支撑100万个移动终端。未来接入网络中的终端，不仅是手机，还会有更多千奇百怪的产品。可以说，生活中每一个产品都有可能接入5G网络。眼镜、手机、衣服、腰带、鞋子都有可能接入网络，成为智能产品。家中的门窗、门锁、空气净化器、新风机、加湿器、空调、冰箱、洗衣机都可以智能化，使家庭成为智慧家庭。而社会生活中大量以前不可能联网的设备也会进行联网工作，更加智能。汽车、井盖、电线杆、垃圾桶这些公共设施，以前管理起来非常难，也很难做到智能化，而5G网络可以让这些设备都成为智能设备。

6）重构安全。安全问题应该成为5G网络的一个基本特点。传统的互联网要解决的是信息速度、无障碍传输，自由、开放、共享是互联网的基本精神，但是在5G网络基础上建立的是智能互联网。智能互联网不仅要实现信息传输，还要建立起一个社会和生活的新机制与新体系。智能互联网的基本精神是安全、管理、高效、方便。安全是5G网络之后的智能互联网第一要素。假设5G网络建设起来却无法重新构建安全体系，那么会产生巨大的破坏力。如果无人驾驶系统很容易攻破，就会像电影上展现的那样：道路上汽车被黑客控制；智能健康系统被攻破，大量用户的健康信息被泄露；智慧家庭被攻破，家中安全根本无保障。这种情况不应该出现，出了问题也不是修修补补可以解决的。在5G网络的构建中，在底层就应该解决安全问题。从网络建设之初，就应该加入安全机制，信息应该加密。网络并不应该是开放的，对于特殊的服务需要建立起专门的安全机制。网络不是完全中立、公平的。举一个简单的例子，网络保证上，普通用户上网可能只有一套系统保证其网络畅通，用户可能会面临拥堵。但是智能交通体系，需要多套系统保证其安全运行，保证其网络品质，在网络出现拥堵时，必须保证智能交通体系的网络畅通，而这个体系也不是一般终端可以接入实现管理与控制的。

3. 5G移动通信的应用

5G移动通信技术不仅带来更快的传输速率和更高的网络带宽，也将带来超高可靠性和低延迟，并实现大规模机器间的相互通信。

无人驾驶汽车的大量应用将彻底改变城市交通管理的方式，城市将通过智能交通系统来实现最高效率的车流调度，最大限度利用交通运力，这就需要建立庞大的网络连接，而4G网络无法满足无人驾驶对海量数据的传输需求，5G网络有望解决这个问题。5G网络能够实现延迟小于1ms，峰值传输速率高达10Gbit/s。超低延迟和大数据文件的高速传输让5G网络能够实时地获取周围环境的信息，支持V2X的应用。例如，汽车可使用基于云端的人工智能和数据，并且与路上其他汽车和包括路灯在内的交通基础设施进行通信。因此，5G移动通信技术将在无人驾驶汽车领域释放强大的潜力，必将推动无人驾驶汽车技术的快速发展。

图4-26所示为面向无人驾驶汽车的5G网络架构，主要包括接入网、传输网、核心网和应用层。

📎 知识链接

蓝牙技术

所谓蓝牙技术，其实是一种短程无线电技术。通过使用蓝牙技术，可以有效简化笔记本电脑和手机等移动通信终端设备之间的通信，也可以成功简化这些设备与互联网之间的通信，从而使这些现代通信设备与互联网之间的数据传输更加快速高效，拓宽了无线通信的道路。蓝牙pos机的蓝牙采用分布式网络结构，快速跳频和短分组技术，支持点对点和点对多点通信，工作在全球2.4GHz ISM频段，并且其数据速率为1Mbit/s。采用时分双工传输方案，实现全双工传输。

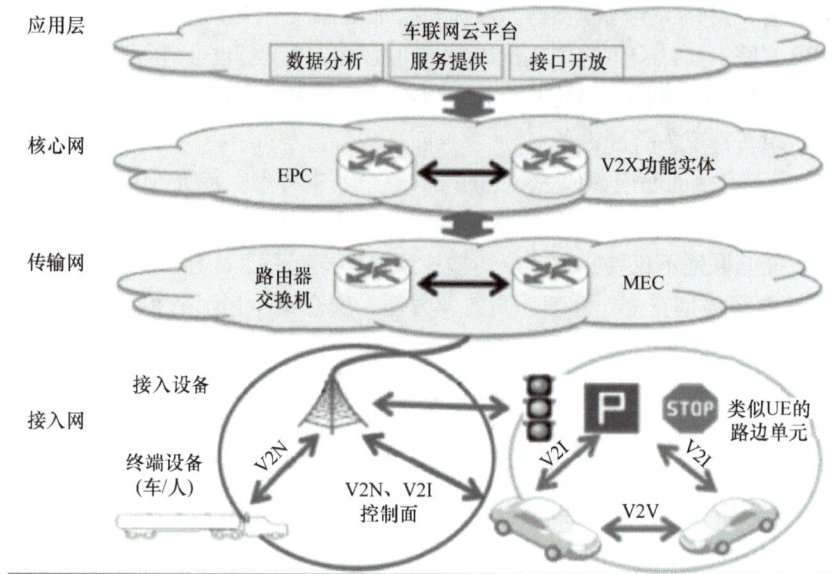

图 4-26　面向无人驾驶汽车的 5G 网络架构

✍ **小贴士**

红外探物，矢志不渝

汤定元，中国科学院院士，物理学家、半导体学科创始人之一、红外学科奠基人。1950 年 6 月，汤定元获得美国芝加哥大学物理学硕士学位。几经斟酌，他下定决心放弃攻读博士学位，为祖国效力。他是新中国成立后留美学生第一批回国的 11 人之一。他说："我们那一代的知识分子，经历了那一段中国历史，有很强的爱国主义精神是很自然的事情。"

"白手起家，勇于创新"是老一辈科研工作者的座右铭。汤定元用"三封信"改变了我国红外技术研究的方向和进程，为中国"两弹一星"的研制提供了有力支撑，为我国的国防安全做出了突出贡献。

汤定元的科研工作要基于自己的经验心得："做事之前，先把事情的来龙去脉、已知情况、目标都弄得一清二楚，专心认真地去做，才能把事情做好。"

汤定元的第一科普文章《天坛中几个建筑物的声学问题》公开发表之后，产生了意想不到的轰动效应。这篇文章中的每一个生僻字，他都要搞清楚其确切的含义，才敢写进文章。为了写好这篇文章，他首先研读了《怎样写文章》《语法结构》与《修辞》等之类的书，才开始动笔。经过反复推敲，他用了半年时间才将这篇文章完成。

汤定元对待科研工作总是孜孜不倦。即使是一场报告，他也要认真对待。1991 年当选中国科学院院士后，他需要在所里做一场报告，内容是关于国际前沿科学的。为了做好这场报告，他总是定期去图书馆查阅资料，遇到重要的文章，就使用卡片摘抄下来，至今保存了 3000 多张记录卡片。他还时时关注年轻科技人员的成长，经常就此撰写一些综述性文章供他们阅读。

汤定元院士认真严格、拼命做事却淡泊名利的工作、生活态度，值得我们学习。

4.3　网络与通信系统在智能网联汽车中的实际应用

在智能网联示范区的建设过程中，智能网联汽车之间，智能网联汽车与道路基础设施、行人之间很多的场景都得到了实际应用。

典型应用场景包含哪些？这些应用场景是通过什么方式实现的？

1. 网络与通信系统在智能网联汽车中的应用概述

在智能网联示范区建设的过程中，最重要的关于具体应用场景的建设，汽车标准委员会T/CSAE 53—2020 定义了 17 种典型车联网业务标准，见表4-3，其中包括 12 种安全类业务、4 种效率类业务、1 种近场支付信息服务业务。

表 4-3　T/CSAE 53—2020 应用列表

序号	类别	通信方式	应用名称
1	安全	V2V	前向碰撞预警
2		V2V/V2I	交叉路口碰撞预警
3		V2V/V2I	左转辅助
4		V2V	盲区预警 / 变道辅助
5		V2V	逆向超车预警
6		V2V-Event	紧急制动预警
7		V2V-Event	异常车辆提醒
8		V2V-Event	车辆失控预警
9		V2I	道路危险状况提示
10		V2I	限速预警
11		V2I	闯红灯预警
12		V2P/V2I	弱势交通参与者碰撞预警
13	效率	V2I	绿波车速引导
14		V2I	车内标牌
15		V2I	前方拥堵提醒
16		V2V	紧急车辆提醒
17	信息服务	V2I	汽车近场支付

在智能网联汽车和新能源汽车的发展趋势下，汽车电子以智能化、网联化、安全性和大功率为主要发展方向，汽车电子成为产业增长的重要引擎。辅助驾驶、语音交互、车载视频、车辆联网等新型驾乘体验直接依赖于传感器、车载屏幕、计算平台、车载通信等汽车电子的使用，汽车功能的发展已经从较为成熟的发动机、底盘等传统零部件转移至汽车电子中。随着消费类电子企业加速向汽车电子产业的快速渗透，高端车型的智能化功能正在加速向中低端车型转化，与之而来的是汽车电子占整车成本的比例逐渐上升，在普通车型中占比约为 25%，未来将提升至 50% 以上。

（1）更广泛、更精确的信息感知

仅依赖单车多传感器的感知技术，存在感知范围受限、成本昂贵、在恶劣天气和亮度突变等场景下感知鲁棒性差、时空同步困难等缺陷。C-V2X 提供低时延、高可靠的 V2X 通信能力

保障，使得汽车可以在绝大多数条件下，能有效、准确地获取红绿灯状态与时长、道路标志标识、路段交通突发事件等实时信息，以及在出入隧道等极端情况下的交通实时信息，以帮助识别和警告人类驾驶人或机器控制可能忽视的其他危险。此外，将单车感知通过 C-V2X 扩展为多车协作感知，即车车协同，进一步将车车协同扩展为异构多域的车路协同感知，并结合移动边缘计算技术实现更大数据量融合 / 处理、更大范围的信息传播，从而满足非视距盲区感知（如十字交叉路口、出入匝道口等）、有遮挡情况下（如前方货车、车辆编队等）的感知需求。

（2）更强大的网联智能

在单车智能的自动驾驶技术路线中，主要依赖车载计算设备的智能处理能力，存在算力需求随着自动驾驶级别上升呈指数级增长、成本高昂等明显缺陷。基于 C-V2X 构建网联智能，实现由车载计算设备、路侧边缘计算设备和中心云计算设备构成的分级、网络化智能决策与控制。其中，C-V2X 提供计算任务与数据、决策结果、控制指令的低时延、高可靠传输能力。在部分复杂交通规则的场景下（如交替通行），考虑到单车自动驾驶对于规则执行通常出于保守的原则，可能会做出低于人类驾驶人效率的决策（如在车道中持续等待）。若采用网联智能方案，一方面车辆可以更好地理解规则、做出更有效率的决策（如按照交替通行的原则合流）；另一方面车辆可将决策信息通知周围车辆，更好地提醒有关车辆注意让行，特别是应用在高优先路权车辆（救护、消防、公安等紧急车辆）中。

（3）降低单车智能成本

单车智能的车用零部件研发成本随汽车安全完整性等级（Automotive Safety Integration Level，ASIL）指数增长。目前高度自动化的自动驾驶测试车主要由毫米波 / 激光雷达、视频传感、高精度定位系统、车载计算平台、通信及计算芯片和车机本身构成，制造、维护、测试等成本很高，存在单车智能的传感器数量多、精度要求高、计算复杂且算力要求高等问题。若路侧具备智能感知能力，通过车车及车路协同的网联智能，降低对单车智能的能力要求。在此背景下，路侧感知和 V2X 属于共用基础设施，单一路口和关键路段的路侧设备可以同时服务数十到上百辆车，存在明显成本分摊效应，有利于降低单车智能化成本。随着路侧单元和路侧感知设备、MEC 设备的规模化覆盖建设，安装 C-V2X 功能的汽车达到一定的渗透率，系统的边际成本将快速下降，经济与社会效益显著。

2. 具体实际应用

T/CSAE 53—2020《合作式智能运输系统—车用通信系统应用层及应用数据交互标准（第一阶段）》和 T/CSAE 157—2020《合作式智能运输系统　车用通信系统应用层及应用数据交互标准（第二阶段）》定义了合作式智能交通系统车用通信系统基础应用及基本要求，定义了应用层数据集字典、数据交换标准及接口规范，共统计出 40 个典型应用场景，涵盖安全、效率、信息服务三大类，其中安全类 19 个，效率类 12 个、信息服务类 9 个。

3GPP R14 版本在业务需求方面，目前已经定义了包含车与车、车与路、车与人以及车与云平台的 27 个用例和 LTE-V2X 支持的业务要求，并给出了 7 种典型场景的性能要求。

在 LTE-V2X 初级阶段（2019—2024），应用场景包含：前向碰撞预警、交叉路口碰撞预警、左转辅助、盲区预警 / 变道辅助、逆向超车预警、紧急制动预警、异常车辆提醒、车辆失控预警、道路危险状况提示、限速预警、闯红灯预警、弱势交通参与者碰撞预警等。

T/CSAE 157—2020《合作式智能运输系统车用通信系统应用层及应用数据交互标准（第二阶段）》定义的应用场景见表 4-4。

表 4-4　T/CSAE 157—2020 应用列表

序号	场景分类	通信方式	应用名称
1	安全	V2V/V2I	感知数据共享
2	安全	V2V/V2I	协作式变道
3	安全 / 效率	V2I	协作式车辆汇入
4	安全 / 效率	V2I	协作式交叉通行路口
5	信息服务	V2I	差分数据服务
6	效率 / 交通管理	V2I	动态车道管理
7	效率	V2I	协作式优先车辆通行
8	信息服务	V2I	站场路径引导服务
9	交通管理	V2I	浮动车数据采集
10	安全	P2V	弱势交通参与者安全通行
11	高级智能驾驶	V2V	协作式车辆编队管理
12	效率 / 信息服务	V2I	道路收费服务

下面是几个典型应用场景。

（1）交叉口盲区预警

交叉口盲区预警路侧设备检测逆向行驶的机动车、非机动车、行人信息，逐帧计算机动车、非机动车、行人的行驶方向，经纬度，速度，并通过 V2X 协议上传至车载 OBU。OBU 接收路侧设备逐帧上传的目标经纬度、方向、速度等数据，基于本车的经纬度、方向、速度、到交叉口距离，判断是否存在碰撞风险。如果存在碰撞风险，则实时提醒驾驶人及行人。类似场景还有鬼探头、盲区 / 变道预警、逆向超车预警、左右转辅助预警等。

（2）公交优先通行

当智能网联公交车辆行驶至交叉路口区域附近时，通过车载 OBU 与路侧 RSU 相互通信，并自动发送交叉路口优先通行请求。RSU 收到 OBU 信号后，将该信号传至路侧边缘计算单元，路侧边缘计算单元通过对当前车辆位置、行驶速度及实时路况信息的计算，得出公交车辆到达交叉路口的时间，同时结合当前红绿灯的相位进行调整，在公交车到达前延长绿灯相位或者减少红灯相位，确保公交车达到交叉口时信号灯是绿灯状态，达到公交优先的效果。

（3）信号灯状态显示

当社会车辆行驶至有交通信号灯控制的路口或者道路上时，社会车辆上的车载 OBU 能够通过 V2X 协议获取到 RSU 发送的当前红绿灯信息，包括红绿灯状态以及相位剩余时间，并在车载中控屏、后视镜等屏幕上显示出来。提前对驾驶人预警提醒，减少驾驶人闯红灯现象的发生，还可用于提示后方社会车辆，使其选择加速或者减速通过交叉路口，减少停车延误、燃油消耗和环境污染，同时也进一步提高了交叉路口的通行效率。

✍ 小贴士

V2X 技术在公交车上的应用

思考题

1. 智能网联汽车网联基础知识包括哪些内容？

2. 车载移动互联网联除了本文提到的，还有哪些？

3. 智能网联无线通信系统包括哪些内容？

4. DSRC 与 V2X 有什么区别，我国为何选择 V2X 技术路线？

5. 5G 在智能网联系统中的应用有哪些优势？

6. 为什么要建设智能网联系统？

7. 智能网联系统国内外的发展情况是怎样的？

8. 你所知道的智能网联系统示范区有哪些？请举例说明。

9. 智能网联系统与智能交通系统之间的联系是什么？它们之间有什么不同？

第5章 智能网联汽车高级驾驶辅助系统

本章首先介绍高级驾驶辅助系统的基础知识，即高级驾驶辅助系统的组成及类型，在此基础上进一步介绍了各类高级驾驶辅助系统的功能和工作原理。

🚗 学习目标

1. 掌握高级驾驶辅助系统的定义、组成及类型。
2. 掌握自主控制类、自主预警类、视野改善类高级驾驶辅助系统的工作原理。
3. 了解高级驾驶辅助系统的应用。
4. 能够利用互联网、参考文献等方式，对高级驾驶辅助系统的工作原理及应用进行分析。
5. 培养学生自主学习、制作工作计划的能力。
6. 培养学生具有汽车行业的职业素养。

5.1　高级驾驶辅助系统的基础知识

根据统计，造成人员伤亡的道路交通事故有驾驶人未注意车前状态、驾驶人未依规定让车、酒醉（后）驾驶失控等。上述三类肇事原因均可归类为人为疏失。如果车辆能在行车途中遇有危险状况时适时对驾驶人提醒或直接介入，将可大量减少因车祸导致的人员伤亡。高级驾驶辅助系统（ADAS）可以做到防患于未然，把安全隐患降到最低。

5.1.1　高级驾驶辅助系统的组成

高级驾驶辅助系统（ADAS），是指利用安装在车辆上的传感器、通信、决策及执行等装置，监测驾驶人、车辆及其行驶环境并通过影像、灯光、声音、触觉提示／警告或控制等方式辅助驾驶人执行驾驶任务或主动避免／减轻碰撞危害的各类系统的总称。ADAS具有快捷的主动安全技术信息处理，使驾驶人能够在尽可能短的时间内发现可能发生的危险，以引起注意，提高安全意识。ADAS在汽车上的应用如图5-1所示。

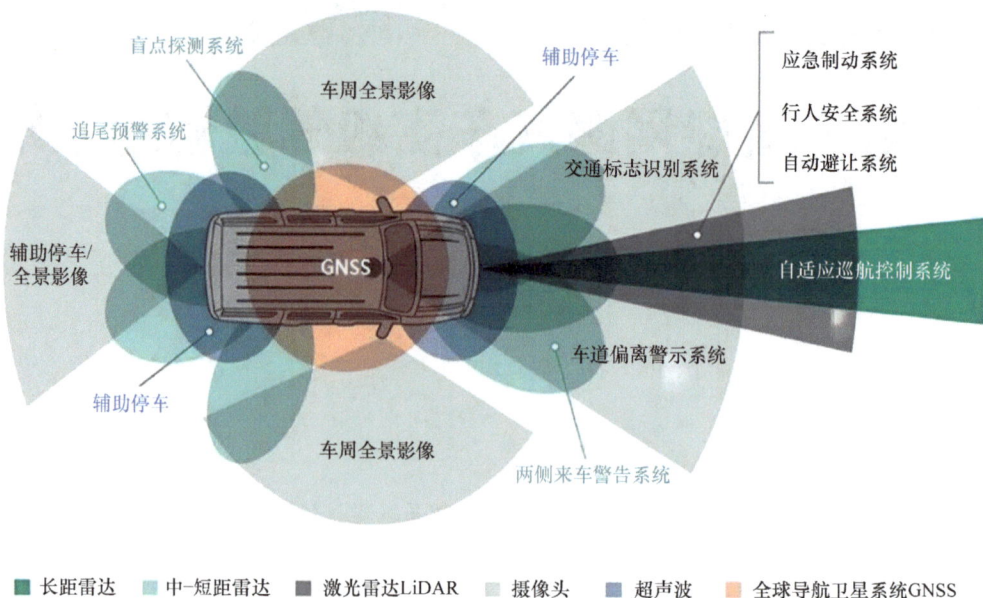

盲点探测系统
车周全景影像
辅助停车
应急制动系统
行人安全系统
自动避让系统

追尾预警系统
交通标志识别系统

辅助停车/
全景影像

GNSS

自适应巡航控制系统

辅助停车
车道偏离警示系统

车周全景影像
两侧来车警告系统

■ 长距雷达　■ 中-短距雷达　■ 激光雷达LiDAR　■ 摄像头　■ 超声波　■ 全球导航卫星系统GNSS

图 5-1　ADAS 在汽车上的应用

ADAS 主要由负责环境辨识的环境感知系统、负责计算分析的中央决策系统、负责执行控制的底层控制系统及负责视觉、听觉、触觉反馈的人机界面交互系统四部分组成。

1. 环境感知系统

环境感知系统主要是获取环境信息（比如道路、车辆、行人、交通标志和交通信号灯等信息），并将其传输给中央决策系统。

环境感知系统主要使用摄像头、毫米雷达、激光雷达和超声波雷达等传感器，检测光、热、压力或其他外部环境的变量。除此之外，环境信息也通过 V2X 通信技术获取。V2X 通信技术主要包括车辆与车辆（V2V）、车辆与基础设施（V2I）和车辆与行人（V2P）。

2. 中央决策系统

中央决策系统主要是接收并处理和分析环境感知系统输送的信息，并向执行控制系统发出指令。中央决策系统主要包括硬件 CPU 或 GPU、软件和算法，以获得车辆周围环境行为意识（例如其他车辆的技术动作轨迹），并对交通状况进行分类。其中负责分析的主要是芯片和算法，算法是由 ADAS 向智能网联进步的突破口，核心是基于视觉的计算机图形识别技术；其中软件与算法越来越多地融入了机器学习、基于深度学习等人工智能，以提高处理的速度和准确度。

3. 底层控制系统

底层控制系统主要是执行中央决策系统发布的指令，其中执行控制主要由有制动、转向等功能的硬件负责。

4. 人机交互系统

人机交互系统主要负责驾驶人与 ADAS 的视觉、听觉、触觉反馈，主要由人机交互界面及控制按键等组成。

早期的高级驾驶辅助系统主要是以被动报警为主，当车辆检测到潜在危险时，会发出警报提醒驾驶人注意异常的车辆或道路情况。

5.1.2　高级驾驶辅助系统与无人驾驶的关系

高级驾驶辅助系统不同于自动驾驶，而是对车外环境变化等相关信息进行分析，预先警告可能发生的危险状况，让驾驶人提早采取相应措施，避免交通意外的发生。

智能网联汽车的初级阶段是具有高级驾驶助系统（ADAS）的汽车。高级驾驶辅助技术是智能网联汽车重点发展的技术，其成熟程度和使用多少代表了智能网联汽车的技术水平，是其他关键技术的具体应用体现。智能网联汽车的最终目标是实现无人驾驶。我国智能网联汽车的推进可分为四个阶段：自动驾驶辅助、网联驾驶辅助、人机共驾及高度自动化/无人驾驶。

1. 自动驾驶辅助阶段

自动驾驶辅助，以车辆环境传感系统为依托，辅助驾驶操作系统有两种类型：预警系统和控制系统。目前高级驾驶辅助系统的核心技术和产品仍然掌握在国外，特别是基础车辆传感器和执行器领域。博世公司、德尔福公司、天合公司、法雷奥公司等垄断了国内大部分市场。

2. 网联驾驶辅助阶段

网联驾驶辅助系统是一种依靠信息和通信技术来感知车辆周围环境并预测周围车辆未来运动来帮助驾驶人驾驶的系统，如图 5-2 所示。通过现代通信和网络技术，汽车、道路、行人等交通参与者不再孤立，所有参与者都成为智能交通系统中的信息节点。在欧美、日本等国家，基于车辆—道路通信/车辆—车辆通信的网联驾驶辅助系统正在进行实用技术开发和大规模的现场测试。2015 年以来，在工信部的支持下，上海、北京、重庆等地开始积极建设智能网联汽车测试示范区。

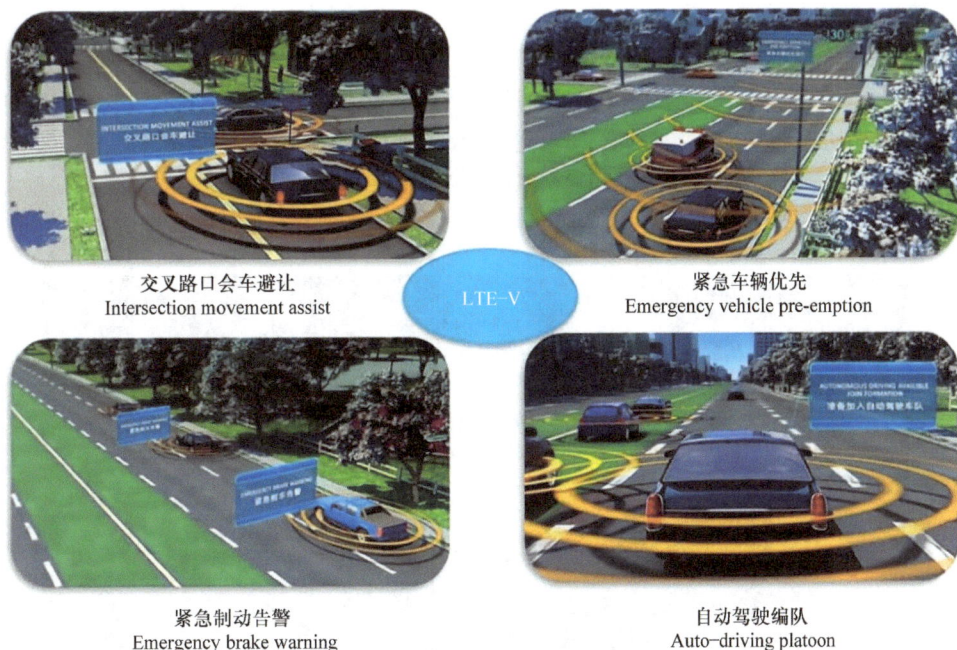

交叉路口会车避让
Intersection movement assist

LTE-V

紧急车辆优先
Emergency vehicle pre-emption

紧急制动告警
Emergency brake warning

自动驾驶编队
Auto-driving platoon

图 5-2　网联高级驾驶辅助

3. 人机共驾

人机共驾是指驾驶人与智能系统同时共享对车辆的控制，人机结合完成驾驶任务，如图 5-3

所示。与普通驾驶辅助系统不同的是，人机共驾系统中，人工控制与智能驾驶系统具有相同的优先级，人机同时具备独立完成驾驶任务的能力。人机控制状态的转换是相互协同、相互制约的，要求智能系统具有更高的并行智力程度。

图 5-3　人机共驾

4. 高度自动化 / 无人驾驶阶段

驾驶人不需要参与车辆操作，车辆将在所有条件下自动完成自动驾驶。其中 L4 高自动驾驶阶段，遇到无法控制的驾驶条件时，车辆将提示驾驶人接管。如果驾驶人不接管，车辆将采用保守的方式，如侧边停车，以确保安全。2021 年，以百度公司为代表的 L4 级高自动化 / 无人驾驶汽车已经开始运营使用，图 5-4 所示为百度 Apollo L4 级无人驾驶出租车。

图 5-4　百度 Apollo L4 级无人驾驶出租车

综上，目前智能网联汽车主要处于自动驾驶辅助阶段，网联驾驶辅助阶段正处于开发测试中，无人驾驶是智能网联汽车的最终目标。

智能网联汽车高级驾驶辅助系统配置与自动驾驶等级有关，见表 5-1。

表 5-1　智能网联汽车高级驾驶辅助系统配置与自动驾驶等级

自动驾驶分级	L1	L2	L3	L4	L5
名称	驾驶辅助	部分自动驾驶	有条件自动驾驶	高度自动驾驶	完全自动驾驶
主要功能	前向碰撞预警 车道偏离预警 盲区监测预警 驾驶人疲劳预警 车道保持辅助 自动制动辅助 自适应巡航控制 自动泊车辅助 自适应前照明 汽车夜视辅助 汽车平视辅助	拥堵辅助驾驶 车道内自动驾驶 换道辅助 全自动泊车	高速公路自动驾驶 城郊公路自动驾驶 协同式列队行驶 交叉路口通行辅助	市区自动驾驶 车路协同控制 远程泊车	无人驾驶
特征	单一功能	组合功能	特定条件 部分任务	特定条件 全部任务	全部条件 全部任务
感知系统配置	超声波传感器 毫米波雷达 视觉传感器	超声波传感器 毫米波雷达 视觉传感器 少线激光雷达	超声波传感器 毫米波雷达 视觉传感器 多线激光雷达 V2X	超声波传感器 毫米波雷达 视觉传感器 多线激光雷达 V2X 5G	超声波传感器 毫米波雷达 视觉传感器 多线激光雷达 V2X 5G 高精度地图

5.1.3　高级驾驶辅助系统的分类

高级驾驶辅助系统按照环境感知技术的不同，可以分为自主式和网联式两种类型。

1. 自主式高级驾驶辅助系统

自主式 ADAS 是指基于车载传感器完成环境感知，依靠车载中央控制系统进行分析决策的驾驶辅助系统，其技术比较成熟，多数已经装备量产车型。自主式高级驾驶辅助系统按照功能不同可分为自主预警类、自主控制类及视野改善类等。

高级驾驶辅助系统的分类

2. 网联式高级驾驶辅助系统

网联式 ADAS 是指基于 V2X 通信技术完成车辆环境感知，并可对周围车辆未来运动进行预测的驾驶辅助系统。网联式 ADAS 功能主要有交通拥堵提醒、闯红灯警示、弯道车速警示、减速区警示、限速交通标志警示、现场天气信息警示、违反停车标志警示、违规穿过铁路警示、过大车辆警示等。警示不仅告知车辆和驾驶人违反安全，而且可以通过 V2V、V2I 警示附近的车辆，从而协助避免车辆相撞。例如车辆在十字路口的死角闯红灯或违反停车标志时，网联式 ADAS 会及时将信息传递给附近车辆并提醒其注意，调整自身的通行状态。

目前 ADAS 主要以自主式为主，网联式正处于开发测试中，自主式和网联式融合是高级驾驶辅助系统的发展趋势。

知识链接

除了自主预警类、自主控制类及视野改善类三类，高级驾驶辅助系统还有其他类型，比如：用于监视驾驶人精神状态的疲劳检测系统、分神驾驶检测系统等。驾驶状态监测系统一般通过摄像头、红外照明采集驾驶人的状态信息，比如驾驶人的眨眼幅度、眨眼频率、平均闭合时间，系统根据这些数据分析驾驶人的状态。一旦检测到驾驶人出现注意力不集中或疲劳驾驶的情况，安全辅助系统就会立即启动。

5.2 自主预警类高级驾驶辅助系统

相关统计数据表明，由驾驶人的主观因素导致的交通事故占比最高，若能在交通事故发生前的 1.5s 给驾驶人发出预警，就可避免 90% 的碰撞事故，大大降低交通事故的发生率。

预警类 ADAS 是通过雷达、摄像头等环境感知传感器实时监测行车环境信息，并在车辆可能发生危险时发出警告信息，从而防止发生危险或减轻事故伤害。目前应用较多的预警类 ADAS 主要有前向防撞预警系统、车道偏离预警系统和盲区监测系统等，见表 5-2。

表 5-2　自主预警类 ADAS 的组成

预警类 ADAS 名称	功能
前向防撞预警系统（Forward Collision Warning，FCW）	能实时监测车辆前方行驶环境，并在可能发生前向碰撞危险时发出警告信息
车道偏离预警系统（Lane Departure Warning System，LDW）	能实时监测车辆在本车道的行驶状态，并在出现或即将出现非驾驶意愿的车道偏离时发出警告信息
盲区监测系统（Blind Spot Detection，BSD）	能实时监测驾驶人视野盲区，并在盲区内出现其他车辆及行人时发出警告信息

在预警类辅助驾驶系统中，车辆识别是先决条件之一，通常使用视觉传感器（例如前视摄像头、后视摄像头）、雷达等传感器来实现。

1. 视觉传感器

（1）前视摄像头

ADAS 中的前视摄像头系统主要用于监测车辆周围环境信息，例如其他道路使用者、交通信号和道路标志等。前视摄像头可以分析视频内容，监控图像信息，如前面物体的大小和形状，为车道偏离辅助系统、车道保持辅助系统、自适应前照灯系统和交通标志识别系统提供车辆周围环境信息。如图 5-5 所示，前视摄像头通常安装在车辆前部，如安装在内后视镜与前风窗玻璃之间。

（2）后视摄像头

后视摄像头系统主要用于泊车时，有助于驾驶人找到车后的物体或人，从而确保安全地倒车、停车。后视摄像头通过非屏蔽双绞线实现高速以太网连接和视频压缩，在本地分析视频内容，以便进行物体和行人检测，并支持本地图像处理和图形覆盖创建，以此来测量物体距离并触发制动干预。后视摄像头通常安装在前后保险杠附近，如图 5-6 所示。

图 5-5 前视摄像头的安装位置（前风窗玻璃处）

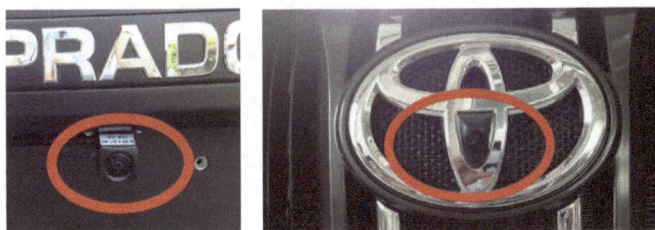

a) 安装于后保险杠   b) 安装于前保险杠附近

图 5-6 后视摄像头的安装位置

2. 雷达

ADAS 系统中使用了大量的传感器，主要包括短程、中程、远程测距雷达。工作频率为 40kHz 的短程超声波雷达传感器，如图 5-7 所示，主要用于泊车辅助功能。77GHz 毫米波雷达传感器如图 5-8 所示，可以检测和跟踪目标，主要用于自适应巡航控制系统、碰撞警告系统和碰撞保护系统（如自主紧急制动系统）中，根据前方交通状况自动调整车速，控制与前方目标车的距离，在即将发生碰撞的情况下提醒驾驶人，并启动紧急制动干预。

图 5-7 40kHz 超声波雷达传感器   图 5-8 77GHz 毫米波雷达传感器

5.2.1 前向碰撞预警系统

前向碰撞预警（FCW）系统通过各种传感器（如摄像头、雷达等）实时检测本车与目标车辆的距离，如图 5-9 所示。当安全距离小于阈值时，FCW 会发出预警信息提醒驾驶人减速，有效降低了交通事故的发生。

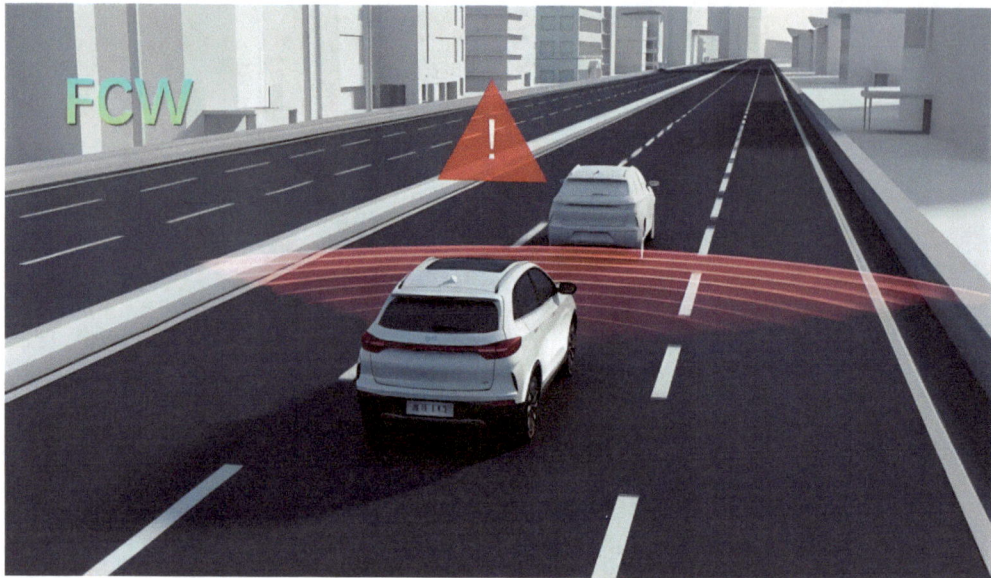

图 5-9　前方碰撞预警系统

1. 前方碰撞预警系统的组成

前向碰撞预警系统由信息采集单元、电子控制单元和人机交互单元组成，如图 5-10 所示。

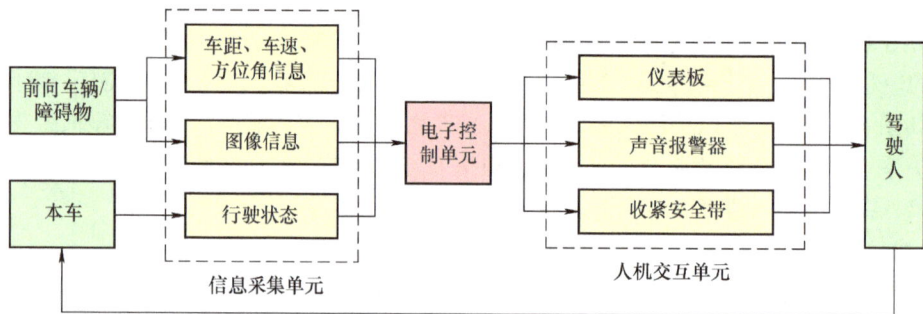

图 5-10　前方碰撞预警系统的组成

（1）信息采集单元

信息采集单元主要是采集车辆环境信息，其中摄像头与雷达进行识别及测距，车速传感器和加速度传感器分别检测当前车辆的速度和加速度。

（2）电子控制单元

电子控制单元接收信息采集单元的信息，进行综合分析数据后，判断目标车辆的类型和距离，按照一定的决策算法，结合车辆当前的行驶状态进行计算，判断是否有碰撞风险，并将处理信息发给执行单元。

（3）人机交互单元

人机交互单元主要接收电子控制单元传来的指令，根据预警程度或级别的定义，进行相应预警信息的发布。用户可以根据 FCW 人机互动界面进行距离敏感级别设置，如图 5-11 所示，通常可以实现两级预警：一级预警方式是声音、指示图标闪烁；二级预警多是通过转向盘振动或安全带收紧的方式实现预警。

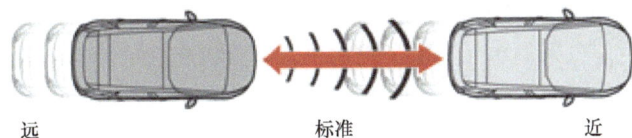

远　　　　　　　　标准　　　　　　　　近

图 5-11　距离敏感级别

驾驶人接收预警信息后对本车采取制动行为，若碰撞风险消失，则碰撞报警取消。

2. 前方碰撞预警系统的工作原理

前方碰撞预警系统的工作过程主要是通过视觉传感器（如摄像头）识别同车道上的前方目标车辆，雷达则用来测量本车与前方目标车辆的距离，通过电子控制单元分析识别并对距离进行测算，结合本车行驶状况与有效目标的运动情况进行决策分析，判断是否存在碰撞危险。若距离小于安全距离，则发出预警信息。加速踏板与制动踏板的位置信息用来判断驾驶人接收预警信息后是否采取有效行为，当电子控制单元接收到加速踏板松开、踩下制动踏板的信息时，FCW 会停止报警。FCW 的工作原理如图 5-12 所示。

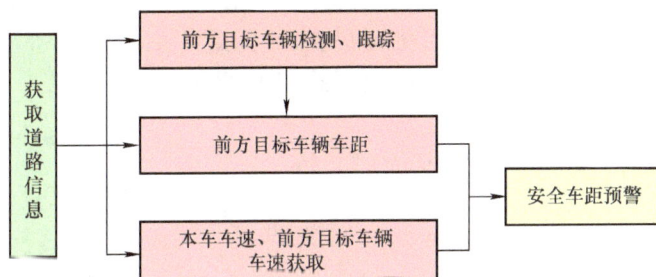

图 5-12　前方碰撞预警系统的工作原理

5.2.2　车道偏离预警系统

车道偏离预警系统（LDW）是根据前方道路环境和本车位置关系，判断是否有车辆偏离车道的行为并及时提醒驾驶人，使车辆保持在原来车道内，避免交通事故的发生，如图 5-13 所示。

图 5-13　车道偏离预警系统

1. 车道偏离预警系统的组成

LDW 系统主要由信息采集单元、电子控制单元和人机交互单元等组成，如图 5-14 所示。

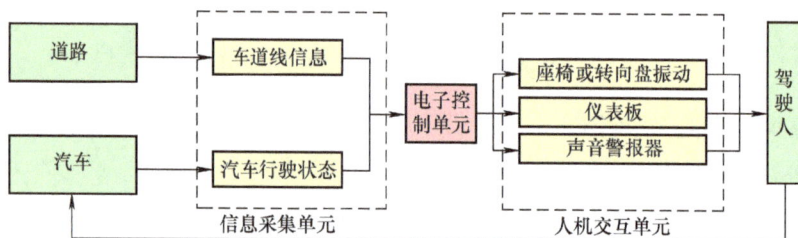

图 5-14　车道偏离预警系统的组成

（1）信息采集单元

信息采集单元主要采集车道线和汽车自身行驶状态的信息，将该信息传输给电子控制单元。信息采集单元采集的数据主要有车道线位置、车速、加速度、转向角等数据。车道线的识别大致有三种：第一种是基于车道线的高精度地图；第二种是利用安装在车道上的磁道钉和安装在车头处的磁传感器；第三种是利用视觉传感器（如摄像头）对图像信息处理后进行识别，如图 5-15 所示，其中采用摄像头识别的方式应用更为广泛。

图 5-15　通过摄像头采集行驶车道标示线

（2）电子控制单元

电子控制单元主要负责对信息采集单元输送的信号进行数据分析处理，主要包括数字图像处理、车辆状态分析及决策控制。由于传感器在识别车道线时存在测量误差，因此需要对其进行误差修正，进行决策判断。

（3）执行单元

执行单元主要执行电子控制单元发出的指令。当车辆偏离车道时，将通过仪表板警示图标闪烁、语音提示、转向盘振动等方式发出警告，提醒驾驶人注意纠正这种无意识的车道偏离。

2. 车道偏离预警系统的工作原理

如图 5-16 所示，当车道偏离预警系统开启时，摄像头会时刻采集行驶车道的标识线、车速、汽车转向角等信息输送给电子控制单元；电子控制单元进行数据及图像分析处理，获得汽车在当前车道中的位置参数，若判定汽车发生车道偏离，则发出预警指令，整个过程大约在0.5s 内完成，为驾驶人提供更多的反应时间。如果驾驶人打开转向灯，正常进行变道行驶，则车道偏离预警系统不会做出任何预警提示。

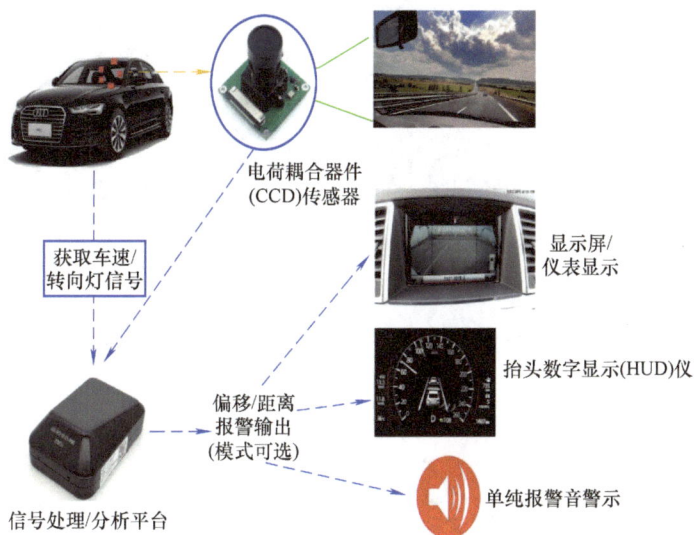

图 5-16　车道偏离预警系统的工作原理

5.2.3　盲区监测系统

盲区监测系统（BSD）通过雷达、摄像头等装置实时监测驾驶人视野盲区。在驾驶人超车或变道时，若有车辆、行人、骑行者进入盲区，BSD 系统就会通过信号灯闪烁或声音警示驾驶人注意避让，提高行车安全，如图 5-17 所示。

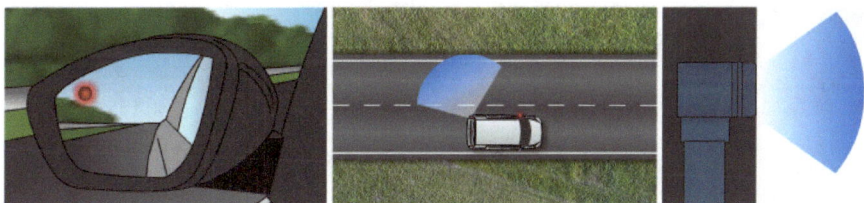

图 5-17　盲区监测系统

汽车的视野盲区主要有前盲区、两侧盲区（包括 A 柱盲区、B 柱盲区和 C 柱盲区）、后（车尾）盲区和后视镜盲区，最容易引发交通事故的是 A 柱盲区和后视镜盲区，如图 5-18 所示。

1. 盲区监测系统的组成

（1）信息采集单元

信息采集单元利用车载传感器检测汽车盲区里是否有行人或其他行驶车辆，并把采集到的有用信息传输给电子控制单元。传感器有超声波传感器、摄像头或探测雷达等；后视镜盲区的信息采集单元一般采用毫米波雷达，A 柱盲区的信息采集单元一般采用摄像头。

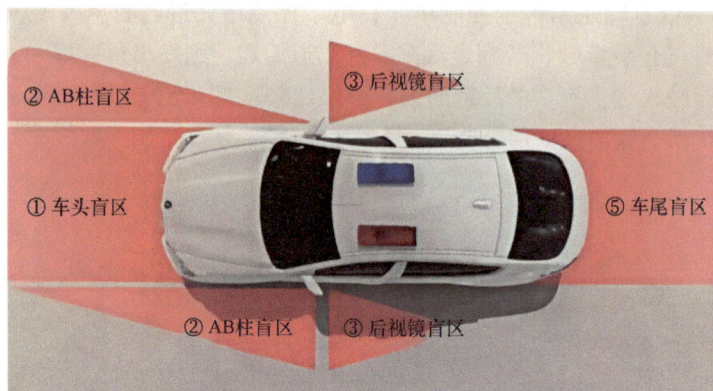

图 5-18　汽车盲区

（2）电子控制单元

电子控制单元对采集到的信息进行分析判断，向预警显示单元发送信息。

（3）预警显示单元

预警显示单元接收电子控制单元的信息，如果有危险，则发出预警显示，此时不可变道。

2. 盲区探测系统的工作原理

盲区探测系统通过安装在车辆尾部或侧方的视觉传感器、雷达检测后方来车或行人。当汽车速度大于一定值时（例如 10km/h），系统自动启动，如果监测范围内有车辆或行人，就会被信息采集单元监测到，计算出目标的距离、速度等信息，并将采集到的信息传递给电子控制单元。电子控制单元根据收到的信息判断进入监测范围内的车辆或行人是否对本车有威胁，如果存在安全隐患，则通过预警显示单元提醒驾驶人，并根据危险程度、驾驶人的反应提供不同的预警方式，如图 5-19 所示。

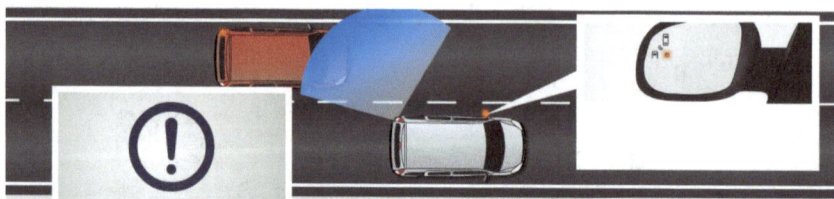

图 5-19　盲区探测系统的工作原理

知识链接

2021 年 11 月，高德地图上线了 ADAS 预警导航功能，该功能通过手机摄像头或连接行车记录仪，拍摄前方道路画面，借助视觉人工智能（Artificial Intelligence，AI）技术实时计算，智能识别前方车辆、行人、车道线等交通要素。如前方存在风险，高德地图将通过导航画面和语音播报两种方式，提供车辆碰撞预警、行人碰撞预警、车道偏离提醒、前车启动提醒，辅助预警驾驶人应对潜在的安全风险。

高德地图 ADAS 预警导航功能目前已支持大多数移动操作系统安卓和 IOS 手机，适用于常规驾车导航和车道级导航。

5.3　自主控制类高级驾驶辅助系统

高级驾驶辅助系统不仅仅体现在声音、图标等形式的预警，自主控制类高级驾驶辅助系统对车辆可以实现一定程度的自主控制。

自主控制类 ADAS 是指能自动监测车辆可能发生的危险并提醒，必要时系统会主动介入车辆，通过控制车辆的横向、纵向运动防止发生危险或减轻事故伤害的驾驶辅助系统。目前应用较多的是车道保持辅助系统、自动紧急制动系统、自适应巡航控制系统、自动泊车系统等，见表 5-3。

表 5-3　自主控制类 ADAS 的组成

控制类 ADAS 名称	功能
车道保持辅助系统（Lane Keeping Assist, LKA）	能实时监测车辆前方车道边线的位置，在出现或即将出现非驾驶意愿的车道偏离时，使车辆保持在原车道内行驶
自动紧急制动系统（Autonomous Emergency Braking, AEB）	能实时监测车辆前方行驶环境，并在可能发生碰撞危险时，车辆的制动系统会自动启动使车辆减速，甚至使车辆停止
自适应巡航控制系统（Adaptive Cruise Control, ACC）	能实时监测车辆在本车道的行驶状态，在设定的速度范围内自动调整速度，确保与前方目标车辆保持合理间距
自动泊车系统（Auto Parking Asist, APA）	能实时监测车辆泊车时的周围环境，自动检测泊车空间并为驾驶人提供泊车指示，对车辆方向进行控制，甚至可以实现档位和制动系统的自动启动，使车辆安全泊入车位

5.3.1　车道保持辅助系统

车道保持系统（LKA）是在车道偏离预警系统（LDW）的基础上对电子动力转向（Electric Power Steering，EPS）进行控制辅助，使车辆保持在原车道内行驶的自主辅助系统，如图 5-20 所示。当系统发现车辆已经偏离车道中心时会自动修正，微调转向盘，使得汽车保持在自己的车道内行驶。当车速达到或高于一定阈值车速时该系统才会开始运行。

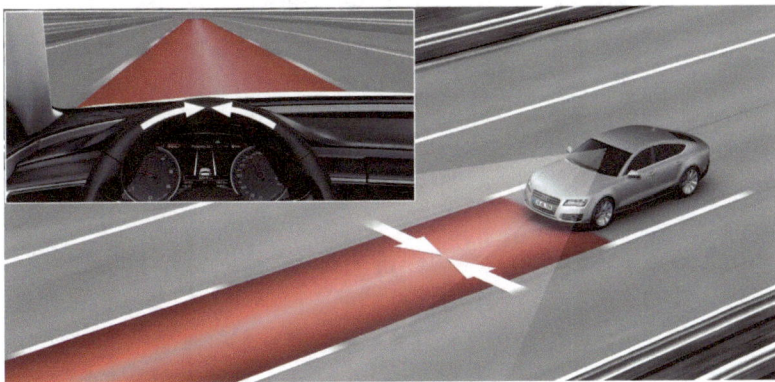

图 5-20　车道保持辅助系统

1. 车道保持辅助系统的组成

车道保持辅助系统主要由信息采集单元、电子控制单元和执行单元等组成，如图 5-21 所示。除了判断车辆是否偏离行驶车道，电子控制单元还会判断是否做出车道偏离修正的操作。电子控制单元的运算能力和运算速度直接影响车道偏离修正的及时性。

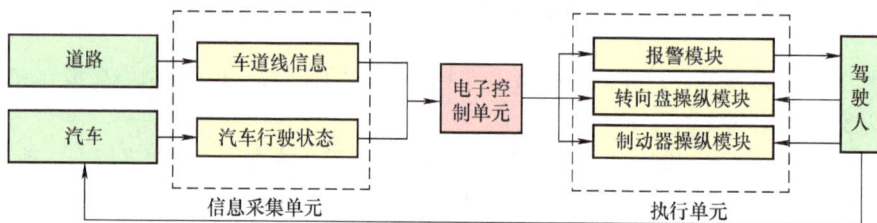

图 5-21　车道保持辅助系统的组成

与车道偏离系统相比，执行单元增加了转向盘操纵模块和制动操纵模块，实现了横向运动和纵向运动的协同控制。

2. 车道保持辅助系统的工作原理

电子控制单元利用信息采集单元输送的道路图像信号、车速信号和转向盘转角信号，进行数据分析处理后识别两侧的车道边界线，计算出车道宽度和曲率，同时计算车辆处于当前车道的位置，并根据转向盘转角传感器计算车辆接近车道边界线的角度。当电子控制单元判断车辆行驶可能偏离车道线时，便向执行单元发出预警提示。当车辆与侧车道线的距离小于一定阈值或已经有车轮偏离出车道线时，电子控制单元会计算出辅助操舵力和减速度，控制电子动力转向（ESP）系统和制动控制单元施加操舵力和制动力，使汽车稳定地回到正常轨道。驾驶人如果打开转向灯进行主动变线行驶，则系统不会做出任何提示。车道保持辅助系统的工作原理如图 5-22 所示。

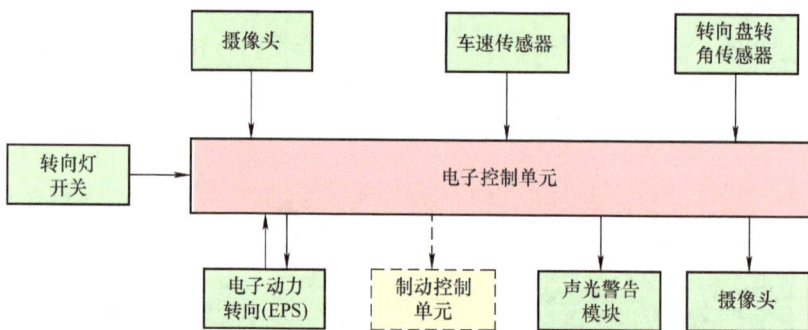

图 5-22　车道保持辅助系统的工作原理

当车辆在激活车速范围内行驶时，车道保持辅助系统实时监测车道标识线（图 5-23），当车辆有超越车道标识线时（图 5-24），车道保持辅助（LKA）系统会判定车辆处于危险中并进行纠正轨迹（图 5-25），当越线危险消失后，LKA 系统继续实时监测车道标识线。

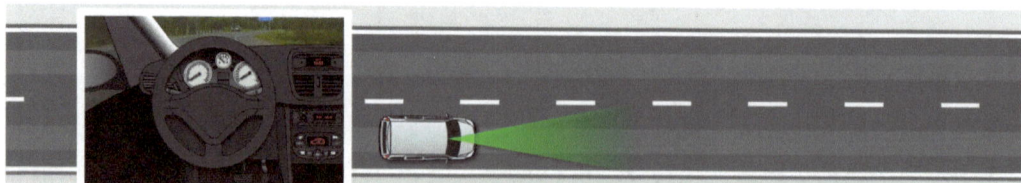

图 5-23　实时监测车道标识线

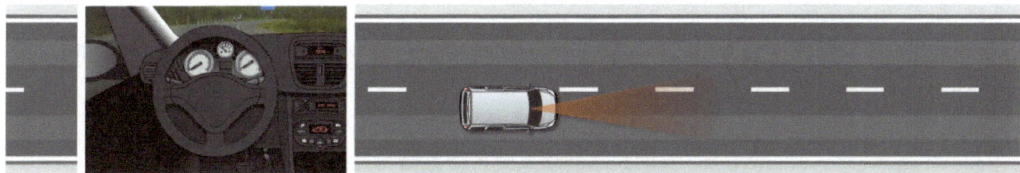

图 5-24　越线危险

图 5-25　纠正轨迹

5.3.2　自动紧急制动系统

汽车自动紧急制动系统（AEB）是指在非自适应巡航的情况下正常行驶，在可能发生碰撞危险时车辆制动系统自动启动，使车辆减速以避免碰撞或减轻碰撞的驾驶辅助系统，如图 5-26 所示。

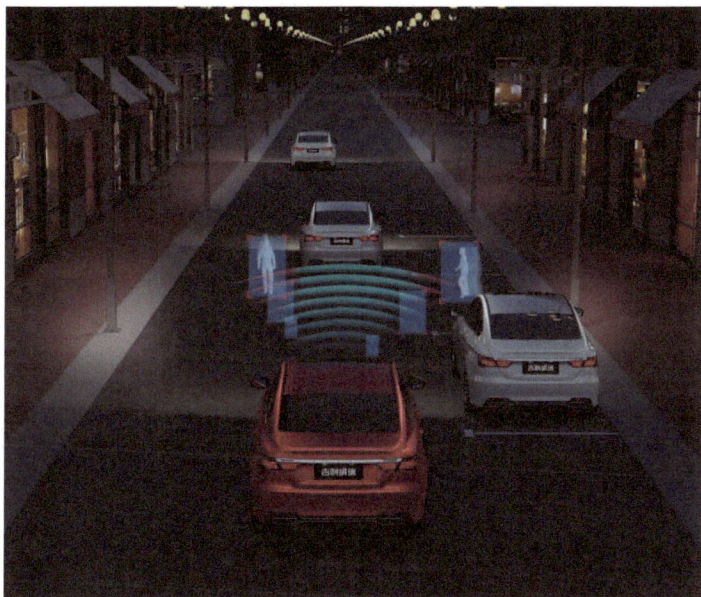

图 5-26　自动紧急制动系统

如车辆遇到突发危险情况或与前车及行人距离小于安全距离时主动进行制动（但具备这种功能的车辆并不一定能够将车辆完全停止），避免或减少追尾等碰撞事故的发生，从而提高行车安全性。

1. 自动紧急制动系统的组成

自动紧急制动系统主要由行车环境信息采集单元、电子控制单元和执行单元等组成。

（1）信息采集单元

信息采集单元通过各种传感器及开关实时监测前方行驶环境，将各种信息传输到电子控制单元。其各种传感器和开关的作用见表 5-4。

表 5-4　自动紧急制动系统各传感器和开关的作用

传感器	功能	说明
测距传感器	获取检测本车与前方目标车辆的相对距离以及相对速度	常见的测距技术主要利用毫米波雷达、摄像头以及两者的融合
视觉传感器	用来识别前方目标车辆	
车速传感器	获取本车的速度	有些车速信号是防抱死制动系统（ABS）/车身电子稳定系统（ESP）通过汽车总线传输给 AEB 电子控制单元
转向角传感器	获取当前车辆转向盘的转向角	判断车辆是否正处于弯道路面行驶或超车状态，从而判断是否进行警告抑制
加速踏板传感器	获取驾驶人是否松开加速踏板	判断驾驶人是否对本车实施减速行为
制动开关	获取驾驶人是否踩下制动踏板	判断驾驶人是否对本车实施制动行为
距离选择开关	用于设置本车与前方目标车辆的距离敏感级别	距离敏感级别一般有远、标准、近三种

（2）电子控制单元

电子控制单元接收行车环境信息采集单元的检测信号后，综合收集到的数据信息，依照一定的算法程序对车辆行驶状况进行分析计算，判断车辆所适用的预警状态模型，同时对执行单元发出控制指令。

（3）执行单元

执行单元执行电子控制单元发出的指令，发出声光、图标信息警示，车辆启动自动制动等。

2. 自动紧急制动系统的工作原理

AEB 系统从传感器探测到前方目标车辆开始，持续监测与目标车辆之间的距离以及目标车速，同时从总线获取本车的车速信息，然后利用电子控制单元将测出的距离与报警距离、安全距离等进行比较，若小于报警距离就进行报警提示。小于安全距离时，即使在驾驶人没来得及踩制动踏板的情况下，AEB 系统也会启动，使汽车自动制动。AEB 系统的工作原理如图 5-27 所示。AEB 系统测试时的减速度范围如图 5-28 所示。

5.3.3　自适应巡航控制系统

自适应巡航控制系统（ACC）是在传统巡航控制系统（Cruise Control System，CCS）的基础上发展而来的。相比 CCS 系统，自适应巡航控制系统的功能如图 5-29 所示，能够实时监测前方目标车辆行驶状态，在设定的距离范围内自动调整本车的行驶速度，以适应前方目标车辆和道路条件引起的驾驶环境变化。

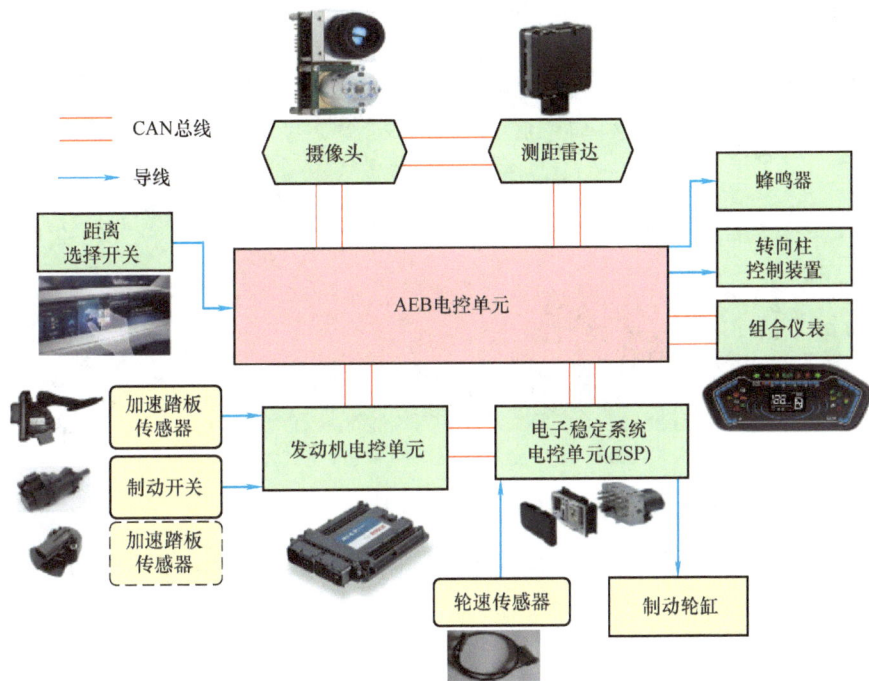

图 5-27　AEB 系统工作原理

AEB测试：前车紧急制动(车距40m)

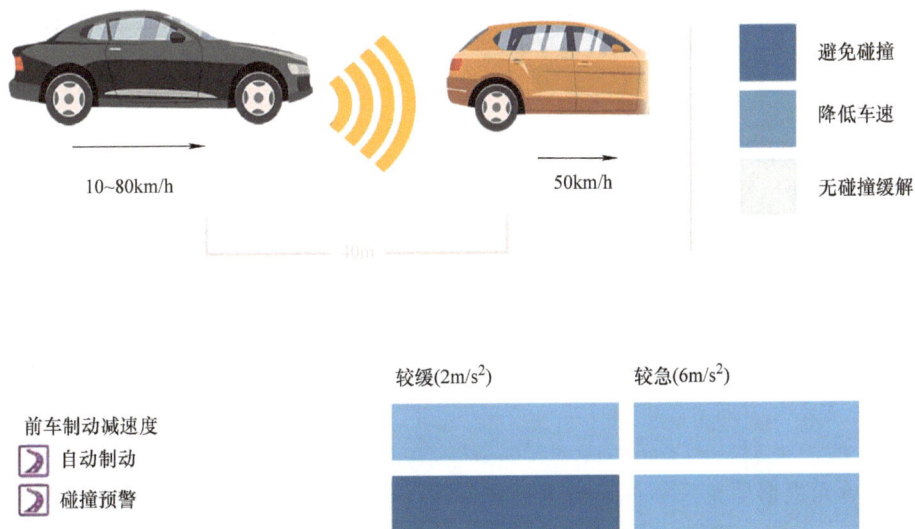

10~80km/h

50km/h

避免碰撞

降低车速

无碰撞缓解

前车制动减速度

自动制动

碰撞预警

较缓(2m/s^2)　　较急(6m/s^2)

图 5-28　AEB 系统测试时的减速度范围

图 5-29　自适应巡航控制系统的功能

1. 自适应巡航控制系统的组成

自适应巡航系统由信息采集单元、电子控制单元、执行单元与人机交互单元组成，如图 5-30 所示。

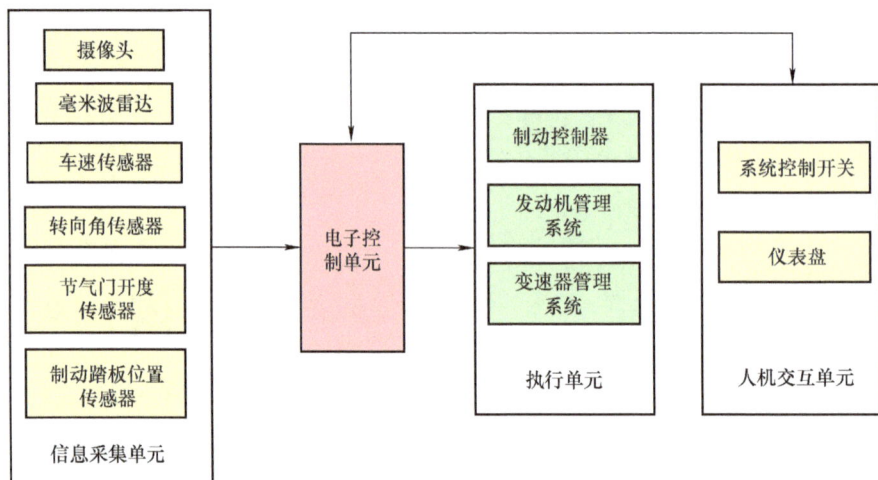

图 5-30　自适应巡航控制系统的组成

（1）信息采集单元

信息采集单元通过各种传感器实时监测前方目标车辆，得到与车辆相关的环境信息。其各传感器的作用见表 5-5。

（2）电子控制单元

电子控制单元根据信息采集单元传送的数据进行分析运算，结合速度等信息判断当前车辆状态进行决策，并将决策信息发送到执行单元。例如电子控制单元判定当前车辆与前方目标车辆的实际距离小于设定的安全距离时，将通过控制减小发动机转矩或主动施加制动方式进行减速。

表 5-5　自适应巡航控制系统各传感器的作用

传感器	功能	说明
测距传感器	获取当前车辆与前方目标车辆的相对距离以及相对速度	常见的测距技术主要利用毫米波雷达、摄像头以及两者的融合
视觉传感器	用来识别前方目标车辆	
车速传感器	获取本车的速度	有些车速信号是 ABS/ESP 通过汽车总线传输给 AEB 电子控制单元的
转向角传感器	获取当前车辆转向盘的转向角	判断车辆是否正处于弯道路面行驶或超车状态，从而判断是否进行警告抑制
制动踏板位置传感器	获取制动踏板的当前位置	用于测算制动力
节气门开度传感器	获取节气门当前开度位置	用于车辆加速、减速及定速行驶控制
档位传感器	获取车辆当前的档位	常采用档位开关获取当前车辆档位，档位一般有 P、R、N、D

（3）执行单元

执行单元获得电子控制单元发出的指令后，对车辆进行控制。执行单元主要由制动控制器、节气门控制器、转向控制器和档位控制器等组成。其中，节气门控制器用于调节节气门的开度，使汽车加速、减速及定速行驶；制动控制器用于控制制动力矩或紧急情况下的制动；转向控制器用于控制汽车的行驶方向；档位控制器用于控制汽车变速器的档位。

（4）人机交互单元

人机交互单元用于驾驶人进行 ACC 系统参数设定，同时人机交互界面显示相关信息。人机交互单元主要由控制开关（图 5-31）、组合仪表组成。当 ACC 系统激活时，组合仪表上会显示相应图标，告知驾驶人当前车辆 ACC 系统工作状态。标致 4008 的 ACC 系统显示图标如图 5-32 所示。

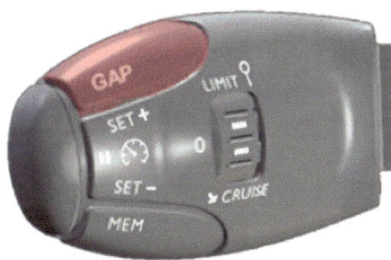

图 5-31　标致 4008 ACC 系统控制开关

GAP—ACC 系统激活 / 暂停键　LIMIT—限速控制系统

激活 / 暂停键　CRUISE—CCS 系统激活 / 暂停键

SET+、SET- — 巡航车速设置键

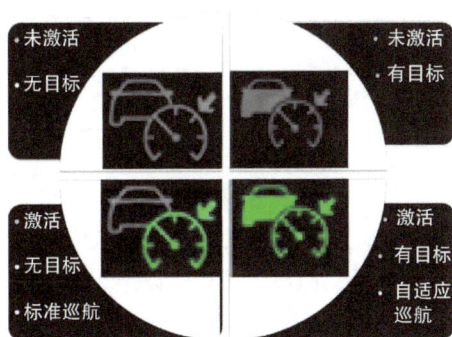

图 5-32　标致 4008 的 ACC 系统显示图标

2. 自适应巡航控制系统的工作原理

ACC 系统激活后，摄像头和测距雷达实时监测前方道路，当两者没有监测到前方目标车辆时，ACC 系统将根据驾驶人设定的车速进行巡航行驶，此

自适应巡航系统的工作原理

时与传统巡航控制系统一样；当监测到前方有目标车辆时，ACC 电控单元根据设定的安全距离、车速信息，综合测算出两车的相对距离、相对速度，自动调节制动压力与节气门开度，保证与前方目标车辆以安全距离进行跟随行驶。ACC 系统的控制逻辑如图 5-33 所示，ACC 系统的工作原理如图 5-34 所示。

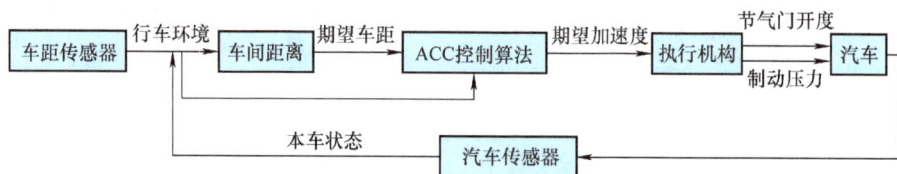

图 5-33　ACC 系统的控制逻辑

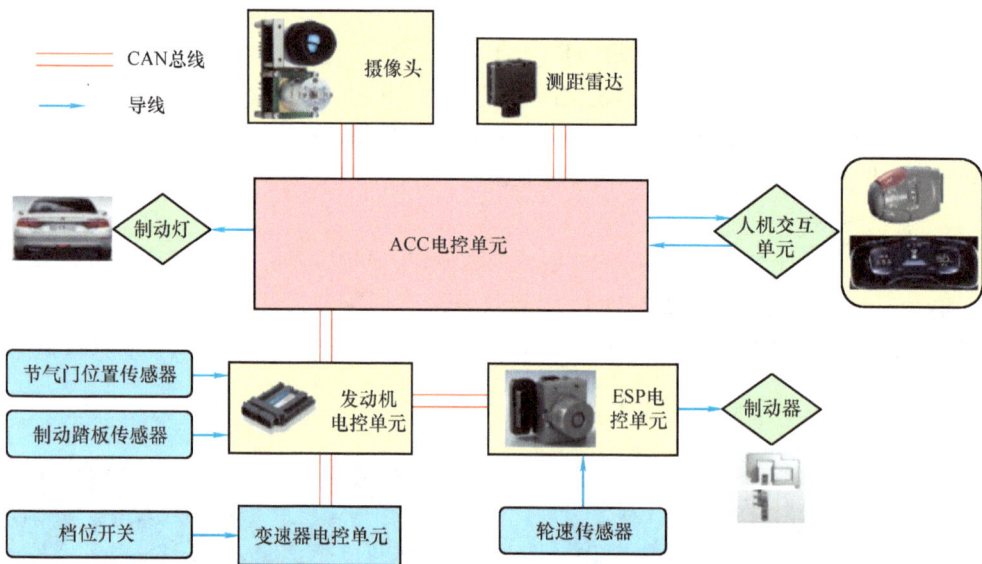

图 5-34　ACC 系统工作原理

自适应巡航控制系统有 4 种工作模式，即巡航控制、减速控制、跟随控制和加速控制。如图 5-35 所示，假设当前车辆设定车速为 100km/h，目标车辆行驶速度为 80km/h。

当前方无目标车辆时，当前车辆将处于普通巡航驾驶状态，按照驾驶人设定的车速匀速行驶（100km/h）。

当前方出现目标车辆时，如果目标车辆的速度（80km/h）小于当前车辆，则当前车辆将自动开始进行减速控制（100km/h 降到 80km/h），确保两车的距离为所设定的安全距离。

当两车之间的距离等于安全车距后，采取跟随控制，即与目标车辆以相同的车速行驶（80km/h）。

当前方的目标车辆发生移线，或当前车辆移线行驶使得当前车辆前方又无行驶车辆时，自适应巡航控制系统将对当前车辆进行加速控制，使当前车辆恢复至设定的行驶速度（100km/h）。

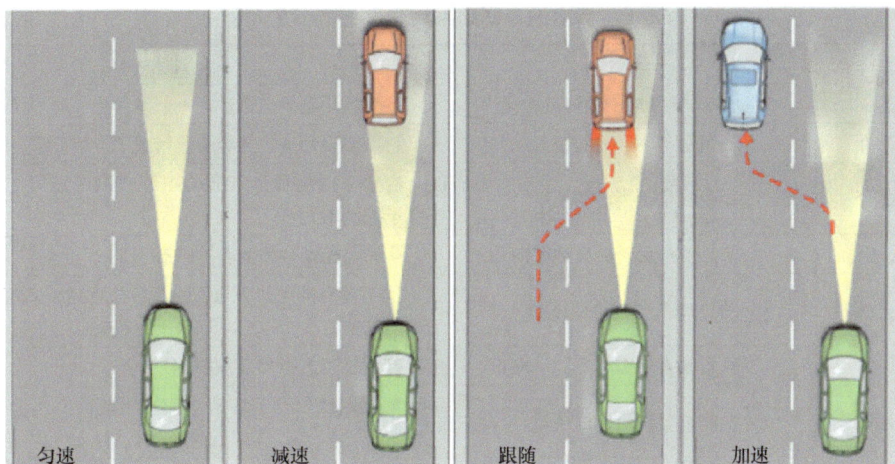

图 5-35　ACC 系统的工作模式

5.3.4　自动泊车辅助系统

自动泊车辅助（APA）系统是指利用车载传感器探测有效泊车空间，并辅助控制车辆完成泊车操作的驾驶辅助系统，如图 5-36 所示。相比于传统的倒车雷达、倒车影像等，自动泊车辅助系统的智能化程度更高，减轻了驾驶人的操作负担，有效降低了泊车时的事故率。

图 5-36　自动泊车辅助系统

1. 自动泊车辅助系统的组成

自动泊车辅助系统主要由信息采集单元、电子控制单元、执行单元与人机交互单元等组成。

（1）信息采集单元

信息采集单元的主要作用是感知环境情况及当前车辆自身运动状态，并将信息输送至电子控制单元。其主要传感器的功能见表 5-6。

自动泊车辅助
系统工作过程

表 5-6　自动泊车辅助系统主要传感器的功能

传感器	功能	说明
测距传感器	获取车辆与周围物体的距离	多为长距超声波雷达，一般有 4 个，车辆前后各 2 个
视觉传感器	获取车辆当前的位置	目前多采用 4 个摄像头，形成 360° 影像
车速传感器	获取车辆当前的速度	有些车速信号是 ABS/ESP 通过汽车总线传输给 APA 电子控制单元
转向角传感器	获取当前车辆转向盘的转向角	实时监测车辆转向行驶状态
避障保护传感器	感知车辆周围的障碍物	采用超声波雷达，与长距超声波雷达外观相似，但是不能互换
制动开关	判断驾驶人是否踩下制动踏板	判断是否进行预警抑制
档位传感器	获取车辆当前的档位	常采用档位开关获取当前车辆档位，档位一般有 P、R、N、D
陀螺仪	获取车辆横向加速度、横摆角速度	用于计算期望加速度及期望速度

（2）电子控制单元

电子控制单元的主要作用是根据信息采集单元传输的信息，根据车位大小、位置信息，综合分析运算判断是否为有效泊车位。若确定目标车位后，电子控制单元计算规划路径，并将指令输出给执行单元。

（3）执行单元

执行单元的主要作用是接收并执行电子控制单元发出的指令，主要包括发动机管理系统、变速器管理系统、车身稳定系统（ESP）/电子稳定系统（ESC）/防抱死制动系统（ABS）的管理系统。这三种电控单元配合使用可以保证车辆根据规划路径准确行驶。

（4）人机交互单元

在泊车过程中，人机交互单元向驾驶人显示引导和提示信息。

2. 自动泊车辅助系统的工作原理

自动泊车辅助系统的工作原理如图 5-37 所示，通过摄像头和超声波传感器感知车辆周围环境后，APA 电控单元对环境区域进行分析和建模，搜索有效车位。当确定目标车位后，电控单元使用一定算法规划出泊车路径，实现自动操纵汽车泊车入位。自动泊车辅助系统工作过程可大致分为四步，如图 5-38 所示。

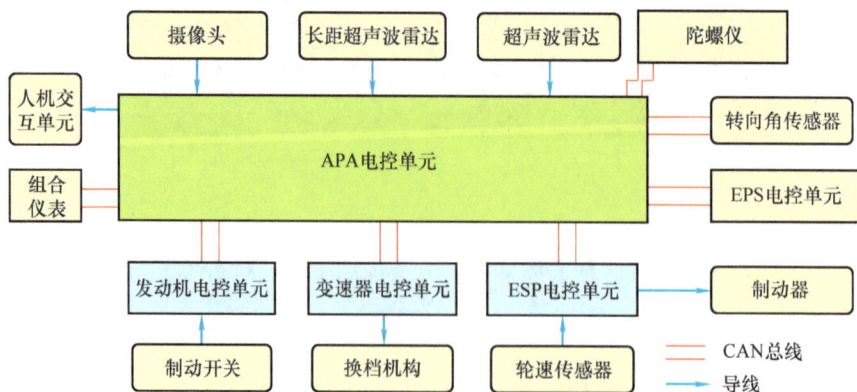

图 5-37　APA 系统的工作原理

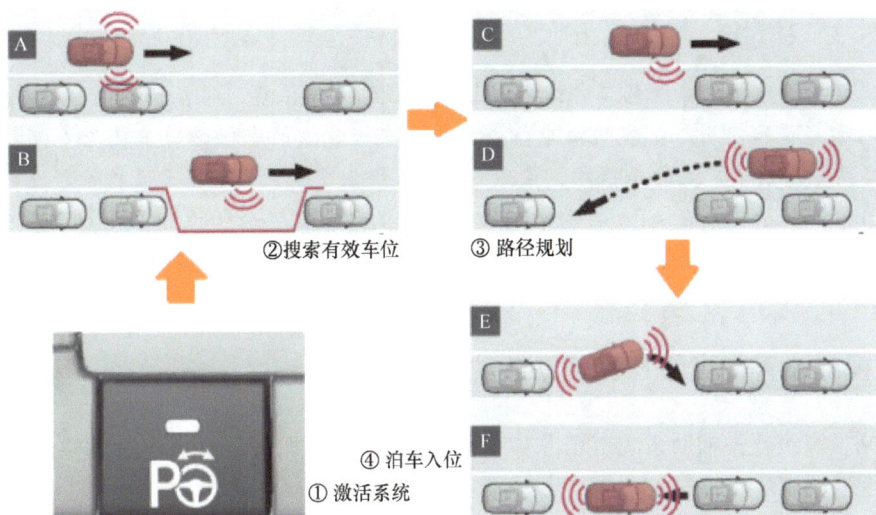

图 5-38 自动泊车辅助系统的工作流程

（1）激活系统

汽车进入停车区域后缓慢行驶，可手动开启自动泊车辅助系统，也可以根据当前车速自动激活系统。

（2）搜索有效车位

车位检测主要是通过超声波传感器和摄像头进行识别。人机交互单元会显示重要的引导或提示信息。APA 系统工作时人机交互单元显示的信息如图 5-39 所示。

（3）路径规划

根据获取的环境信息，电控单元经过建模分析计算，规划出一条使车辆安全泊车的路径。自动泊车辅助系统有两种泊车模式：侧方停车（靠右、靠左）和倒车入库（靠右、靠左）。靠左倒车入库如图 5-40 所示。

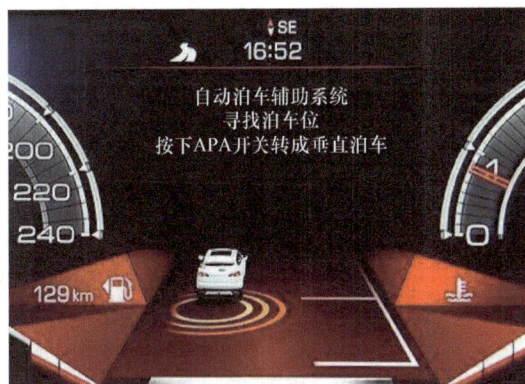

图 5-39 人机交互单元

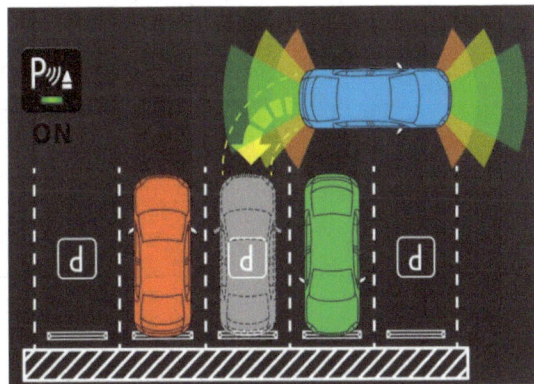

图 5-40 倒车入库

（4）泊车入位

通过转向、发动机、制动模块的协调控制，车辆可以跟踪预先规划的泊车路径实现停车入位。

知识链接

远程遥控泊车辅助系统的工作方式：驾驶人找到空车位后，将车辆变速器挂入驻车档，离开车辆后驾驶人使用手机发送泊车指令，控制车辆完成泊车操作。车辆与手机之间的通信方式目前应用最为广泛的是蓝牙，虽不如4G通信距离远，但是蓝牙通信稳定性更好。远程遥控泊车辅助系统是在APA自动泊车技术的基础之上发展而来的，它解决了停车后难以打开车门的尴尬场景，比如在两边都停了车的车位，或在比较狭窄的停车房。

5.4 视野改善类高级驾驶辅助系统

近年来，高级驾驶辅助系统市场占有率大幅度提高，视野改善类ADAS在乘用车中端市场中的应用越来越广泛。

视野改善类高级驾驶辅助系统是指通过环境感知传感器、V2X通信技术等扩大驾驶人视野范围，从而提高驾驶人视野较差环境下行车安全的驾驶辅助系统。视野改善类高级辅助驾驶系统主要有全景影像泊车辅助系统、自适应前照灯照明系统、夜视辅助系统、平视显示系统等，见表5-7。

表5-7　视野改善类ADAS的组成

视野改善类ADAS的名称	功能
全景影像泊车辅助系统（Lane Keeping Assist，LKA）	采用环视摄像头、雷达等传感器，通过人机交互界面观看四周摄像头图像，帮助驾驶人在停车过程中了解车辆周边视线盲区，使停车更直观方便
自适应前照灯照明系统（Adaptive Front lighting System，AFS）	通过车速传感器、转向盘角度传感器、车高传感器等感知车辆行驶状态信息，自动调节前照明系统的工作模式，可实现城市道路照明、高速公路照明、转弯道路照明及阴雨天气照明等不同照明模式的调节，保障车辆不同条件下的照明效果
夜视辅助系统（Night Vision System，NVS）	采用雷达、红外传感器等，通过激光、毫米波、热成像等对光照要求不高的探测方法，实现夜间行驶环境的感知，用于识别行人、车辆等障碍物信息
平视显示系统（Head up Display，HUD）	指将驾驶相关的重要信息投影到驾驶人前方的车辆前风窗玻璃视野之内，使驾驶人的视线无须离开前方道路，即可查看驾驶相关的重要信息，从而有效地避免驾驶人的注意力分散，保障行驶安全

5.4.1 全景影像泊车辅助系统

全景影像泊车辅助系统又称360°全景可视泊车系统，是利用摄像头感知360°全方位的环境信息，使驾驶人了解车辆周围视线盲区，辅助驾驶人轻松泊车入位的系统，如图5-41所示。

1. 全景影像泊车辅助系统的组成

如图5-42所示，全景影像泊车辅助系统主要由四个超广角摄像头（图5-43）、人机交互界面和系统主机等组成。

图 5-41　全景影像泊车辅助系统

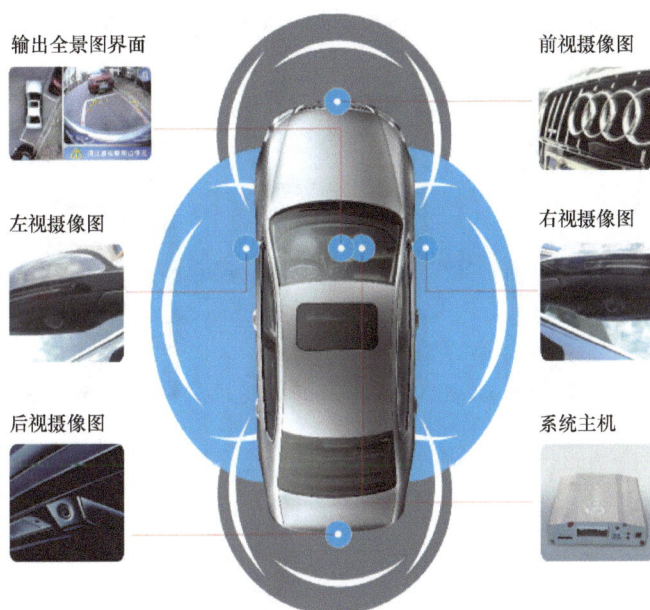

输出全景图界面　　前视摄像图

左视摄像图　　右视摄像图

后视摄像图　　系统主机

图 5-42　全景影像泊车辅助系统的组成

图 5-43　全景影像泊车辅助系统的超广角摄像头

摄像头获取车辆周围环境信息，由安装在车身前后左右的四个超广角鱼眼摄像头组成。电子控制单元主要由图像采集模块、视频合成/处理模块和数字图像处理模块组成。图像采集模块将超广角摄像头获取的模拟信号转变成图像数据。由于超广角摄像头产生的影像会产生"鱼眼失真"的现象，电子控制单元必须通过数学算法进行画面合成和修正，合成一幅车身周围的全景鸟瞰图。

人机交互界面主要用来显示电控单元输出的全景鸟瞰图。

2. 全景影像泊车辅助系统的工作原理

全景影像泊车辅助系统的工作原理如图 5-44 所示，是利用 4 个超广角摄像头分别获取汽车前后左右周围环境图像，经过图像采集模块转换成数字信息送至图像合成/处理模块，图像合成/处理模块进行图像矫正、合成等环节后转换成全景图像模拟信号输出给人机交互单元，如图 5-44 所示。全景影像泊车辅助系统的工作原理框架如图 5-45 所示。

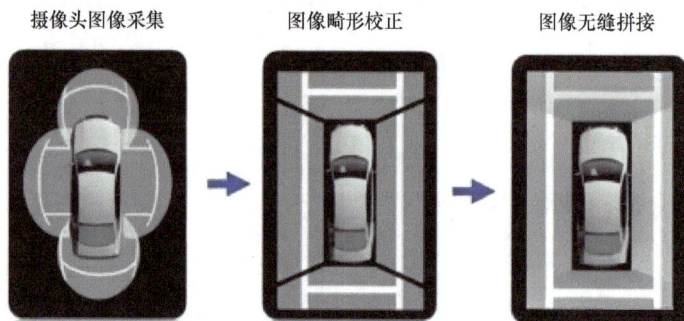

图 5-44 全景影像泊车辅助系统的工作原理

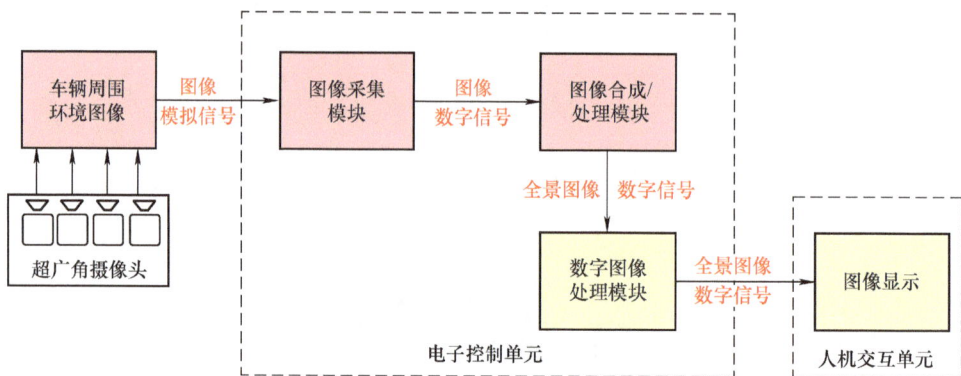

图 5-45 全景影像泊车辅助系统的工作原理框架图

不同生产厂家的超广角摄像头的型号以及安装的高度、宽度、仰角都不同，电子控制单元在摄像机定标、图像美化、图像无缝拼接融合的核心算法等方面有一定的差异。全景影像泊车辅助系统的大致工作流程如下：

1）图像的获取：利用 170° 以上超广角摄像头获取模拟信号，并将信号解析为图像数据。

2）摄像头标定模型的建立：建立世界坐标与摄像头坐标的关系，建立摄像头坐标与图像坐标的关系，从而确定世界坐标与图像坐标的关系。

3）对摄像头内参进行标定。

4）对摄像头外参进行标定。

5）图像光照一致性研究：研究同一场景下成像灰度值的关系，分析不同角度的光源对摄像头成像造成的影响，从而提出消减这种影响的算法。

6）图像拼接融合：根据人眼的视觉模型，研究图像缝隙视觉过渡的方法，从而消除图像拼接引起的缝隙，达到图像融合的目的。

7）图像的显示：优化系统算法，将所得图像对接显示屏显示。

5.4.2　自适应前照灯照明系统

自适应前照灯照明系统（AFS），是可以根据不同的道路行驶条件，自动改变多种照明类型的一种照明系统。该系统可以消除因为恶劣天气、黑夜、能见度低等情况下汽车转向时视野不明区域所带来的危险，为驾驶人提供更加安全可靠的照明视野。

自适应前照灯照明系统可以实现前照灯自动开启 / 关闭，前照灯光束的高度和角度的调节。有无自适应前照灯照明系统的对比如图 5-46 所示。

1. 自适应前照灯照明系统的组成

自适应前照灯照明系统主要由信息采集单元、电控单元、执行单元等组成。

（1）信息采集单元

信息采集单元的主要作用是采集感知当前车辆的行驶环境信息，并将信息传递给电子控制单元。信息采集单元主要由光照强度传感器、转向角传感器、车速传感器、车身高度传感器等组成，其功用见表 5-8。

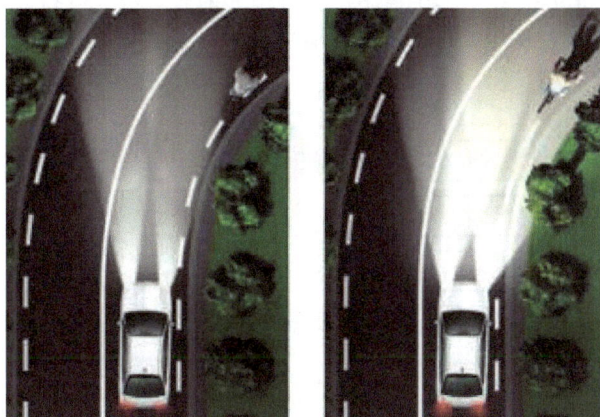

a) 无自适应前照灯照明系统　　b) 有自适应前照灯照明系统

图 5-46　有无自适应前照灯照明系统的对比

表 5-8　自适应前照灯系统各传感器的功用

传感器	功能	说明
光照强度传感器	感知环境亮度，将环境的光强度转换成电信号	环境光强度信号用于前照灯开启与关闭以及前照灯照射强度的调节；通常安装在内后视镜与前风窗玻璃之间
车速传感器	获取车辆当前的速度，将车速转换成电信号	车速信号用于自适应前照灯照明系统的激活；有些车速信号是 ABS/ESP 通过汽车总线传输给电子控制单元
转向角传感器	获取当前车辆转向盘的转角，将转向角转换成电信号	转向角信号用于前照灯角度调整
转向灯	获取当前车辆转向的方向，将转向方向转换成电信号	转向外侧与内侧的前照灯照射范围不同，外侧前照灯转角小于内侧，故需要车辆转向方向信号
车身高度传感器	获取当前车辆的高度，将车辆高度转换成电信号	车辆高度信号用于前照灯高度调整。一般在车身前部、后部各安装一个车身高速传感器

（2）电控单元

电子控制单元主要是对信息采集单元的数据进行计算分析，并发出前照灯自动开启/关闭、改变光照强度及前照灯高度、方向调整的指令。

（3）执行单元

执行单元主要是执行电控单元发出的指令，控制调节电机。控制电动机有高度调节电动机和角度调节电动机两种，分别负责前照灯高度和水平方向的调节。

2. 自适应前照灯控制系统的工作原理

自适应前照灯控制系统通过光照强度传感器实时感知环境的亮度，结合车速信号、转向盘转角信号、车身高度信号、转向信号等，电子控制单元对数据进行综合分析处理后，判断前照灯是否开启/关闭、前照灯高度及方向是否调节等。其中前照灯的自动开启/关闭采用阈值控制；只有车辆当前的环境亮度大于开启/关闭阈值，前照灯才能自动开启/关闭；反之前照灯将保持当前的状态。前照灯高度/方向调节电动机采用比例-积分-微分（Proportional Integral Derivative，PID）控制，通过当前前照灯的实际位置和实际角度以及预设位置和预设角度的差值进行算法调控。自适应前照灯控制系统的工作原理如图 5-47 所示。

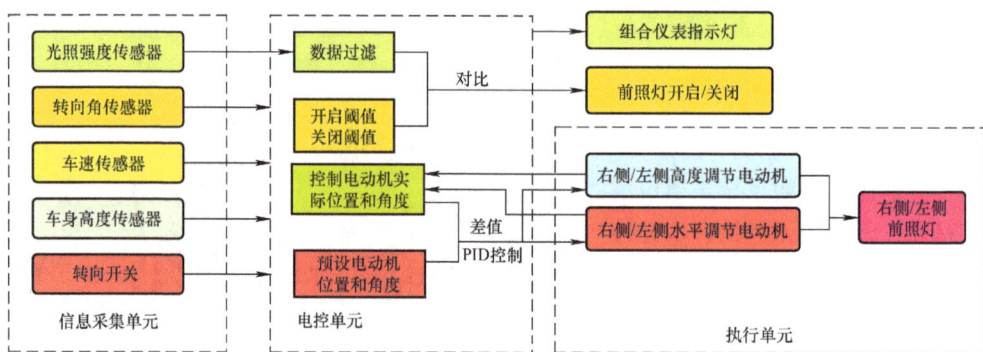

图 5-47　自适应前照灯控制系统的工作原理

3. 自适应前照灯控制系统的应用

自适应前照灯控制（Adaptive LED Headlights，ALH）系统结合了自动控制照射范围的防晕眩远光灯、低速行驶时照射范围更广的宽幅近光灯和高速行驶时光束射程更远的高速模式，提高夜间路况辨别度，协助驾驶人识别危险，保证安全驾驶。

ALH 系统远光灯是由矩阵 LED 灯组成，被分割成可自由被点亮的四个区域。ALH 系统主要有防眩目控制和分速调控等功能。

（1）防眩目控制

安装在前风窗玻璃处的摄像头获取车辆当前的环境图像，经过电控单元确定各种光源的强度、颜色、位置和运动，系统便能识别前方车辆的前照灯光线、后尾灯光线及街道照明。当车辆行驶车速为 40km/h 以上时，防眩目控制会自动启用。

当摄像头感知对向车辆的前照灯光线或前方车辆的尾灯光线时，便会自动熄灭相应区域的 LED 前照灯，控制远光灯照射范围，既避免给对方造成眩目困扰，又确保了远光灯的卓越识别性能，如图 5-48 所示。

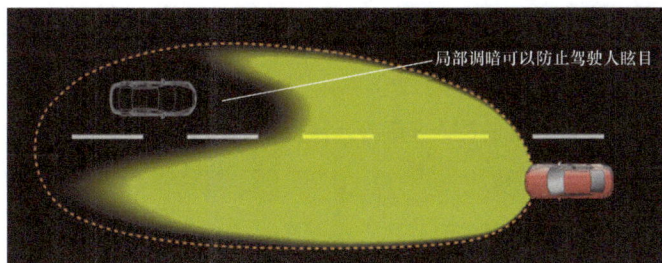

图 5-48　ALH 系统的防眩目远光灯模拟图

（2）分速调控

在车辆低速行驶时，ALH 系统使近光灯光束照射范围具有更广的宽幅；在车辆高速行驶时，ALH 系统光束射程更远，保证安全驾驶。

当车辆以 40km/h 以下车速夜间行驶时，在远光灯无法照射到的车身左右区域，ALH 系统将打开安装于前照灯外侧的宽幅近光灯，以便在交叉路口等地带改善路况辨别度，如图 5-49 及图 5-50 所示中的状况 A、B。

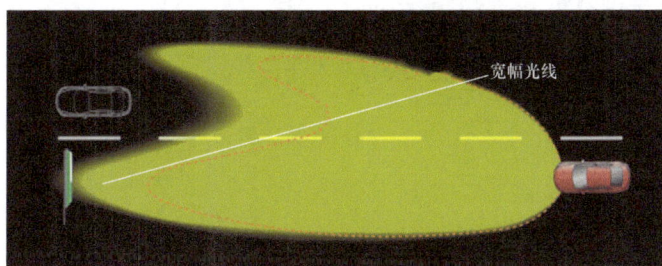

图 5-49　ALH 系统宽幅近光灯模拟图

当车辆以高于 95km/h 的车速行驶时，前照灯的光轴会自动上升，从而改善远方路况辨别度，辅助驾驶人尽早识别前方标识和障碍物，如图 5-50 所示中的状况 B。

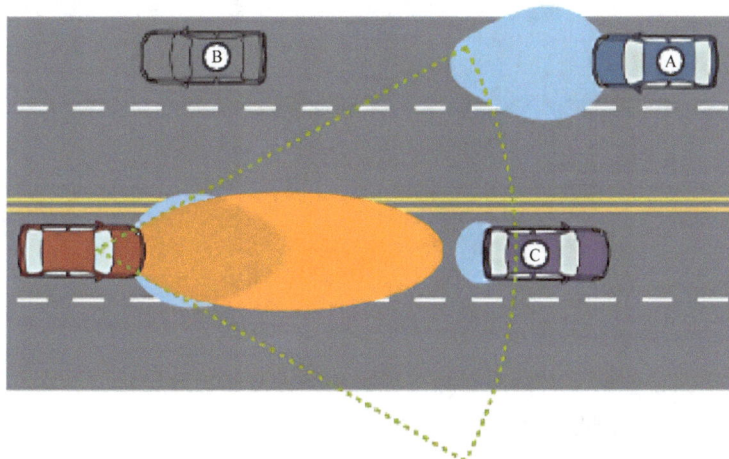

图 5-50　自适应前照灯系统的模拟使用场景

状况 A—检测到对向车辆前照灯光线　状况 B—车辆到达了 B 点，检测不到对向车辆前照灯光线

状况 C—检测到前方车辆尾灯光线

5.4.3 其他高级驾驶辅助系统

1. 后向碰撞预警系统

后向碰撞预警系统能够实时监测车辆后方环境，并在可能受到后方碰撞危险时发出警告信息，如图 5-51 所示。

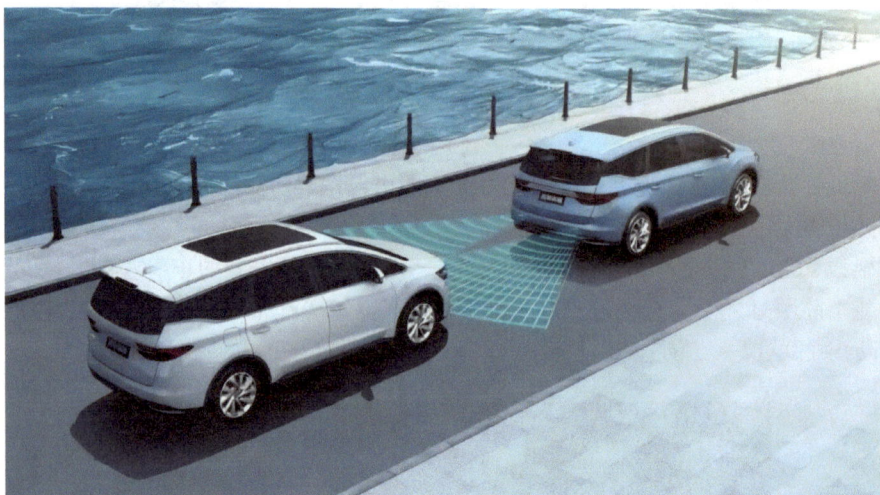

图 5-51　后向碰撞预警系统

2. 变道碰撞预警系统

变道碰撞预警系统能够在车辆变道过程中，实时监测相邻车道，并在车辆侧方和 / 或侧后方出现可能与本车发生碰撞危险的其他道路使用者时发出警告信息，如图 5-52 所示。

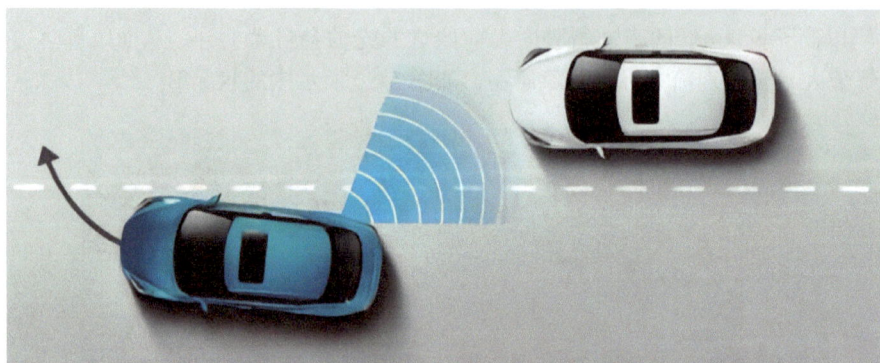

图 5-52　变道碰撞预警系统

3. 侧面盲区监测系统

侧面盲区监测系统能够实时监测驾驶人视野的侧方及侧后方盲区，并在其盲区内出现其他道路使用者时发出提示或警告信息，如图 5-53 所示。

4. 转向盲区监测系统

转向盲区监测系统能够在车辆转向过程中，实时监测驾驶人转向盲区，并在其盲区内出现其他道路使用者时发出警告信息，如图 5-54 所示。

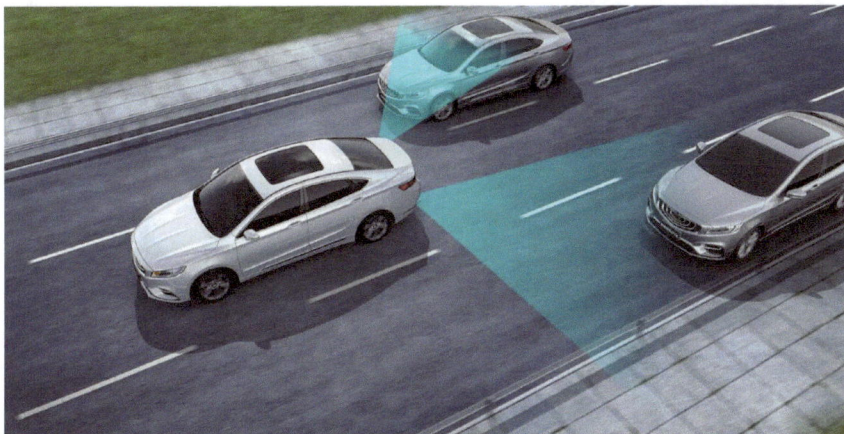

图 5-53　侧面盲区监测系统

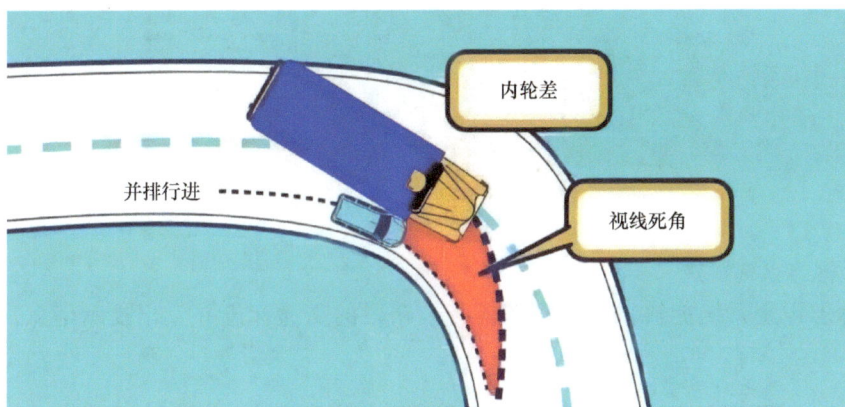

内轮差

并排行进

视线死角

图 5-54　转向盲区监测系统

5. 后方交通穿行提示系统

后方交通穿行提示系统（Rear Cross Traffic Alert, RCTA）能够在车辆倒车时，实时监测车辆后部横向接近的其他道路使用者，并在可能发生碰撞危险时发出警告信息，如图 5-55 所示。

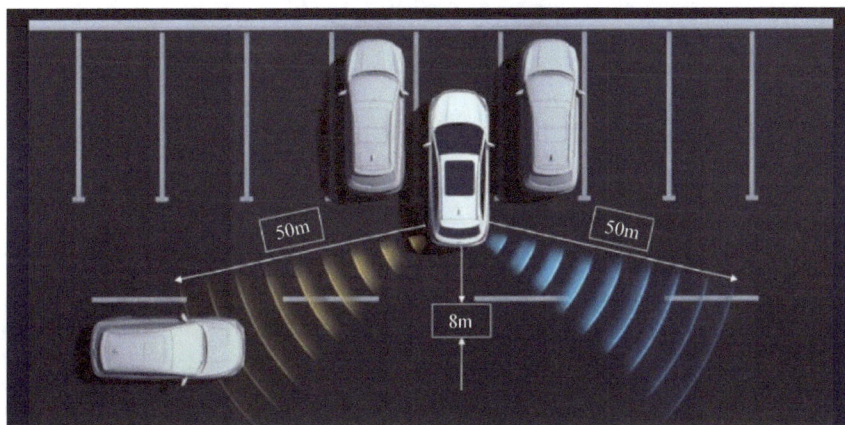

50m　　　　50m

8m

图 5-55　后方交通穿行提示系统

6. 车门开启预警系统

车门开启预警系统能够在停车状态即将开启车门时，监测车辆侧方及侧后方的其他道路使用者，并在可能因车门开启而发生碰撞危险时发出警告信息，如图 5-56 所示。

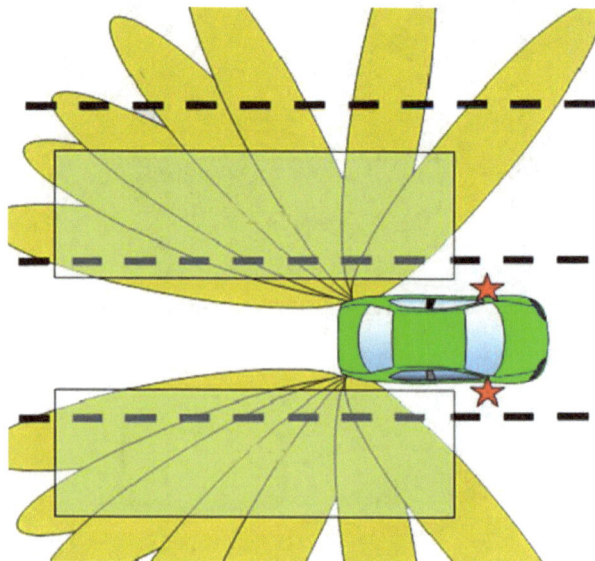

图 5-56　车门开启预警系统

7. 交通标志识别系统

交通标志识别系统能够自动识别车辆行驶路段的交通标志并发出提示信息，如图 5-57 所示。

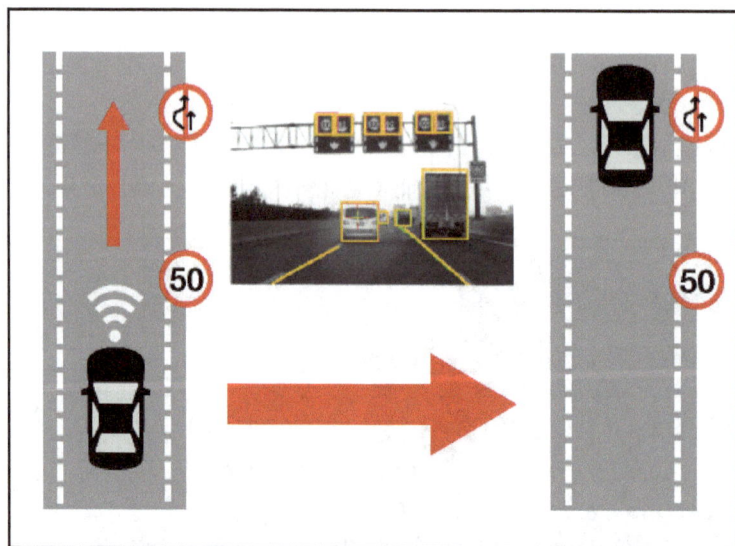

图 5-57　交通标志识别系统

8. 智能限速提示系统

智能限速提示系统能够自动获取车辆当前条件下所应遵守的限速信息并实时监测车辆行

驶速度，当车辆行驶速度不符合或即将超出限速范围的情况下适时发出提示信息，如图 5-58 所示。

图 5-58　智能限速提示系统

9. 紧急转向辅助系统

紧急转向辅助系统实时监测车辆前方和侧方行驶环境，在可能发生碰撞危险且驾驶人有明显的转向意图时辅助驾驶人进行转向操作，如图 5-59 所示。

图 5-59　紧急转向辅助系统

10. 智能限速控制系统

智能限速控制系统能够自动获取车辆当前条件下所应遵守的限速信息并实时监测车辆行驶速度，辅助驾驶人控制车辆行驶速度，以使其保持在限速范围之内，如图 5-60 所示。

11. 车道居中控制系统

车道居中控制系统能够实时监测车辆与车道边线的相对位置，持续自动控制车辆横向运动，使车辆始终在车道中央区域行驶，如图 5-61 所示。

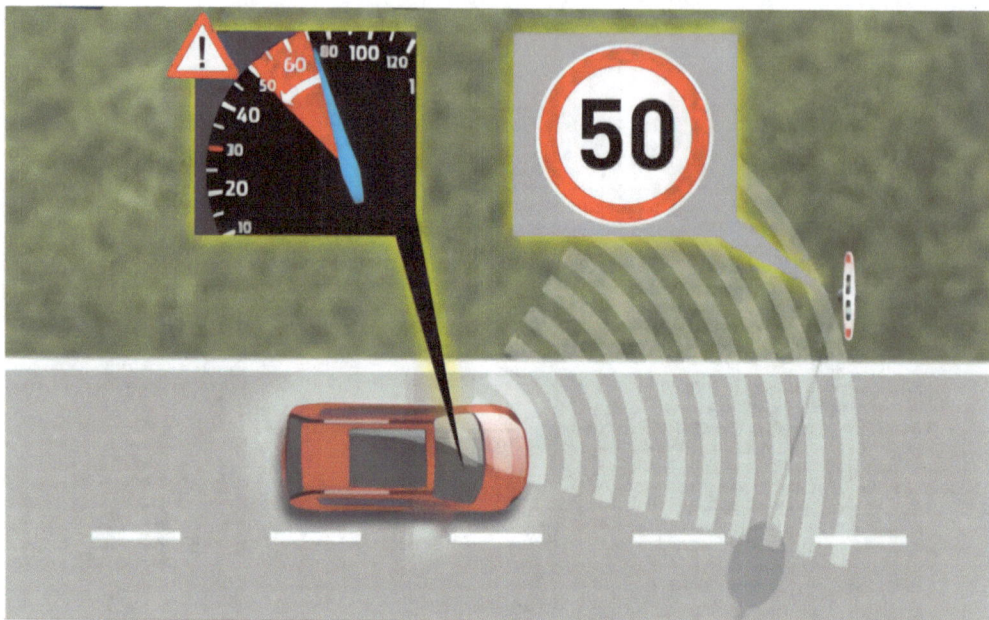

图 5-60　智能限速控制系统

图 5-61　车道居中控制系统

12. 交通拥堵辅助系统

交通拥堵辅助系统能够在车辆低速通过交通拥堵路段时，实时监测车辆前方及相邻车道行驶环境，并自动对车辆进行横向和纵向控制，其中部分功能的使用需经过驾驶人的确认，如图 5-62 所示。

图 5-62　交通拥堵辅助系统

知识链接

　　智能座舱是指配备了智能化和网联化的车载产品，可以实现人、路、车三者进行智能交互的座舱，是人车关系从工具向伙伴演进的重要纽带和关键节点。智能座舱系统由车载显示系统、座舱安全系统和车载声学系统三部分组成。

　　车载显示系统主要有中控屏、液晶组合仪表、抬头显示仪（Heads Up Display，HUD）、流媒体后视镜等。目前车载中控屏仍然是液晶显示屏（Liquid Crystal Display，LCD）。随着次毫米发光二极管（MiniledLight Emitting Diode，MiniLED）技术的成熟，有机电激光显示（Organic Light-Emitting Diode，OLED）和 Mini LED 等新兴显示技术有望进一步在汽车中渗透。人机交互功能融入了更多的生物技术，如语音识别、人脸识别、触摸控制、手势识别、虹膜识别等。

　　座舱安全系统的关键是驾驶状态监测系统（Driver Monitor System，DMS）。DMS 系统不仅具备驾驶人疲劳检测、人脸识别等功能，还在逐步添加更多关联功能，如手势交互、动作识别、表情识别、唇语识别、视线亮屏等。随着自动驾驶技术的发展，未来 DMS 系统将发挥更大的作用。

　　车载声学系统主要有车载扬声器、功率放大器及行人警示器等，融入了整车调音技术、声学信号处理技术（如主动降噪、多区域声重放技术等）。

　　智能座舱通过对数据的采集，上传到云端进行处理和计算，从而对资源进行最有效的适配，增加座舱内的安全性、娱乐性和实用性。

思考题

1. 高级驾驶辅助系统的组成有哪些？
2. 我国智能网联汽车的发展可分为哪几个阶段？
3. 简述前向碰撞预警系统的工作原理。
4. 简述车道偏离预警系统的工作原理。
5. 简述盲区监测系统的工作原理。
6. 简述车道保持辅助系统的工作原理。
7. 简述自适应巡航控制系统的工作原理。
8. 简述紧急制动系统的工作原理。

第6章 智能交通系统

本章首先介绍智能交通系统的基本知识，即智能交通系统的起源和国内外的发展历程、智能交通系统的概念和特征以及智能交通系统的组成和作用；在此基础上介绍智能交通系统体系结构的概念、意义和构架方法以及智能交通系统中的应用技术，最后介绍智能交通系统的相关应用。

学习目标

1. 了解智能交通的概念。
2. 了解智能交通的发展现状。
3. 了解智能交通系统的应用。
4. 掌握智能交通系统的体系架构。
5. 掌握智能交通系统体系的构建方法。
6. 培养学生自主学习、相互合作的工作能力。

6.1 智能交通概述

随着智能交通的发展，我们的交通越来越便捷，无人驾驶正逐步进入我们的生活，那么现在你所能感受到的智能交通的便捷有哪些？在生活中还有哪些便利的智能交通？智能交通又有哪些方面的应用？今天我们一起来探讨这方面的问题。

交通是人类社会生产、生活以及经济发展的必要环节。近年来，随着科学技术的不断发展、城市化进程的不断深入，人们对交通需求的增加直接导致机动车数量呈爆炸式增长。与此同时也带来了一系列相关问题，如交通拥堵、交通事故频发、能源短缺、环境恶化等。智能交通系统是改善上述一系列相关问题的重要技术手段和突破口。

在交通行业里，"智慧"两字用得越来越多，智慧公路、智慧停车、智慧路口、智慧出行、智慧大脑、智慧中台等，怎样才算得上是智慧呢？也有一些人更加关注基础设施的规范、合理化，包括标志、标线、标牌、路口渠化等，包括多杆合一、多箱合一等，也有一些智能化、信息化发展，比如基础设施的数字化或者电子化，比如桥梁、山区路段的位移监测，比如车检保险标志的电子化等。

此外，在出行者的交通文明教育方面，公安部交通管理科学研究所也在多个场合提出"建设交通强国，要先来一场规则启蒙"，强调要强化交通规则意识，交通文明意识。

6.1.1 智能交通系统的发展历程

智能交通系统（ITS，图 6-1）起源于 20 世纪 60 年代，它的概念于 1990 年由美国智能交通学会（ITS America，曾用名 IVHS America）提出，并在世界各国大力推广。20 世纪 80 年代中期以来，ITS 得到了突破性进展，经过十几年的研究与应用，目前国际 ITS 领域比较有名的计划有美国的"智能车辆 - 公路系统"、日本的"先进的动态交通信息系统"和欧洲的"尤里卡"联合研究开发计划。其他一些如韩国、澳大利亚等国家的 ITS 研究和发展也已初具规模。我国自 20 世纪七八十年代开始研究智能交通系统，也取得了一定的成效。下面主要介绍美国、日本、欧洲以及我国的 ITS 发展状况。

信息技术(IT)　　　　交通系统(TS)　　　　智能交通系统(ITS)

图 6-1　智能交通的命名

1. 美国智能交通系统的发展

美国智能交通系统的雏形始于 20 世纪 60 年代期的电子路径导向系统。20 世纪 80 年代中期，加利福尼亚交通部门研究的 PATHFINDER 系统获得成功，此后便开展了一系列关于智能交通方面的研究。

1995 年 3 月，美国交通部出版了《国家智能交通系统项目规划》，明确规定了智能交通系统的七大领域（图 6-2）和 29 个用户服务功能，并确定了到 2005 年 10 年间的开发计划。

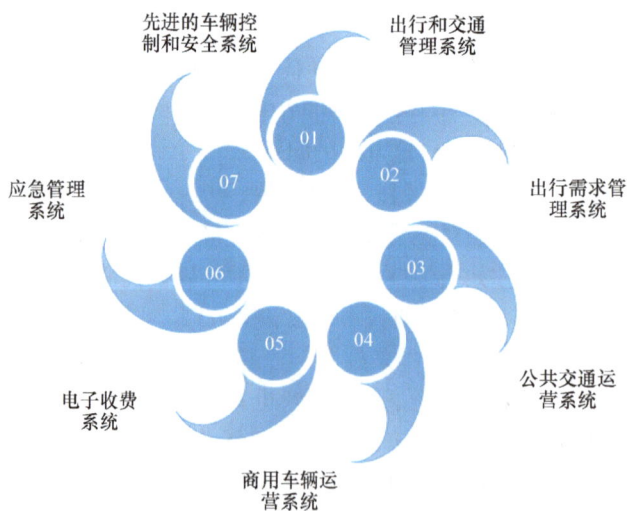

图 6-2　美国智能交通系统的七大领域

2009 年 12 月，美国交通部发布了《智能交通系统战略研究计划：2010—2014 年》，目标是利用无线通信建立一个全国性、多模式的地面交通系统，形成以车辆、道路基础设施和乘客携带的设备之间相互联接的交通环境。该计划的核心是智慧驾驶，强调了车与车之间的互联。2015 年 1 月，美国交通部启动互联网汽车项目，该项目分为概念车发展、制造测试设计和运行维护三个阶段。目前，美国已经创建了较为完善的四大系统：车队管理、公交出行信息、电子收费和交通需求管理。

2. 日本智能交通系统的发展

日本的智能交通系统发展始于 20 世纪 70 年代。1973—1978 年，日本成功地组织了一个"动态路径诱导系统"试验。1995 年 8 月，制定了《道路、交通、车辆领域信息化实施指南》，明确了 9 个开发领域，确定了 11 项推进措施以及 21 世纪初的目标。1996 年 4 月，日本正式启动车辆信息与通信系统，先后在首都圈内、大阪和名古屋等地推广，并于 1998 年向全国推进。2003 年 7 月，日本智能交通系统战略委员会发布《日本智能交通系统战略规划》，提出了日本智能交通系统的发展构想、短期和中期战略计划。2011 年，日本全国高速公路网引进安全舒适的智能交通系统站点，及时且快速地向车载导航系统提供大量的交通信息和图像，有效缓解了交通拥堵，改善了驾驶环境。

目前，日本 ITS 规划体系包括先进的导航系统、安全辅助系统、交通管理最优化系统、道路交通管理高效化系统、公交支援系统、车辆运营管理系统、行人诱导系统和紧急车辆支援系统。

3. 欧洲智能交通系统的发展

欧洲的智能交通系统发展始于 20 世纪 60 年代的自动车辆监控系统。早期欧洲智能交通系统的发展主要由各国独立研究，各国之间的合作有限。随着欧盟架构计划以及政府与企业提出的联合研究组织的推动，欧盟各国逐渐开始合作。欧盟在智能交通系统的推动下由欧盟执委会下的交通与能源署主导。2011 年 3 月，欧盟推出智能交通系统 2020，其三大目标是交通可持续、提升竞争力和节能减排。

欧洲在 ITS 应用方面的进展介于日本和美国之间。目前正在进行 Telematics 的全面开发，计划在全欧洲建立专门的交通（以道路交通为主）无线数据通信网，开发先进的出行信息服务系统、先进的车辆控制系统、先进的商业车辆运行系统、先进的电子收费系统等。

4. 我国智能交通系统的发展

我国的 ITS 起源可追溯到 20 世纪 70 年代的城市交通信号控制试验研究，在 20 世纪 90 年代中后期，我国明显加快了对智能交通技术研究的步伐，此后，城市和城间道路交通管理的 ITS 关键技术研究更加深入，交通信息采集设备、专用短程通信设备、车载信息装置等硬件设施也都取得了不同程度的发展和应用。目前，我国的 ITS 已进入快速发展期，在软件和终端产品开发上也取得了相当大的进展，如数字地图和车载导航设备具备了一定的水平，得到了广泛应用。随着经济的快速发展，我国对 ITS 的研究和应用越来越快，特别是我国"五纵七横"国道主干网的建成，掀起了 ITS 建设新热潮。

我国智能交通规划前景如图 6-3 所示。

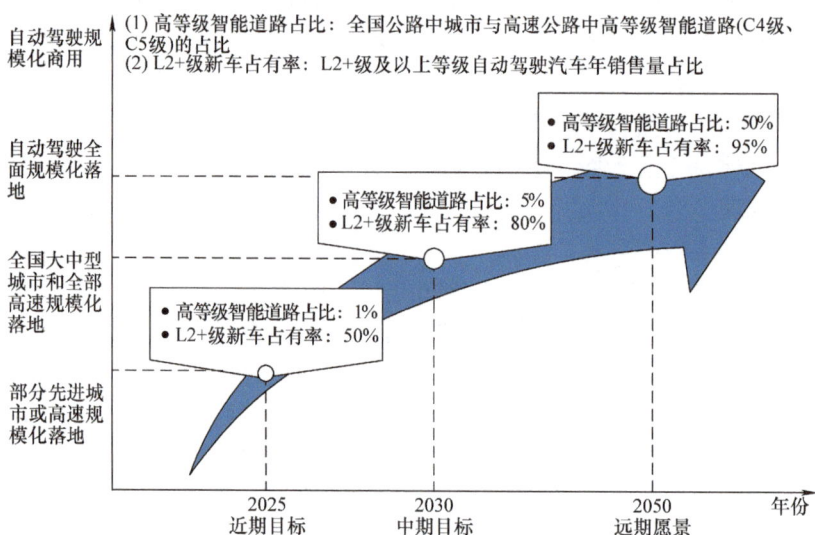

(1) 高等级智能道路占比：全国公路中城市与高速公路中高等级智能道路(C4级、C5级)的占比
(2) L2+级新车占有率：L2+级及以上等级自动驾驶汽车年销售量占比

• 高等级智能道路占比：50%
• L2+级新车占有率：95%

• 高等级智能道路占比：5%
• L2+级新车占有率：80%

• 高等级智能道路占比：1%
• L2+级新车占有率：50%

自动驾驶规模化商用
自动驾驶全面规模化落地
全国大中型城市和全部高速规模化落地
部分先进城市或高速规模化落地

2025
近期目标
2030
中期目标
2050
远期愿景
年份

图 6-3　我国智能交通规划前景

6.1.2　智能交通系统的概念与特征

1. 智能交通系统的概念

智能交通系统是在传统的交通工程基础上发展起来的新型交通系统。目前国际上对智能交通系统还没有一个统一的定义，我国学者对智能交通系统的定义如下：智能交通系统又称为智能运输系统，是将先进的信息技术、数据通信传输技术、电子传感技术、控制技术及计算机技术等有效地集成，以加强车辆、道路、使用者三者之间的联系，形成一种保障安全、提高效率、改善环境、节约能源的综合运输系统，如图 6-4 所示。

2. 智能交通系统的特征

智能交通系统为解决当前的各类交通难题提供了新的思路，从概念、理论和试验阶段发展到大规模的实施阶段，各地智能交通的投资规模在迅速增长。与传统的交通运输管理与设施建设不同，智能交通系统主要有以下几个特征：

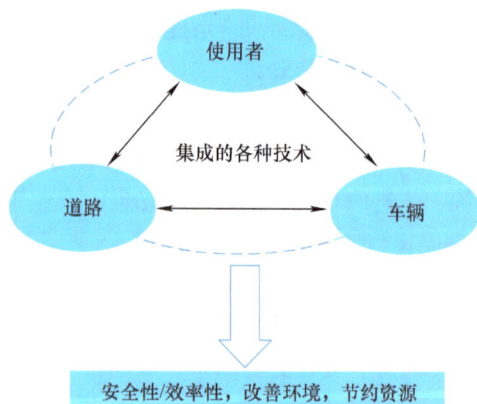

使用者
集成的各种技术
道路
车辆

安全性/效率性，改善环境，节约资源

图 6-4　智能交通系统概念示意图

1）信息化智能交通系统信息的收集、分析处理、交换共享、发布为主线，为交通参与者提供多元化的服务。信息是智能交通系统的灵魂，通过信息技术可以帮助出行者充分了解交通的状况，从而促使其交通行为合理化，使系统在一定程度上达到协调。此外，智能交通信息化可以实时采集交通信息并对其进行综合分析，确保管理者能够就实际问题提供科学的解决方案，提高管理水平和系统运行效率，并实现交通运输与整个社会经济系统之间的有效衔接。

2）整体性 ITS 项目产生的效益及对社会经济的发展影响越来越广泛，这主要得益于交通运输领域越来越多地吸收 IT 等相关技术和新理念，相比传统的技术系统，智能交通系统在建设过程中具有要求更为严格的整体性，其表现为：

① 智能交通系统建设涉及众多行业领域，是需要全社会一起参与才能完成的大型工程。

② 智能交通系统涉及众多技术领域，需要这些领域的技术人员共同协作，将其技术成果成功运用于交通运输系统。

③ 智能交通系统的整体性还体现在 ITS 项目的研发和实施，需要政府、企业、私人组织、科研院所等多方共同参与完成。

3）动态性 ITS 新技术应用提供了实时的信息，这使得车辆、道路、使用者、环境等相互协调，从而使得智能交通系统中人 - 车 - 路环境之间可以进行实时的信息交流，呈现其动态性。

4）复杂性 ITS 从点到面，渗透到整个交通系统的各个方面。复杂性主要体现在两个方面：第一，涉及多个复杂的科学系统，因此呈现出复杂性特征；第二，智能交通系统是一项复杂、大型的系统工程，需要众多行业领域广泛参与，因此行业间协调问题也体现了复杂性。

6.1.3 智能交通系统的组成

1. 智能交通系统的组成

智能交通系统主要由先进的交通信息系统、先进的交通管理系统、先进的公共交通系统、先进的车辆控制系统、货运管理系统、电子收费系统和交通紧急救援系统组成，如图 6-5 所示。

1）先进的交通信息系统（Advanced Traffic Information System，ATIS）是建立在完善的信息网络基础上的。交通参与者通过道路上、车上、换乘站上、停车场上以及气象中心的传感器和传输设备，向交通信息中心提供各地的实时交通信息。ATIS 得到这些信息并处理后，实时向交通参与者提供道路交通信息、公共交通信息、换乘信息、交通气象信息、停车场信息以及与出行相关的其他信息；出行者根据这些信息确定自己的出行方式、选择路线，在此基础上，当车辆装备自动定位和导航时，该系统可以帮助驾驶人自动选择行驶路线。

2）先进的交通管理系统（Advanced Traffic Management System，ATMS）有一部分与 ATIS 共用信息采集、处理和传输系统，但 ATMS 主要是给交通管理者使用的，用于检测控制和管理公路交通，在道路、车辆和驾驶人之间提供通信联系。它将对道路系统中的交通状况、交通事故、气象状况和交通环境进行实时的监视，依靠先进的车辆检测技术和计算机信息处理技术，获得有关交通状况的信息，并根据收集到的信息对交通进行控制、如信号灯、发布诱导信息、道路管制、事故处理与救援等。

3）先进的公共交通系统（Advanced Public Transportation System，APTS）的主要目的是采

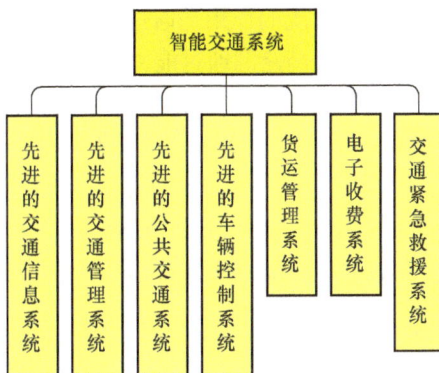

图 6-5 智能交通系统的组成

用各种智能技术促进公共运输业的发展，使公交系统实现安全便捷、经济、运量大的目标。如通过个人计算机、闭路电视等向公众提供出行方式和事件、路线及车次选择等资讯，在公交车站通过显示器向候车者提供车辆的实时运行信息。在公交车辆管理中心，可以根据车辆的实时状态合理安排发车、收车等计划、提高工作效率和服务质量。

4）先进的车辆控制系统（Advanced Vehicle Control Systems ,AVCS）主要有监测调控系统和事故规避系统。监测调控系统的作用是自动识别路网中的障碍、自动发出警报、自动改变方向、自动制动、自动保持车距在安全范围内、控制车辆速度和巡航。事故规避系统的作用是在可能发生危险的情况下，可以实时地以声音或者光的形式为驾驶人提供车辆四周的必要信息，同时可以针对危险情况自动采用相应的措施，从而有效地避免危险的发生。

5）货运管理系统主要是指以高速道路网和信息管理系统为基础，利用物流理论进行管理的智能化的物流管理系统。其主要利用卫星定位、地理信息系统、物流信息及网络技术有效地组织货物运输，提高货运效率。

6）电子收费系统（Electronic Toll Collection,ETC）是世界上最先进的路桥收费方式，可以使车道的通行能力提高 3～5 倍。电子收费系统主要通过安装在车辆风窗玻璃上的车载器与在收费站 ETC 车道上的微波天线之间的微波专用短程通信，同时利用计算机网络技术使电子收费系统与银行进行结算，从而达到车辆通过路桥收费站无须停车而能缴纳路桥费的目的。

7）交通紧急救援系统（Emergency Medical Service，EMS）是一个特殊的系统，它的基础是 ATIS、ATMS 以及有关的救援机构和设施，通过 ATIS 和 ATMS 将交通监控中心与专业救援机构组成有机的整体，为道路使用者提供车辆故障现场紧急处置、拖车、现场救护、排除事故车辆等服务。该系统包含应急车辆管理系统以及紧急通告与人员安全系统，该系统的作用在于提高对突发交通事件的反应能力，提高交通事件应急的资源调度能力并优化资源配置。

2. 智能交通系统的作用

智能交通系统的作用是通过人、车、路三者之间和谐、密切的配合，提高交通运输效率缓解交通堵塞，提高路网通过能力，减少交通事故，降低能源消耗，减轻环境污染。具体主要体现在以下四个方面：

1）为城市安全及交通管理服务，如交通监控、交通信号控制、智能公共交通等。

2）为出行者服务，如交通信息采集和诱导、智能公共交通、停车诱导等。

3）缓解交通敏感点的拥堵问题，如 ETC。

4）为规划、管理等提供决策支持，如交通数据采集、综合交通信息平台等。

知识链接

智能交通系统（ITS）的项目评价

6.2　智能交通架构

苏大强驱车从郑州开往洛阳，在下收费站时，发现除了人工闸口外，还有多个 ETC 闸口。ETC 是高速公路上常用的不停车收费系统，大大节约了驾驶人排队等待的时间，那么 ETC 系统是如何实现不停车收费的呢？

6.2.1　智能交通系统体系结构

1. 智能交通系统体系结构概念

智能交通系统（ITS）体系（图 6-6）是指系统所包含的各个子系统，各个子系统之间的相互关系和集成方式以及各子系统为实现用户服务功能、满足用户需求所应具备的功能。智能交通系统结构决定了系统如何构成，确定了功能模块以及模块之间的通信协议和接口，它的设计必须包含实现用户服务功能的全部子系统的设计。

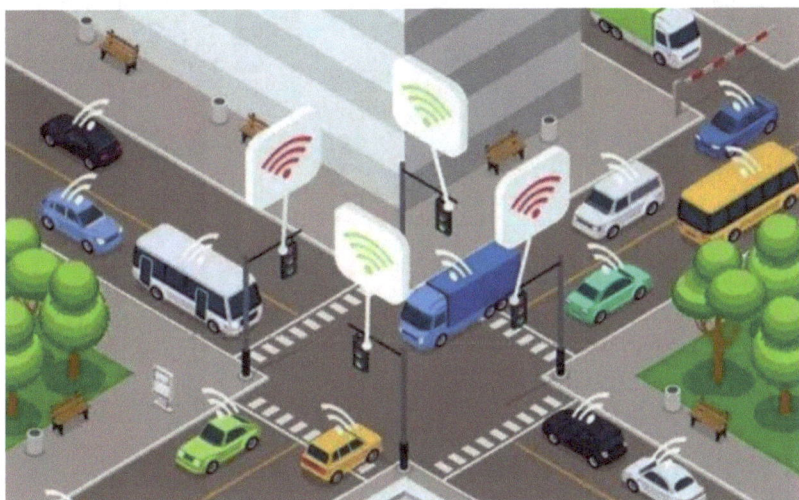

图 6-6　智能交通系统

2. 智能交通系统体系结构组成

智能交通系统体系结构主要由用户服务、逻辑体系结构、物理体系结构等组成，其含义见表 6-1。

表 6-1　ITS 体系结构组成

组成	含义
用户服务	以用户的角度对 ITS 能提供的服务内容进行描述
逻辑体系结构	从系统如何实现 ITS 服务的角度进行分析，给出 ITS 具有的功能及功能间数据流的关系
物理体系结构	把 ITS 逻辑功能落实到现实实体

（1）用户服务

ITS 体系结构中的用户服务部分主要明确智能交通系统的用户及用户需求，明确划分智能交通系统中各个子系统的用户，并且通过用户调查、访问等形式确定各个子系统的用户需求，对用户需求进行合理排序后指导实施顺序。

（2）逻辑体系结构

逻辑体系结构（有时也称为功能体系结构）是用来定义和描述一个系统为了满足一系列用户需求所必需的功能。智能交通系统的逻辑体系结构描述了 ITS 各个子系统的逻辑体系结构，满足其用户需求的功能及这些功能如何与外部世界联系起来，特别是与 ITS 使用者之间的联系，同时也表述了 ITS 中使用的数据。

（3）物理体系结构

物理体系结构描述了逻辑体系结构中定义的功能如何被集成起来形成系统。物理体系结构将功能、信息和数据通信体系结构投影到一个物理基础设施集合上，它通过所选择的通用结构中的独立组件以及它们之间的接口来描述系统，为下一步系统的工程实现绘制框架蓝图，如图 6-7 所示。

图 6-7　智慧交通系统体系架构图

3. 智能交通系统体系结构意义

对于 ITS 的总体规划和设计来说，最重要的任务就是 ITS 的系统体系结构开发（System Architecture Development）。美国、日本及欧盟等一直都在不断地研究智能交通系统体系结构，近年来，我国也逐渐日益重视，并颁布了一系列文件。体系结构在智能交通系统中具有非常重要的意义，具体主要包含以下几点：

1）ITS 本身比较复杂，涉及面广，需要有一个指导性的框架来帮助我们理解这个系统的结构。

2）ITS 是一个庞大的系统，它包含很多子系统，它的实施需要通过这些子系统来实现，ITS 体系结构为 ITS 的各个部分提供了统一的接口标准，从而使各个部分便于协调，集成为一个整体。

3）避免少缺和重复，使 ITS 成为一个高效、完整的系统，并具有良好的扩展性。

4）根据国家总体 ITS 框架，发展地区性的体系结构，保证不同地区的智能交通系统具有兼容性。

4. 智能交通系统体系构建方法

世界各国开发 ITS 体系结构采用的方法主要有面向过程方法和面向对象方法两种。

（1）面向过程方法

面向过程的方法是以自上而下、逐步求精为基点，按照系统内部信息传递、变换的关系对系统进行结构化分析的方法，主要使用数据流图、数据流描述表、系统结构图、框架流描述表、实体关系图等对 ITS 体系框架进行描述。

具体来讲，首先确定对象或实体及其与其他对象之间的关系，然后确定每个对象执行的功能，围绕数据对象或实体组织功能，形成单一的相互关联的视图。"九五"国家科技攻关项目"中国 ITS 体系框架研究"（图 6-8）采用了面向过程的方法。该方法自然直观、易于理解，已经在其他工程领域得到广泛应用。当不同的工程、人员一起开发一个系统时（例如 ITS 系统的开发），面向过程的方法能够被广泛理解，所以一般优先使用这个方法。

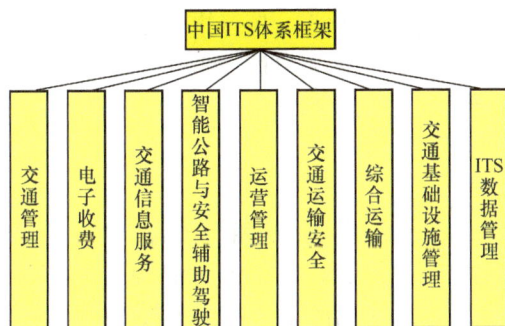

图 6-8 中国 ITS 体系框架

（2）面向对象方法

面向对象的方法是利用对象和类的概念对系统进行抽象分析，将功能（方法）与数据（属性）封装在一起，并具有继承特性。用面向对象方法开发的系统易于扩展和修改，但该方法操作起来比较复杂，而且可读性不强，不利于交流和讨论。

面向过程和面向对象的研究方法对比见表 6-2。

表 6-2 面向过程和面向对象的研究方法对比

比较因素	面向过程方法	面向对象方法	比较
思维方式	从功能进程的角度对 ITS 各项服务进行分析，认为 ITS 由各功能共同作用完成	从涉及对象的角度分析，认为 ITS 系统可由对象及其之间的关系组成	前者分析起来较为简单；后者则较符合人类认识世界的习惯
更新维护	当修改、新增服务时，需要按照框架开发步骤进行一遍操作，并要与已有内容相融合	当修改、新增服务时，找出相关的对象类等，对其中的内容进行修改	前者更新需要涉及整个框架内容的更新，容易遗漏；后者则是针对相关的对象类更改相关内容。相比之下后者具有一定的优势

（续）

比较因素	面向过程方法	面向对象方法	比较
逻辑结构部分建模简易程度	主要通过数据流图表现其逻辑功能元素及其关系	需要建立对象模型、动态模型、功能模型才能描述清楚逻辑功能元素	前者较为简单，只相当于后者模型之一（功能模型）；后者逻辑建模相对复杂
模块化便利性	针对层次清晰的逻辑功能进行评价时，需要考虑所对应的用户服务	针对每项用户服务对应的逻辑功能元素进行分析，分析量很大	对逻辑功能元素进行模块化，需要对各逻辑功能元素的物理实现进行多方面的分析。工作量上后者较大些
物理结构方面	—	—	两者在物理结构构建上影响不大

6.2.2 智能交通系统技术构架

智能交通系统应用的技术主要有传感技术、智能决策技术、云计算技术和通信技术等。

1. 传感技术

传感技术是智能交通系统进行数据采集的重要基础。智能交通系统有效运行的关键取决于能否获得全面、准确和实时的动态交通信息。传感技术的发展和应用是提高交通信息采集的实时性、有效性和经济性的关键。传感技术主要用于车辆检测、车辆识别、车辆控制和危险驾驶警告等。在 ITS 中应用的传感器主要有环形线圈、压电传感器、红外传感器、微波检测器、超声波传感器、视频车辆检测器等。

2. 智能决策技术

智能决策技术是人工智能和决策支持系统相结合的产物，是智能交通系统的重要技术分支。在智能交通系统领域，智能决策技术主要用于对路网交通运行的三大特征，即交通容量、出行需求、交通状态进行分析计算，利用后台丰富的大数据以及车辆监测的道路反馈信息形成整合力，进一步提升车辆的安全与舒适性。

3. 云计算技术

云计算具有分布式存储、超强计算能力、信息融合共享等优点。利用云计算的这些优点，可以构建智能交通系统云平台，实现交通信息从采集到发布全过程的优化，提高交通信息的时效性和准确性。目前，云计算技术已经在基于 GPS 的浮动车技术、短时交通流预测、最优路径诱导和交通信号控制等智能交通的各个领域得到应用，及时地向出行者发布动态交通信息、报告路况状态、指导出行计划和规划驾车线路，对综合交通的发展起到了积极的推动作用。

4. 通信技术

通信可以定义为信息的传输和交换，一般利用通信系统进行传输。首先来自信息源的消息（语言、文字、图像或数据）在发送端先由末端设备（如电话机、电传打字机、传真机或数据末端设备等）变换成电信号，然后经发送端设备编码、调制、放大或发射后，把基带信号变换成适合在传输媒介中传输的形式；经传输媒介传输，在接收端设备进行译码并转换成受信者可接受的信息。在这个过程中主要涉及的通信技术有传输技术、交换技术和复用技术。

（1）传输技术

依据传输媒介的不同，传输技术分为无线通信技术和有线通信技术。无线通信技术主要包括无线电广播、射频识别（Radio Frequency Identification,RFID）、移动通信、红外线与超声波通信和微波通信等技术。有线通信技术主要包括电缆通信和光纤通信等技术。

需要特别说明的是,这些通信技术在ITS中并不都是独立存在的,很多技术相互渗透、相互交叉。另外,我国现在大多数高速公路通信网采用同步数字体系技术,随着ITS的不断深入和科学技术的迅猛发展,特别是宽带综合业务数字网技术的兴起,高速公路上的通信网、计算机网和监控网三大网将合并成一个网,从而大大提高通信效率和管理水平。

(2)交换技术和复用技术

交换技术是计算机网络中两个终端进行数据传输的方式,交换的作用在于借助交换设备实现通信线路的复用。当传输介质的带宽超过了传输单个信号所需的带宽时,就通过在一条介质上同时携带多个传输信号的方法来提高传输系统的利用率,这就是所谓的多路复用。多路复用技术能把多个信号组合成一条物理信号通过一条物理信道进行传输,使多个终端能共享信道资源,提高信道的利用率,如图6-9所示。

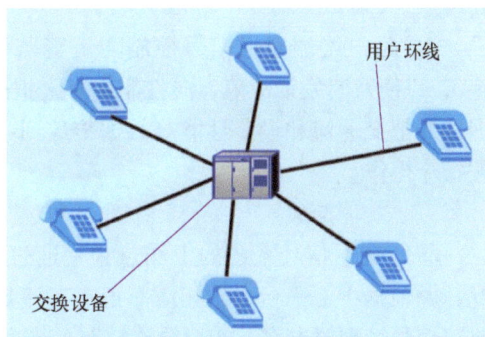

图6-9 交换技术和复用技术

6.2.3 智能交通系统业务构架及应用

智能交通主要应用在智能交通信号系统、智能交通信息平台、警务管理系统、高速公路卡口和ETC、智能公交系统和智能停车系统等,如图6-10所示。

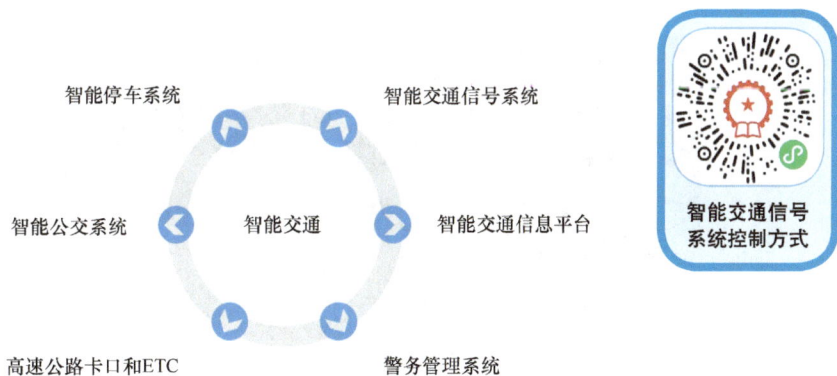

图6-10 智能交通的应用

1. 智能交通信号系统

智能交通信号系统是城市公安交通指挥系统的重要基础应用系统,其主要功能是自动协调和控制区域内交通信号灯的配时方案,从而均衡路网内交通流运行,使停车次数、延误时间及环境污染等减至最少,充分发挥道路系统的交通效益。必要时可通过指挥中心人工干预,直接控制路口信号机执行指定相位,强制疏导交通。

(1)智能交通信号系统组成

智能交通信号系统主要由前端信息采集系统、中心控制系统和路口终端交通信号控制器组成。

1）前端信息采集系统利用安装在路口各个车道的车辆检测器（视频、地磁），自动采集车辆到达信息，从而获得实时路口交通信息，并通过按预设时间间隔统计检测截面的交通流量、占有率、饱和度和车速等信息，对交通流量进行统计分析、报警分析、系统监视分析等。这些数据可以通过网络以标准的数据库文件或文本文件的形式传送到交通指挥中心的交通信息管理数据库中，以便做相应的综合统计分析以及为控制方案的生成、选择和优化提供数据。

2）中心控制系统是指在交通中心建设一个基于 GIS 的公共信息集成平台，通过整合集成各个子系统，达到可视化智能管理与控制和管理决策辅助支持以及面向事件的联动控制和应急处置。

3）路口终端交通信号控制器负责监视设备故障（检测器、信号灯以及其他局部控制设施），以便及时发现故障，向控制中心上报故障信息以便及时解决故障；负责收集实时的检测数据，并把交通流和设备性能等数据传送到中心控制系统；负责接收中心控制系统下发的指令并按指令操作。

（2）智能交通信号系统工作方式

智能交通信号系统的工作过程是通过埋设在道路交叉口的车辆检测器来判断车道使用情况，并根据中心平台对于相应车道、车流量的统计数据进行融合处理，最终获得适应变更交叉路口信号灯配时方案，实行绿波控制，最大限度地保证道路交叉口的通行顺畅。

（3）智能交通信号系统应用

20 世纪 70 年代，我国就已开始研究智能交通信号系统，因此智能交通信号系统在城市中的应用较为广泛。下面以深圳市为例介绍智能交通信号系统的应用，如图 6-11 所示。

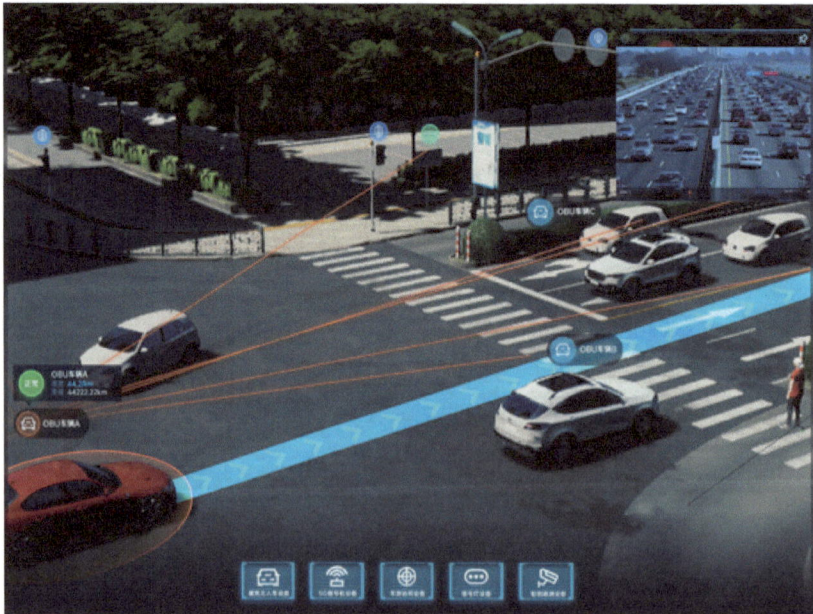

图 6-11　智能交通信号灯控制图

2003 年，深圳市交警局自主研发的满足交通需求发展的新型智能交通控制系统——SMOOTH 信号控制系统投入使用。SMOOTH 信号控制系统具有两大功能：一是自适应控制功能；二是区域协调功能，也就是"绿波带"。2009 年，深圳已使用自适应控制的有 40 多个路口，这些路口安装的车检器每时每刻都在向控制机返回交通量、占有率、空间平均速度等实时交通数据，控制机对这些数据进行分析，得出一套适合当前交通流量的配时方案。

据了解，此系统的应用有效提高了路口有效绿灯时间，早晚高峰通行能力提高了 8.9%，平均延误降低了 17%，高峰延续时间平均缩短 40min。此外，深圳还在特区内 58 条道路和特区外 25 条道路的路段设置了 125 个协调子区进行干线协调控制，道路的主要交叉口都在一定程度上形成了"绿波带"，对区域交通状态起到了明显的改善效果。

2. 智能交通信息平台

智能交通信息平台是智能交通系统的重要组成部分，是交通信息智能化发展的基础和重点，其核心理念是交通信息一体化，核心价值是交通信息资源整合与综合应用。

智能交通信息平台是为实现各 ITS 子系统间的数据共享、实现深层次的信息融合而提供的综合平台。该平台能够接收、存储和处理多源、异构数据，具有数据融合、数据挖掘的功能，并能够为各种应用子系统和公众提供完善的信息服务。它解决了智能交通系统各部门和系统间的信息共享和交互，实现了交通信息的综合和深层次的综合利用，为科学决策提供辅助支持，并可以提供准确、多样化的交通信息服务。

（1）智能交通信息平台构成

智能交通信息平台的构成包括数据层、应用逻辑层和用户界面层。

1）数据层数据处于平台结构的最底，为各类服务提供数据支持。

2）应用逻辑层负责处理用户界面层的请求，完成逻辑计算任务并把结果返回给用户。

3）用户界面层是智能交通系统综合平台应用的用户接口部分，它担负着用户与应用服务器之间的对话功能。

一个完整的智能交通信息平台，还需要在以上三个层次的基础上至少添加以下几个模块：存放交通信息及与交通相关信息的综合信息数据库、交通地理信息基础支撑平台、接入 / 二次数据融合平台、信息加工 / 发布基础平台、专用通信网络平台、输入输出接口及接入模块、平台管理模块、ITS 设备监控 / 网管系统、系统仿真模块、交通决策支持平台。

（2）智能交通信息平台的工作方式

智能交通信息平台对交通运行的静态信息和动态信息进行实时采集，并通过整合视频、车辆动态位置、地理信息系统等信息，结合智能分析技术，实时监控交通行业的运行状况，及时优化交通运行，并为各级政府、各行业主管部门、社会公众和企业提供及时的综合交通信息服务。

（3）智能交通信息平台应用

早在 2010 年，北京、上海、广州、深圳等地就已陆续开展了交通信息平台的建设，并以信息平台为依托逐步构建交通综合信息体系。下面以广州市为例进行介绍，如图 6-12 所示。

广州亚运智能交通信息平台系统由"一个平台、两大系统"组成。其中，广州智能交通基础信息平台实现了 GPS 定位、GPRS 数据传输、数据挖掘、移动信息发布、GIS-T 等高新技术在交通信息管理与服务的集成应用，整合了城市公交、城际交通和交通管理等方面的基础数据和运行数据。交通信息资源覆盖了地面公交、出租车、地铁、公路、民航、铁路、水运、交警视频、电子口岸等，实现了车辆监控调度、电子站牌信息发布、交通防盗防抢、羊城通支付和出租车电召等服务功能。

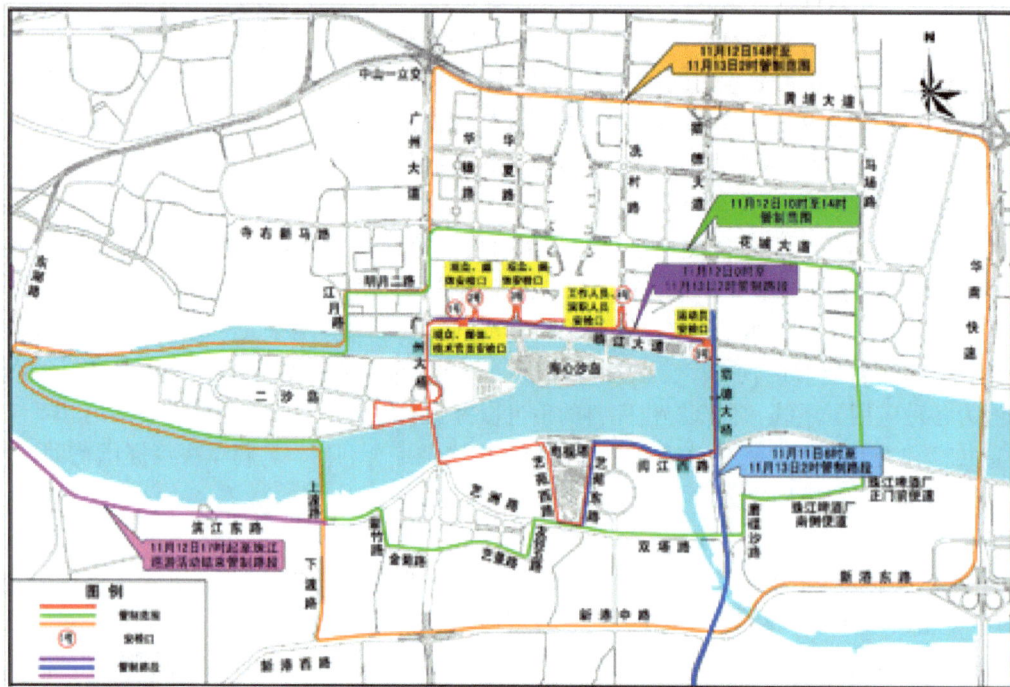

图 6-12　广州亚运会交通信息图

　　面向亚运的广州综合交通信息服务系统向社会提供综合交通基础信息查询、出行规划、路况信息、导航信息、旅行时间预测等服务功能，可通过互联网站、呼叫中心、电子站牌、移动短信、触摸屏查询终端、调频广播 6 种方式为社会提供交通信息服务，如图 6-13 所示。

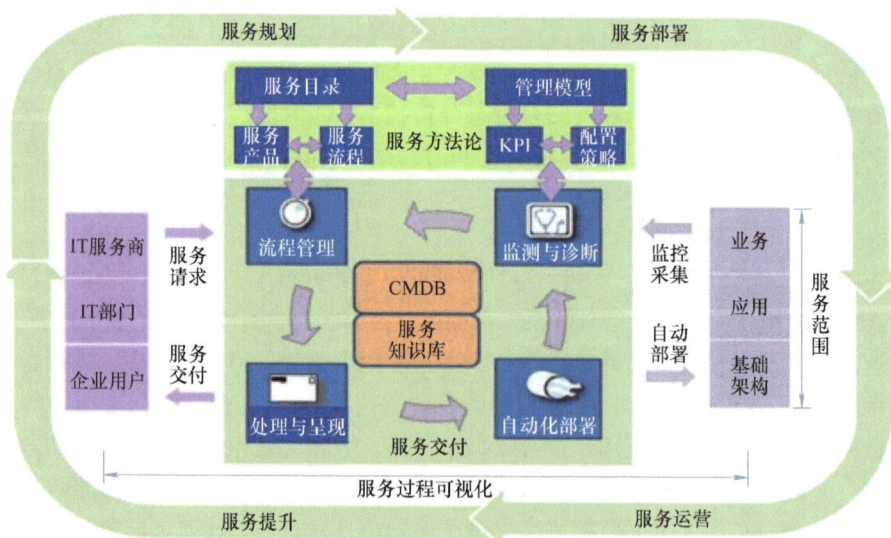

图 6-13　智能交通信息服务平台

广州交通管理智能决策系统已作为广州交通管理业务系统投入运行，具备对 5 万辆营运车辆的在线监控和调度能力，实现了 17000 辆出租车、5000 多辆公交车以及危运车执法车、客运车辆、散体物料车等 28000 辆营运车辆和 200 条公交线路的在线监测和调度，其中，出租车、公交车等营运车辆调度到位率达到 95%。同时，以"广州智能交通信息产业同盟"为载体，建立了"行讯通"交通信息服务市场化运营模式，目前广州移动开通的"行讯通"业务已进入试商用阶段，可以通过短信、彩信、WAP、USS12580 语音、手机导航、GPS 车载导航仪等方式，为出行者提供路况查询、路况定制、动态导航、路径规划等交通信息服务。

广州亚运智能交通信息平台系统的建成运行，有效解决了各种交通方式信息"孤岛"、交通管理效率低、服务水平差等问题，进一步提高了广州地区交通运输的安全性、路网通行能力和运输效率，不仅增强了 2010 年广州亚运交通的保障能力，而且为百姓出行带来了更多的便利；同时还形成了符合市场需求的交通信息服务产业链，产业化前景良好，对于将广州建成为立足华南、面向东南亚的国际性综合交通枢纽和交通信息服务中心，具有重要的现实意义和战略意义。

3. 警务管理系统

为了使警局的信息规范化，减轻警务信息管理人员的负担，提高信息传递效率，同时为了提高警局的信息科技化程度，更好地应对快速发展的社会需求，各地逐渐开始建立警务管理系统。随着科技的不断发展，移动警务管理系统顺应时代潮流应运而生，逐渐成为警务管理系统发展的趋势。因此，在此主要介绍移动警务管理系统。

移动警务管理系统是通过无线网络利用智能手机、PDA 或笔记本计算机等移动终端实现对公安内部网警务信息的访问来完成警务工作的信息化平台或软件。移动警务管理系统作为一种融合无线通信、数据库及计算机网络安全等多种前沿技术的系统，是公安综合信息查询系统的无线延伸，它包括移动终端、数据资源处理平台以及相应的互联网安全管控体系。

（1）移动警务管理系统组成

移动警务管理系统主要由移动终端设备、无线通信网络、公安移动接入网、系统运行服务器物理网闸、公安内部信息网络等组成。

（2）移动警务管理系统工作方式

一般来说，移动警务管理系统的应用模式是移动警务终端发出指令和数据，在经过加密端后，从移动公网到达公安移动接入网，然后经验证并将合法的 TCP/IP 数据包通过防火墙，接着经过身份认证、入侵检测和病毒检测后到达公安移动接入网内的应用服务器；这些指令和数据重新进行封包处理后，再经由安全隔离设备到达公安信息网进行解包，经过解密端后，最终发送至公安信息网内的应用服务器，实现需要的应用及相关处理。产生的结果数据再沿着原路线返回，最后在移动终端解密并展现，如图 6-14 所示。

（3）移动警务管理系统应用

对于公安交通警务管理系统和手段的创新研究与实践，我国还处于刚刚起步的阶段。目前在国家和相关政府职能部门的主导下，国内部分经济发达的城市开始了智能公安交通管理的探索和建设工作，并取得了阶段性的成果。下面以合肥市公安局信息中心新一代移动警务系统为例进行介绍。

2017 年，为实现专业化、智能化、精准化移动应用，创新警务模式和警务运行机制，为打造智慧警务提供可靠技术支撑，合肥市依据《全国公安移动警务建设总体技术方案（2016

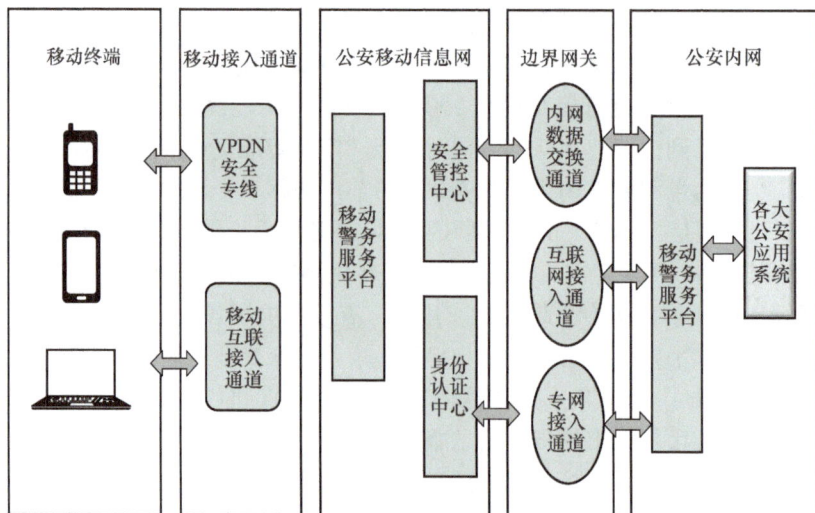

图 6-14　移动警务管理系统

版）》，按照"皖警智能移动警务系统"总体规划，构建新一代公安移动警务平台，建设公安移动信息网以及云架构模式部署联网服务子平台计算存储基础设施，搭建移动应用支撑服务平台和安全防护设施。此外，紧密依托公安网警务云数据中心，以智能语音、人像识别、增强现实、地理信息等技术为驱动，创新建设市级共性应用及警种专业应用 65 个。针对不同应用场景配备各类高效智能警务终端 7000 余台，配备率达 95%，全面支撑现场化移动执法办案、基础信息采集、可视化勤务指挥、便捷化社会服务管理等公安移动业务。2018 年以来，利用该系统报警在逃、前科、吸毒等各类人员 5600 余人，直接抓获各类违法犯罪人员 53 人，服务群众 40 次，实战效益显著。

4. 高速公路卡口和 ETC

高速公路卡口是高速公路上交通治安卡口监控系统的简称，是指依托道路上特定场所，如收费站、交通或治安检查站等卡口点，对所有通过该卡口点的机动车辆进行拍摄、记录与处理的一种道路交通现场监测系统，如图 6-15 所示。

图 6-15　电子不停车收费系统

ETC 为电子不停车收费系统,即车辆在通过收费站时不需要停车,通过车载设备实现车辆识别,在入口处自动写入信息并完成从预先绑定的 IC 卡或银行账户上扣除相应费用的操作。ETC 系统可降低车辆在收费站的滞留时间,有效缓解收费站拥堵的现象,降低油耗,减少废气的排放,降低对环境的不良影响。

(1)ETC 系统的组成

ETC 系统包括三大关键子系统:自动车辆识别系统、自动车型分类系统以及违章抓拍系统。ETC 系统构成如图 6-16 所示。

1)自动车辆识别系统(Automated Vehicle Identification System, AVIS)是一种当车辆通过检测点时,无须人为操作,能快速、准确地识别车辆身份信息的系统。目前电子不停车收费系统中的车辆识别技术主要以微波和红外技术为主,由于技术发展的原因,微波方式的 ETC 已逐渐成为各国的主流。

2)自动车型分类系统(Automatic Vehicle Classification System, AVCS)是指根据已制定的车辆分类标准,对通过收费站的车辆进行信息采集,并根据这些信息对车辆进行自动分类,以便按照车型进行收费。

图 6-16　ETC 系统构成图

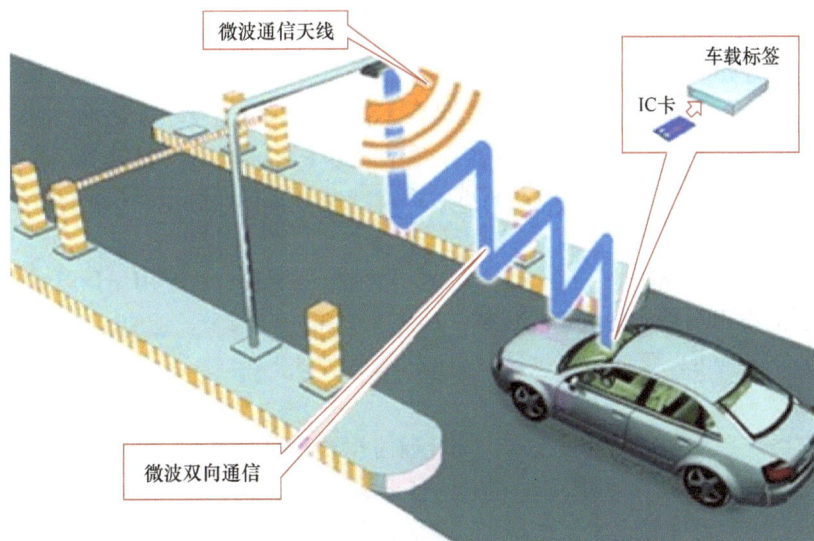

3)违章抓拍系统(Violation Enforcement System,VES)主要由摄像机、图像传输设备、车辆牌照自动识别系统等组成,用于对不带标志识别卡、强行闯关逃费等违章车辆进行抓拍,将相关信息存储记录并传输到收费中心,以便事后进行责任追究。

(2)ETC 的工作方式

ETC 收费系统的收费过程示意图如图 6-17 所示。

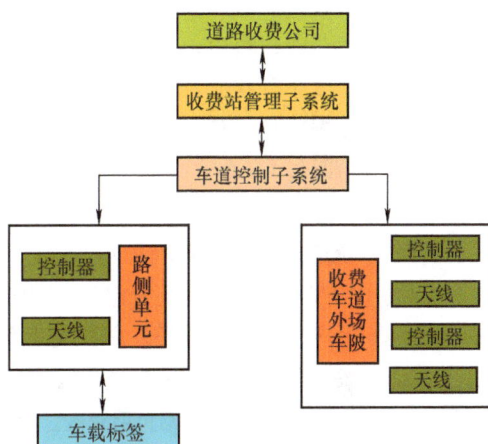

图 6-17　ETC 收费系统的收费过程示意图

ETC 的具体工作过程如下：

首先车主需购置电子标签，并交纳一定的储值。接着由系统向电子标签输入车辆的识别码（ID）与密码，并在数据库中存入与本车相关的全部信息，如电子标签识别码、车牌号码、车辆型号、颜色、车主姓名与电话等，并将上述信息通过网络上传到收费系统中；然后将电子标签安装在车内前窗上；当车辆匀速驶入 ETC 收费车道入口处的天线发射范围时，处于休眠的电子标签受到微波刺激就会被唤醒转入工作状态；电子标签通过微波发出电子标签识别码和车型代码，天线接收信息确认电子标签有效后，以微波发出入口车道代码和时间信号等，并写入电子标签的存储器内；最后，当车辆驶入 ETC 车道出口处的天线发射范围，并经过相互认证识别后，天线将读取车辆代码、入口代码和时间传送给车道控制计算机；车道控制计算机存储原始数据，并将数据文件上传至收费站管理子系统与收费结算中心，从而自动完成收费，并打开自动栏杆让车辆通过。

（3）ETC 系统应用案例

ETC 系统应用呈现如下趋势：

1）中国 ETC 覆盖率呈上升趋势。2019 年 5 月，在国家层面连续推出三个关于 ETC、收费站政策后，用户总量大幅增长。根据交通部数据，截至 2020 年年底，ETC 用户数量为 2.25 亿。初步统计，按 2021 年汽车保有量 3.02 亿、ETC 覆盖率为 85% 计算，2021 年新增 ETC 用户约 3170 万个，ETC 累计用户数达 2.57 亿。从用户覆盖率来看，ETC 覆盖率呈上升趋势，由 2015 年的约 15% 提升至 2020 年的约 80%。

2）ETC+ 时代，ETC 应用拓展至一系列领域。从应用领域来看，ETC 设备主要应用于高速公路收费、停车场收费和多车道收费三大场景。2019 年后，行业进入 ETC+ 时代，ETC 应用拓展至智慧加油、智慧洗车、智慧充电、智慧景区 / 园区等领域。

3）中国 ETC 智慧停车城市建设取得一定进展。据交通运输部路网监测与应急处置中心披露，截至 2021 年 12 月 31 日，共有 23 个省份新建或改造了 ETC 停车场，全网具备 ETC 支付功能的停车场共计 3404 个，环比增加 18.7%，已正式上线运营的停车场共计 2728 个，环比增长 15.4%。各省份中，ETC 停车场开通数量最多的省份依次为山东省、北京市与浙江省，数量分别达 936 个、572 个与 489 个；ETC 停车场在线运营最多的省份依次为山东省、浙江省与北京市，数量分别达 936 个、485 个与 362 个。

4）中国 ETC 加油站建设陆续开展。近几年，ETC 加油站建设陆续开展，ETC 无感支付发展迅速。根据官方统计，在全国的加油站内，移动支付平均占所有支付的 28%，其中，使用微信支付平均占比 78%。相比于移动支付模式，ETC 支付、采用车牌识别技术的无感支付等在安全性方面更具有保障。

5）ETC 应用场景有望向城市场景延伸。总体来说，从 ETC 的应用场景以及支付方式两方面来看，ETC 的应用场景有望进一步拓宽，从高速公路向城市场景延伸；此外，在高速公路、停车场、机场等场景中，预计将提供各种类型的支付方式。

5. 智能公交系统

智能公交系统是基于自动定位技术、无线通信技术、地理信息技术等技术的综合运用于一体，实现公交车辆的定位、线路跟踪、自动语音报站、班车路线管理报表统计、班车路线统计、实时视频监控、车辆调度管理、调度排班、驾驶人管理、油耗管理等功能，以及公交线路的调配和服务能力，实现区域人员集中管理、车辆集中停放、计划统一编制、调度统一指挥，使人力、运力资源在更大范围内动态优化和配置，降低公交运营成本，提高调度应变能力和乘客服务水平，最终推动智慧交通与低碳城市的建设。

（1）智能公交系统组成

智能公交系统通常由智能公交调度管理系统、智能公交车载系统、智能公交服务系统等组成，如图 6-18 所示。

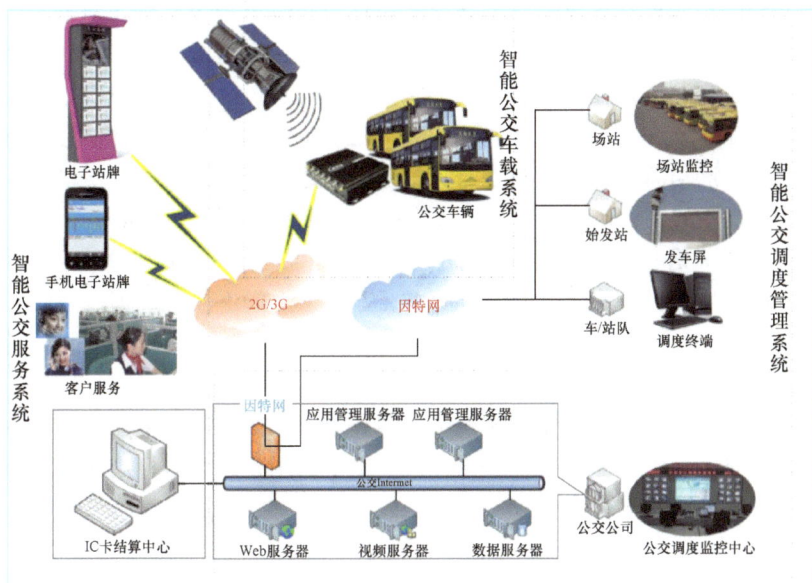

图 6-18 智能公交系统组成

1）智能公交调度管理系统用于实现对城市公交车辆、公交车驾驶员及场站资源的规范化运行组织、运行监控与协同管理，包括智能公交调度管理平台（多级）及智能公交数据中心建设。

2）智能公交车载系统是智能公交系统重要的数据采集端，担负着车辆关键设备（如发动机、油箱、空调等）工作状态的数据采集、车辆运行状态（如车速、位置、载客量等）数据采集的职责，通常包含车载视频监控设备、GPS 定位设备以及发动机温度传感器、油箱油量传感器、车厢烟雾报警器等电子设备。

3）智能公交服务系统包括公交 IC 卡、电子站牌、客户服务等便捷的费用支付、信息发布、服务质量投诉受理类系统，是公众感受城市公交出行服务水平与服务质量的关键设施。

（2）智能公交系统工作方式

智能公交系统的工作过程首先是通过智能公交信息服务系统向用户提供公交信息，如乘车信息、行车时刻表信息、票价信息等；然后通过车载装置采集站点上、下车人数以及当前车辆的运行状态、位置、速度等信息，通过 GPRS 将站点客流信息发回信息中心，由信息中心完成对信息的存储、处理、压缩、预测等过程，并根据调度算法，生成各种预测数据（如到站时间）和调度指令（如加速、减速、正常运行等），通过 GPRS 发往各电子站牌和公交车载系统，同时信息中心将所有公交车辆的运行状态动态地显示在大屏幕上。

（3）智能公交系统应用

近几年，由于科学技术的进步和政府对公交投入力度的加大，国内智能公共交通系统已初见端倪。比如北京、上海、杭州、大连等城市已经在部分公交线路上建立了公交车辆跟踪调度系统，并且安装了电子站牌、车载 GPS 定位设备，实现了对车辆的实时跟踪和定位、公交车与调度室的双向通信，以及电子站牌上实时显示下班车位置信息等功能。下面以北京市为例介绍智能公交系统。

北京市公交总公司智能化调度系统总体方案设计及示范工程项目是我国第一个综合性的公交 ITS 项目。该系统通过调度指挥中心屏幕能监视线路上公交运营车辆、机动车辆、抢修车辆的动态位置情况；实现区域调度中心和公司的实施通信；通过计算机网络中心数据库，实现对 IC 卡系统、车辆定位数据的共享，实现客运量、客运收入及运营生产过程信息的自动采集、传输，提高企业基础生产信息记录的客观性与真实性；通过电子显示技术实现线路站牌对运营车辆到达预报及位置信息的显示，提高公共交通的社会服务水平与服务质量。

总之，通过各种先进技术手段极大地提高了对公交运营车辆调度相关信息进行采集传输、处理和输出显示的效率，实现了运营车辆优化的行车方案、调度监控、事故处理紧急救援以及对乘客进行服务。

6. 智能停车系统

智能停车系统是通过远距离识别系统的无源射频卡技术协助停车场完成停车收费的一种系统。智能停车系统是 ITS 的重要组成部分之一，其主要作用是对城市拥堵状况和道路占用过多的情况进行有效的缓解，提高停车设施利用率，减少车辆尾气排放量和降低噪声，对交通环境进行优化。

（1）智能停车系统组成

基于射频识别技术（RFID）的智能停车系统主要由车道子系统、站级子系统、应用服务子系统三个子系统组成。

1）车道子系统就是位于各个停车场的出入口的车道系统，这个系统主要包括以下终端设备：费额显示器、车位提示屏、读写天线、车牌自动识别系统、车道摄像机等，如图 6-19 所示。

2）站级子系统的作用是管理单个停车场的各个出入口的车道系统，对每个车道上的车辆出入情况及收费情况进行汇总。

3）应用服务子系统的作用是对城市内所有单个停车场的站级子系统进行管理，统计并发布整个城市的车位资源情况，同时针对不同用户调整停车场费用以及切分费用，并提供增值服务，如车位预订等。

（2）智能停车系统工作方式

停车场管理系统运行过程是以用户停车取车的过程为基础的，停车场的工作流程也始终以用户车辆进、出停车场的流程为中心，如图 6-20 所示。停车场用户一般分为临时用户和固定用户两大类。当车辆驶入或驶出停车场天线通信区时，天线以微波通信的方式与车载射频卡进行双向数据交换，从射频卡上读取车辆的相关信息自动识别射频卡并判断车卡是否有效和合法，车道控制计算机显示与该射频卡对应的车牌号码及驾驶人等资料信息。车道控制计算机自动将通过时间、车辆和驾驶人的有关信息存入数据库中，车道控制计算机根据得到的数据进行判断，然后做出放行或禁止的决策。

智能网联汽车概论

实验指导 + 项目工单

夏国强　贾爱芹　主　编

姓　名＿＿＿＿＿＿＿＿＿

班　级＿＿＿＿＿＿＿＿＿

机械工业出版社

目　　录

项目一　毫米波雷达安装与调试

实验指导

一、实验目的

理解毫米波雷达的工作原理，能够正确使用双轴数显水平仪，能够正确安装毫米波雷达。掌握毫米波雷达安装电路图的识读方法，并能够进行毫米波雷达的调试工作。

二、实验仪器设备

毫米波雷达（实验台或实验箱）、维修工具套件、双轴数显水平仪。

三、实验内容与注意事项

（一）内容

掌握毫米波雷达安装和调试方法。

（二）注意事项

1）检查实训场地是否整洁、有无安全隐患。

2）检查实训设备是否完整、工作是否正常。

3）检查实训工具和仪器是否完整、功能是否正常。

四、操作规程

（一）操作前准备

检查实训工具和仪器是否完整、功能是否正常。

（二）操作过程

1.毫米波雷达安装与调试

车载毫米波雷达通常安装在车辆前部的进气格栅或前后保险杠位置。雷达天线罩指向车辆行驶方向，线束插接件朝向下方。在理想情况下，雷达天线罩前方不要有额外的覆盖件或经过喷涂的保险杠。如果雷达必须安装于覆盖件后面，那么需要特别注意覆盖件的材料、形状、涂料以及与雷达的相对位置。覆盖件表面的水滴、水膜和积雪等杂物都有可能引起信号衰减或功能受限。覆盖件不应使用导电材料，不能阻碍毫米波雷达的电磁波发射。

原车的毫米波雷达会设有专用的安装支架，按照规定力矩安装即可。如果是后加装的毫米波雷达，则需要注意调整安装角度，如图1所示。在标定毫米波雷达的安装角度时，通常使用双轴数显水平仪。

（1）近距离毫米波雷达安装

近距离毫米波雷达（ESR）的探测距离通常小于60m，一般安装在车辆侧前方、侧后方，如图2所示。它主要用于车辆的侧方探测、预警、变道辅助等功能。

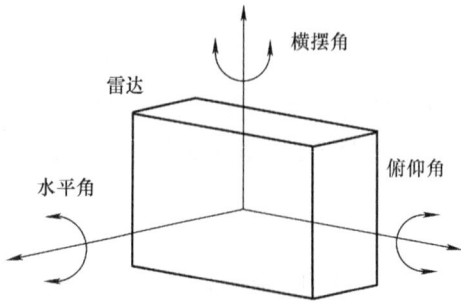

图1 毫米波雷达安装角度

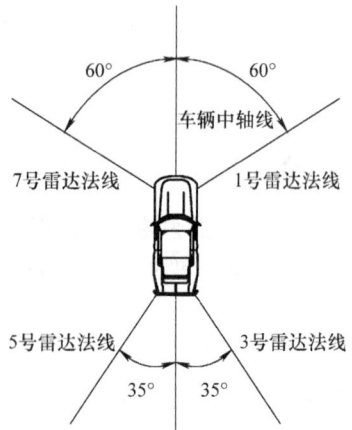

图2 近距离毫米波雷达安装角度

（2）中、远距离毫米波雷达安装

中、远距离毫米波雷达（EMR）主要用于自适应巡航系统（ACC）、自动紧急制动系统（AEB）、前碰撞预警系统（FCW）以及无人驾驶的前向探测，主流的安装位置都是在车辆的正前方，如图3所示。

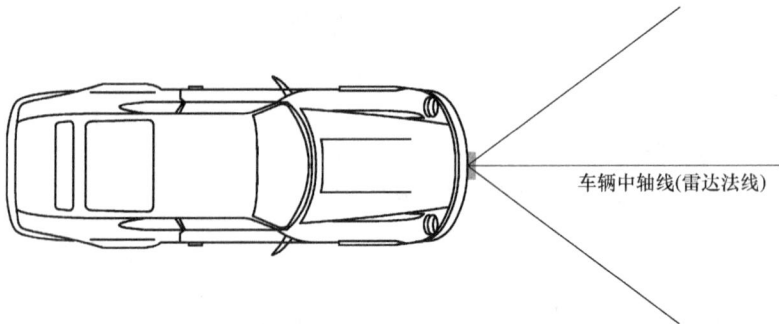

图3 中、远距离毫米波雷达安装角度

（3）安装高度调试

推荐的毫米波雷达安装高度，在车辆满载时 $h \geqslant 500mm$，车辆空载时 $h \leqslant 1000mm$，如图4所示。

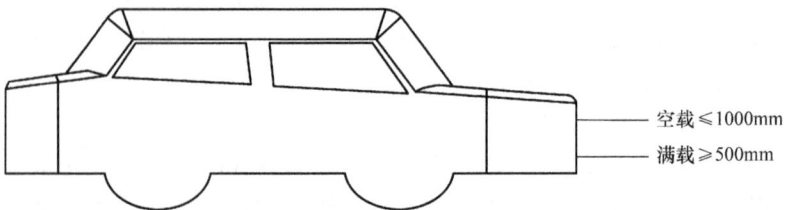

图4 毫米波雷达安装高度

（4）毫米波雷达装配

在选购的毫米波雷达套件里面带有安装附件，如图 5 所示。

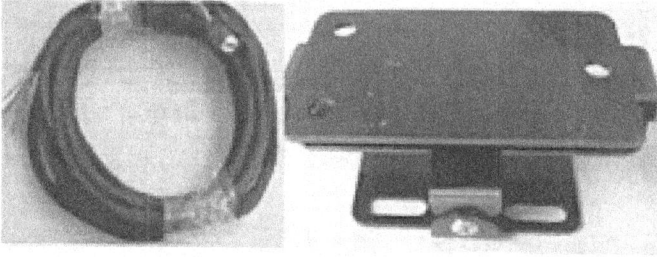

图 5　毫米波雷达附件

毫米波雷达插接件端子及含义，如图 6 所示。

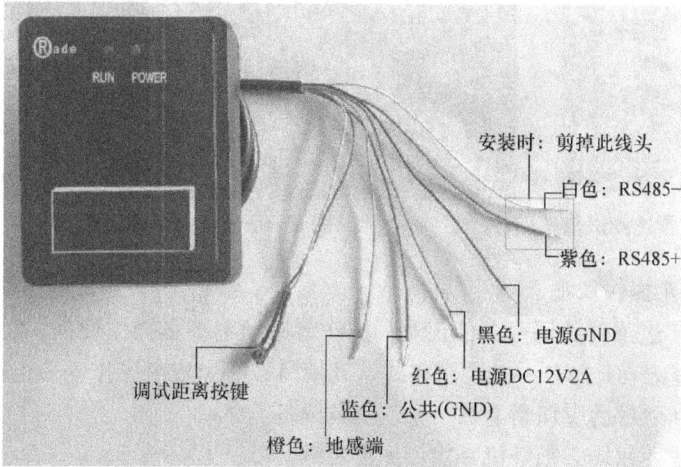

图 6　毫米波雷达插接件端子及含义

毫米波雷达线路连接如图 7 所示。

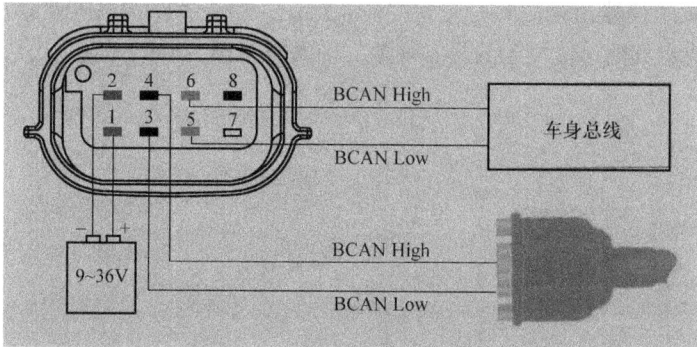

图 7　毫米波雷达线路连接

2. 毫米波雷达测试

目前针对毫米波雷达的测试主要包括功能测试、关键性能测试以及使用性能测试。功能测试主要通过障碍物模拟一个或多个距离、速度、角度的汽车、非机动车辆及行人等，然后对雷达距离范围、距离精度、速度范围、速度精度、角度范围、角度精度等进行测试，得到雷达的功能测试结果。性能测试则是对雷达发射器、接收器等部件本身性能的测试，包含发射信号频率、信号功率、发射功率、相位噪声、调频线性度等性能指标。使用性能测试是在试验场通过实际 ADAS 场景搭建进行最后的使用性确认。

1）打开毫米波雷达测试软件，如图 8 所示。

2）选择 CAN 接口，启动测试程序即可显示毫米波雷达的运行数据，如图 9 所示。

图 8 毫米波雷达测试软件图标

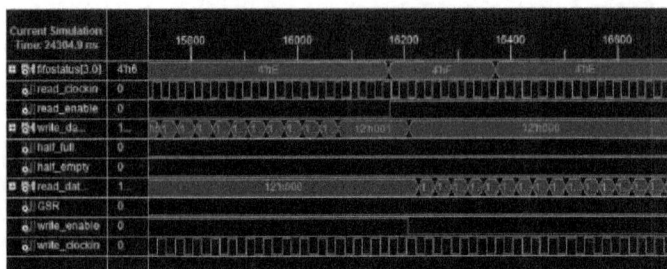

图 9 毫米波雷达的运行数据

（三）安全操作规程

为确保雷达正确使用，工作正常，操作者必须熟悉本操作规程。实验运行必须建立运行情况登记表日志，并按要求格式认真填写；必须规范操作，禁止随意起动设备。

完成实训项目后应切断电源，整理工具设备。

保养方法：每周必须开机一次，加温驱潮。

维护方法：设备定期开机预热，检查功能状态。

故障诊断及排除方法：如果测不到信号，应检查电源线和信号线是否接好；如果突然停电，应马上关闭所有测试仪器，待有电后，重新测量。

如果测试中仪器出现故障，应立即停止测试，检查测试设备连接情况。若未能查明故障原因或者其他可能发生的异常现象，应及时汇报，并做好现场记录。

项目工单

姓名		班级		学号	
专业		学时		日期	

实验目的	1. 能够正确使用双轴数显水平仪 2. 能够按照要求安装毫米波雷达 3. 能够识读毫米波雷达安装电路图 4. 能够完成毫米波雷达的调试
工作任务	毫米波雷达安装与调试
任务准备	
制订计划	
计划实施	
实验总结	

（续）

评分项目	知识能力	实验能力	素养	总评
自我评分				
小组评分				
教师评分				
合计				

左侧合并："质量评价"

教师反馈

思考题目	1.毫米波雷达的工作原理是什么？ 2.毫米波雷达安装的高度是多少？ 3.毫米波雷达的安装角度是多少？
答案记录	

左侧："思考与练习"

项目二 惯性导航传感器安装与标定

实 验 指 导

一、实验目的

使学生熟练掌握惯性导航传感器的安装与标定方法，增强学生理论联系实际的意识；通过本实验的学习，使学生能够结合专业知识对所学的理论知识进一步巩固。

二、实验仪器设备

惯性导航传感器实验台或实验箱，线控底盘或实车。

三、实验内容与注意事项

（一）内容

惯性导航传感器的安装与标定。

（二）注意事项

1）遵守实验室规章制度。

2）注意人身安全和教具完好。

3）规范操作，禁止随意启动设备。

四、操作规程

（一）操作前准备

检查实验工具和仪器是否完整、功能是否正常。

（二）操作过程

MEMS 陀螺仪标定采用速率标定方式。

1）将 MEMS 陀螺仪安装在支架上，安装时注意传感器的平整，并保证无遮挡。

2）将待标定 MEMS IMU 固定于三轴转台的平台上，确保 IMU 的轴向与转台轴向平行。

3）系统开机，初始化。

4）X 轴陀螺仪标定数据采集。

① 操作实验台使三轴转台中的 X 轴正转，Y、Z 轴静止，速率稳定后记录 X、Y、Z 轴的 MEMS 陀螺仪输出数据，将数据记录在表 1 中。

② 操作实验台使三轴转台 X 轴反转，此时角速度与之前相同，Y、Z 轴静止，速率稳定后记录 X、Y、Z 轴的 MEMS 陀螺仪输出数据，完成后使三轴转台停止转动。

表 1　数据记录表

三轴转台操作状态	MEMS 陀螺仪输出数据	
X 轴正转，Y、Z 轴静止	X 轴输出数据	
	Y 轴输出数据	
	Z 轴输出数据	
X 轴反转，Y、Z 轴静止	X 轴输出数据	
	Y 轴输出数据	
	Z 轴输出数据	

5）Y、Z 轴陀螺仪标定数据采集。

① 操作实验台使三轴转台中的 Y 轴正转，X、Z 轴静止，速率稳定后记录 X、Y、Z 轴的 MEMS 陀螺仪输出数据，将数据记录在表 2 中。

② 操作实验台使三轴转台 Y 轴反转，此时角速度与之前相同，X、Z 轴静止，速率稳定后记录 X、Y、Z 轴的 MEMS 陀螺仪输出数据，完成后使三轴转台停止转动。

表 2　数据记录表

三轴转台操作状态	MEMS 陀螺仪输出数据	
Y 轴正转，X、Z 轴静止	X 轴输出数据	
	Y 轴输出数据	
	Z 轴输出数据	
Y 轴反转，X、Z 轴静止	X 轴输出数据	
	Y 轴输出数据	
	Z 轴输出数据	

③ 操作实验台使三轴转台中的 Z 轴正转，X、Y 轴静止，速率稳定后记录 X、Y、Z 轴的 MEMS 陀螺仪输出数据，将数据记录在表 3 中。

④ 操作实验台使三轴转台 Z 轴反转，此时角速度与之前相同，X、Y 轴静止，速率稳定后记录 X、Y、Z 轴的 MEMS 陀螺仪输出数据，完成后使三轴转台停止转动。

表 3　数据记录表

三轴转台操作状态	MEMS 陀螺仪输出数据	
Z 轴正转，X、Y 轴静止	X 轴输出数据	
	Y 轴输出数据	
	Z 轴输出数据	
Z 轴反转，X、Y 轴静止	X 轴输出数据	
	Y 轴输出数据	
	Z 轴输出数据	

6）求取步骤 4）、5）各次角速度实验中的角速度平均值，用于标定计算。

7）MEMS IMU 加速度计六面法标定（图 1）。

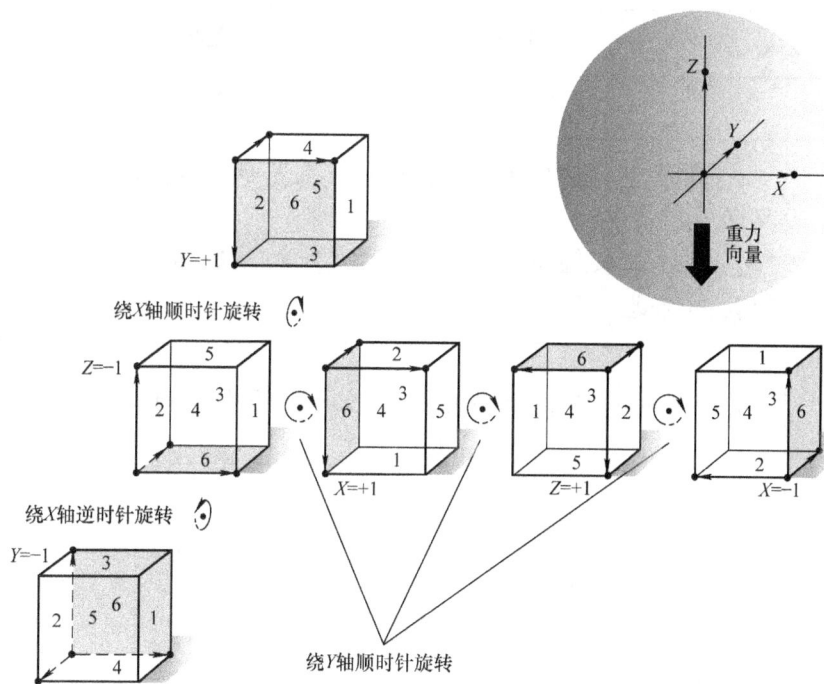

图 1 加速度计六面法

将 MEMS IMU 放置于六面立方体，按图 1 所示顺序翻转 6 次，分别采集 6 个状态的加速度仪静止数据（用于校正），将数据记录在表 4 中。

表 4 数据记录表

状态	加速度数据	状态	加速度数据
状态 1		状态 4	
状态 2		状态 5	
状态 3		状态 6	

8）恢复各模块初始位置，关闭调试软件。

项目工单

姓名		班级		学号	
专业		学时		日期	

实验目的	1.使学生熟练掌握惯性导航传感器的安装与标定方法，增强学生理论联系实际的意识 2.通过本实验的学习，使学生能够结合专业知识对所学的理论知识进一步巩固
工作任务	惯性导航传感器的安装；惯性导航传感器的标定
任务准备	
制订计划	
计划实施	
实验总结	

（续）

	评分 项目	知识能力	实验能力	素　养	总　评
质量 评价	自我 评分				
	小组 评分				
	教师 评分				
	合计				

教师 反馈	

思考与 练习	思考 题目	1. 惯性传感器的标定方法是什么？ 2. 惯性传感器的标定步骤是什么？
	答案 记录	

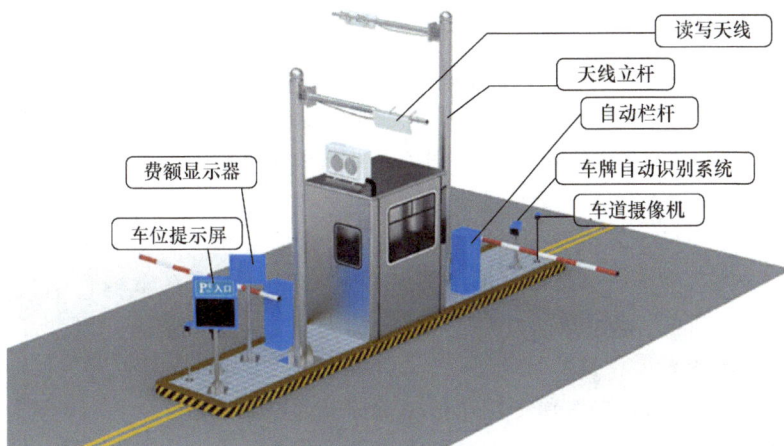

图 6-19 智能停车车道子系统组成示意图

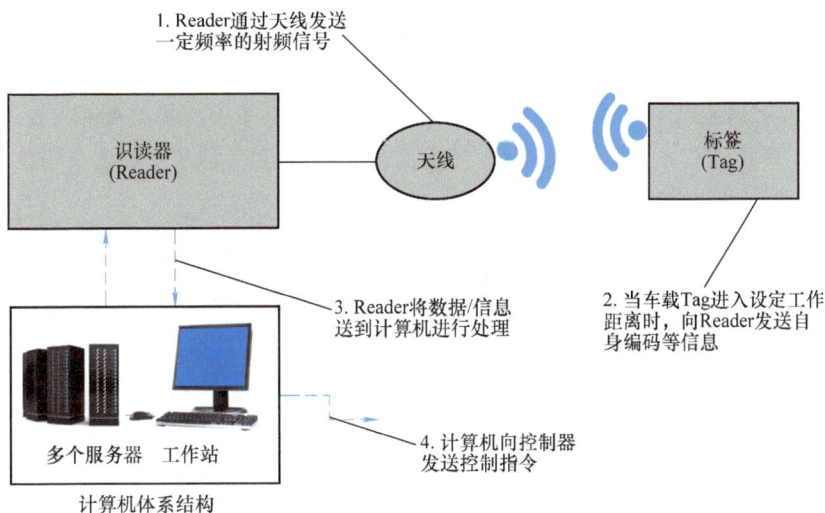

图 6-20 智能停车系统工作过程图

（3）智能停车系统应用

为提升停车设施利用率，缓解交通拥堵，我国北京、上海、广州、杭州等地都建设了智能停车系统，取得了一定的成效。下面以北京为例介绍智能停车系统的应用。

2012 年北京王府井地区智能停车诱导系统启动运营。该系统通过网络、手机、车载导航、交通台、路侧三色诱导屏等方式实时发布动态停车信息，可实现检索诱导、车位预定、错时停车等多种功能。王府井智能停车系统一期工程已连通 6 家大型停车场，覆盖 2000 余个车位，占王府井地区可开放停车位总数的 70% 以上，极大地提高了停车场的服务质量和车辆通行效率。

知识链接

公共交通收费电子卡系统

电子卡在智能公共交通系统中最典型的应用就是公共交通收费系统（城市交通卡），其经历了从接触式到非接触式的发展历程。考虑到人员流动速度、处理速度、车辆振动以及技术可行性，公共交通收费系统中普遍使用的是非接触式电子卡。目前，公共交通收费电子卡系统已用于公共汽车、地铁、出租车、轮渡、轻轨等车费的电子自动支付。

公共交通收费电子卡系统一般包括：电子卡、车载验票机、余额验票机、充值系统、发卡系统、数据采集系统和数据处理系统。该系统除了有人们熟悉的乘车卡以外，还有许多其他功能卡，所有卡都由上级卡授权生成。

车载验票机是系统最重要的组成部分，主要用于储值卡扣款。车载验票机与乘车卡的读写距离一般为 0 ~ 10cm，读写时间不超过 0.1s；余额验票机不对乘车卡进行扣费处理，只读取数据并显示卡内余额及消费记录，以方便乘客查询。发卡系统用于乘车卡的初始化和首次充值，乘车卡初始化后在空白卡内写入发行编号、读写器密码、存取权限等，以便卡发售后对卡的跟踪；充值系统用于各个电子卡的充值点，将指定面额及卡余额写入卡中，必须由持有卡且知道操作密码的操作员进行，各个充值点的数据信息将会实时传递回数据处理中心；数据采集系统由数据采集机以及数据采集卡组成，操作人员将销售终端（Point Of Sale, POS）机与车载机相连用于采集车载机上存储的数据；数据处理系统用于对整个系统进行数据处理，主要用于汇总各类数据、接收 POS 机数据、初始化 POS 机、产生付费黑名单等。

由于公共交通系统中参与人数众多，作为支付手段的电子卡的集成应用一直是世界范围的热门议题，目前研制出的手机等多种付费手段，已成功应用于城市的公共交通收费系统中。

小贴士

从北京夏奥到北京冬奥，海信智能交通持续保障一路顺畅

交通顺畅、安全是保障冬奥会顺利召开的重要工作。在 2022 北京冬奥会赛场外，全新升级安装的冬奥会场馆以及其周边近 120 台交通信号机系统，全部接入新一代管控平台，既可以智慧调控，也可以由中心指挥人员远程对道路口信号状态进行监管、调控，保障奥运车辆、运动员和市民更畅通、安全地出行。为做好奥运场馆周边的交通信号优化处理，2022 年冬奥会期间，海信网络科技公司专门派出了一支由交通信号骨干工程师组成的服务团队，包括除夕和赛事举办期间，全程驻守坚守岗位，协助北京交管部门进行冬奥会场馆周边交通信号及公交优先设备的保障工作，确保 24h 交通信号正常运营。

与此同时，针对参加盛会车辆优先放行的特殊需求，海信交通信号团队也参与完成了奥运专用线路上的 5 处公交优先设备的安装调试，及相关指定车辆上的电子标识安装任务。当相关指定车辆行驶时，公交优先设备能够对其自动识别、自动优化，确保该车辆优先放行，减少路口交警执勤压力。

值得一提的是，这是海信智能交通第二次服务北京奥运。第一次是 2008 年的夏季奥运会，当时信号机市场还处于被国外巨头垄断的格局，海信提前着手研发针对中国道路交通特点的信号机，成功中标并圆满完成北京奥运的交通保障任务。

思考题

1. 为什么要建设智能交通系统?

2. 智能交通系统的定义是什么? 它有哪些特点?

3. 智能交通系统主要应用的技术有哪些?

4. 你所知道的智能交通系统应用有哪些? 请举例说明。

5. ETC 的工作原理是什么 ?

6. 智能交通系统体系构建有哪几种方法? 它们之间有什么不同?

第 7 章　智能网联汽车与云计算

本章首先介绍云计算的基本知识，即云计算的概念、云计算的系统架构；在此基础上介绍从智能网联汽车的数据处理、交通道路信息采集与数据处理、云计算在智能网联汽车中的实际应用，进一步加深云计算在智能网联汽车中的应用。

学习目标

1. 了解云计算的概念。
2. 了解云计算的系统架构。
3. 掌握智能网联汽车的数据处理。
4. 掌握云计算在智能网联汽车中的实际应用。

7.1　云计算的基础知识

云计算是目前主流的计算方式，智能网联汽车与云计算密不可分，你知道云计算在智能网联汽车中的具体应用场景是什么吗？智能网联汽车靠云计算能解决什么问题呢？

7.1.1　云计算的定义

云计算是由分布式计算、并行处理、网络计算发展来的，是一种新兴的商业计算模型。

云计算将 IT 相关的能力以服务的方式提供给用户，允许用户在不了解提供服务的技术、没有相关知识以及设备操作能力的情况下，通过互联网（Internet）获取需要的服务。

中国云计算网将云定义为：云计算是分布式计算（Distributed Computing）、并行计算（Parallel Computing）和网格计算（Grid Computing）的发展，或者说是这些科学概念的商业实现。

云计算（Cloud Computing）是基于互联网相关服务的增加、使用和交付模式，通常涉及通过互联网来提供动态易扩展且经常是虚拟化的资源。狭义云计算指 IT 基础设施的交付和使用模式，指通过网络以按需、易扩展的方式获得所需资源。广义云计算指服务的交付和使用模式，指通过网络以按需、易扩展的方式获得所需服务。这种服务可以是 IT 和软件，也可以是其他服务。它意味着计算能力也可作为一种商品通过互联网进行流通。

其实简单地说，云计算是一种基于互联网的超级计算模式，它将计算机资源汇集起来，进行统一的管理和协同合作，以便提供更好的数据存储和网络计算服务。

云计算的最终目标是将计算、服务和应用作为一种公共设施提供给公众，使人们能够像使用水、电、煤气和电话那样使用计算机资源。

1. 云计算的特点

1）具有高可靠性。云计算提供了安全的数据存储方式，能够保证数据的可靠性。用户无须担心软件的升级更新、漏洞修补、病毒的攻击和数据丢失等问题，从而为用户提供可靠的信息服务。

2）具有高扩展性。云计算能够无缝地扩展到大规模的集群之上，甚至包含数千个节点同时处理。云计算可从水平和竖直两个方向进行扩展。

3）具有高可用性。在云计算系统中，出现节点错误甚至很多节点发生失效的情况都不会影响系统的正常运行。因为云计算可以自动检测节点是否出现错误或失效，并且可以将出现错误和失效的节点清除掉。

4）虚拟技术。云计算是一个虚拟的资源池，它将底层的硬件设备全部虚拟化并通过互联网使得用户可以使用资源池内的计算资源。

5）廉价性。云计算将数据送到互联网的超级计算机集群中处理，这样无需对计算机的设备不断进行升级和更新，仅需支付低廉的服务费用，就可完成数据的计算和处理，从而大大减少了成本。

2. 云计算的内涵

云计算是一种基于互联网的、大众按需、随时随地获取计算资源与能力进行计算的新计算模式，其计算资源与能力（计算能力、存储能力、交互能力）是动态、可伸缩且被虚拟化的，以服务的方式提供。这种新型的计算资源与能力的组织、分配和使用模式，有利于合理配置计算资源与能力并提高其利用率，降低成本，减少排放，实现高效、柔性、绿色计算。

7.1.2　云计算的系统构架

1. 云计算架构组成

云计算系统架构参考模型如图 7-1 所示。

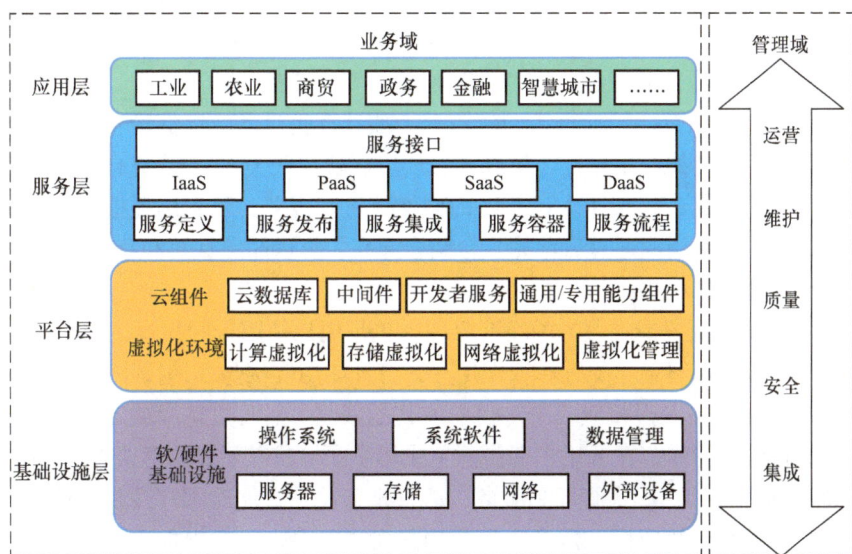

图 7-1　云计算系统架构参考模型

（1）基础设施层

云计算系统承载一切的基础部分就是其基础设施层，可以进一步细分为物理资源、操作系统、系统软件。

（2）平台层

平台层是各类云服务承载的基础，通过统一的云平台可实现对计算、存储、网络资源池实现集群化统一管理，可基于底层资源实现各类数据库中间件、通用或专用能力组件等各类云组件的统一化管理，同时还可以为云服务的开发者提供支持。

（3）服务层

服务层可以提供基础设施即服务、平台即服务、软件即服务、数据即服务，并提供相关的自动化服务流程和服务接口。

（4）应用层

应用层是指基于服务层提供的各种接口，构建适用于各行业的应用环境，提供给软件厂商或开发者、用户的应用平台。

云计算前身是利用并行计算解决大型问题的网格计算和将计算资源作为可计量的服务提供的公用计算，在互联网宽带技术和虚拟化技术高速发展后萌生出云计算。

云计算的基本原理为：利用非本地或远程服务器（集群）的分布式计算机为互联网用户提供服务（计算、存储、软硬件等服务）。这使得用户可以将资源切换到需要的应用上，根据需求访问计算机和存储系统。云计算可以把普通的服务器或者 PC 连接起来以获得超级计算机的计算和存储等功能，但是成本更低。云计算真正实现了按需计算，从而有效地提高了对软硬件资源的利用效率。云计算的出现使高性能并行计算不再是科学家和专业人士的专利，普通的用户也能通过云计算享受高性能并行计算所带来的便利，使得人人都有机会使用并行机，从而大大提高了工作效率和计算资源的利用率。云计算模式中用户不需要了解服务器在哪里，不用关心内部如何运作，通过高速互联网就可以透明地使用各种资源。

云计算是全新的基于互联网的超级计算理念和模式，实现云计算需要多种技术结合，并且需要用软件实现将硬件资源进行虚拟化管理和调度，形成一个巨大的虚拟化资源池，把存储于个人电脑、移动设备和其他设备上的大量信息和处理器资源集中在一起，协同工作。

按照最大众化、最通俗的理解，云计算就是把计算资源都放到互联网上，互联网即是云计算时代的云。计算资源则包括了计算机硬件资源（如计算机设备、存储设备、服务器集群、硬件服务等）和软件资源（如应用软件、集成开发环境、软件服务）。云计算体系结构云计算平台是一个强大的"云"网络，连接了大量并发的网络计算和服务，可利用虚拟化技术扩展每一个服务器的能力，将各自的资源通过云计算平台结合起来，提供超级计算和存储能力。

通用的云计算体系结构如图 7-2 所示。

云用户端：提供云用户请求服务的交互界面，也是用户使用云的入口，用户通过 Web 浏览器可以注册、登录及定制服务、配置和管理用户，打开应用实例与本地操作桌面系统一样。

服务目录：云用户在取得相应权限（付费或其他限制）后可以选择或定制服务列表，也可以对已有服务进行退订操作，在云用户端界面生成相应图标或以列表的形式展示相关的服务。

管理系统和部署工具：提供管理和服务，能管理云用户，能对用户授权、确认、登录进行管理，并可以管理可用计算资源和服务，接收用户发送的请求，并根据用户请求转发到相应的程序，智能地部署资源和应用。

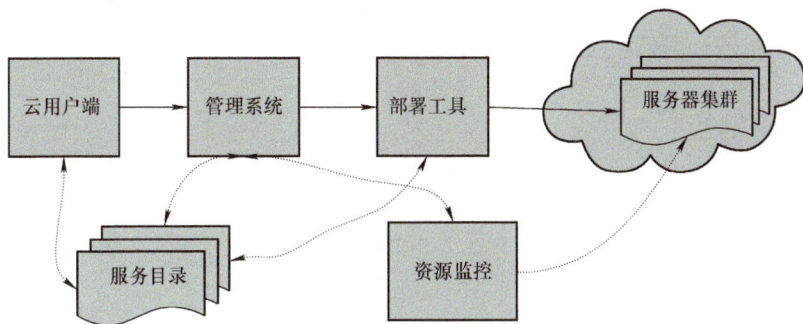

图 7-2　系统构架图

资源监控：监控和计量云系统资源的使用情况，以便做出迅速反应，完成节点同步配置、负载均衡配置和资源监控，确保资源能顺利分配给合适的用户。

服务器集群：虚拟的或物理的服务器，由管理系统管理，负责高并发量的用户请求处理、大运算量计算处理、用户 Web 应用服务，云数据存储时采用相应数据切割算法，并行方式上传和下载大容量数据，用户可通过云用户端从列表中选择所需的服务，其请求通过管理系统调度相应的资源，并通过部署工具分发请求、配置 Web 应用。

在云计算中，根据其服务集合所提供的服务类型，整个云计算服务集合被划分成 4 个层次：应用层、平台层、基础设施层和虚拟化层。这 4 个层次每一层都对应着一个子服务集合，云计算服务层次如图 7-3 所示。

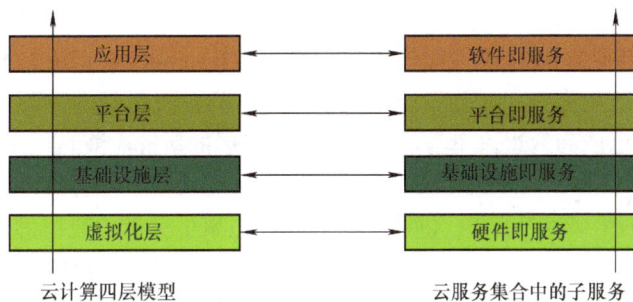

图 7-3　云计算服务层次

2. 云计算关键技术

（1）虚拟化（Virtualization）

虚拟化是将计算机物理资源如服务器、网络、内存及存储等予以抽象、转换后呈现出来，使用户可以采用比原本的组态更好的方式来应用这些资源。这些资源的新虚拟部分是不受现有资源的架设方式、地域或物理组态所限制。

（2）海量数据存储技术

云计算环境中的海量数据存储既要考虑存储系统的输入 / 输出性能，又要保证文件系统的可靠性与可用性。

（3）数据处理技术与编程模型

PaaS 平台不仅要实现海量数据的存储，而且要提供面向海量数据的分析处理功能。由于

PaaS 平台部署于大规模硬件资源上，所以海量数据的分析处理需要抽象处理过程，并要求其编程模型支持规模扩展，屏蔽底层细节并且简单有效。

知识链接

飞天系统简介

7.2 云计算在智能网联汽车中的应用

云计算是目前主流的计算方式，云计算与智能网联汽车也有紧密的结合，我们现在的车上导航、车上听歌、车上看视频等都是云计算与智能网联汽车的结合点，除了这些，云计算与智能网联汽车还有哪些结合点？

7.2.1 智能网联汽车的数据处理

电动化、智能化、网联化的战略目标为汽车产业带来了良好的发展机遇，智能网联汽车（Intelligence Connected Vehicle，ICV）作为未来 10~20 年汽车产品的最终形态，已经成为业界的广泛共识。近年迅速崛起的新一代信息通信技术（Information Communication Technology，ICT）是推动数字信息化汽车产业与智能网联化汽车产品升级革新的重要力量。数据资源作为ICT 的核心代表，也已成为促进汽车与信息通信融合发展的新鲜血液。

汽车产业综合性较强，同时也是资金密集型、技术密集型产业，将产生大体量的信息。传统汽车产业在物料清单、生产工艺、供应链条等方面积累了大量的数据信息，这些信息的处理统计在一定程度上提高了汽车生产效率并帮助塑造了现代汽车的工业化形态。21 世纪以来，在国家新型工业化道路发展的带动下，以两化融合为核心的可持续化发展思想为汽车产业的工业化、信息化进步提供了进一步上升的驱动力。《中国制造 2025》规划和互联网＋行动计划的出现，已经开始推动云计算、大数据与现代制造业的结合，并创新性地促进了一系列智能化工业产品的出现。

大数据将让智能网联发展提速，事实上，智能网联走入寻常百姓家，也不过短短五六年的时间。新事物有其优点，自然也会有发展不成熟的地方。究其原因，很大程度上源于万物互联时代导致信息大爆发，由大量传感器带来的数据从运算、处理再到预测这一过程，并没有引起车企的足够重视。另一方面，当前智能网联还处于百家齐放的阶段，不同的车企、科技企业也都在按照自己的想象打造理想中的智能网联汽车。

于是，当面对汽车领域技术的日新月异与传统业务成本压力的与日俱增时，车企急需在智能网联新技术研发、寻找新的盈利点等方面获得突破。因此，通过将汽车消费端大数据与出行端大数据相结合的方式，全面呈现了汽车智能网联领域发展背后所蕴含的巨大产业价值及发展潜力，以应对日趋激烈的行业竞争。

另外，从用户角度来看，通过解析消费者消费数据及出行数据，不仅可以直观了解当下消费者对于智能网联的需求和期望，也能通过对于用户需求的深层理解尽早着手开发更符合市场需求的产品及试水更贴近用户需求的全新商业模式。

在车上通过屏幕或实体按键操作具有一定的安全隐患，随着语音识别技术的发展，车机对人的语音指令的识别率和运行效率极大提高，语音指令下的各项操作变得切实可用。根据斑马智行大数据，用户通过语音可唤醒车机完成多达 215 项功能与服务，每周人均下达指令多达 33 次。用户最常用的语音指令包括：播放蓝牙音乐、打开 / 关闭空调、导航等。出于安全考虑，智能网联有着与移动互联网不同的人机交互需求。智能的语音交互不仅能避免分散车主驾车注意力，而且还能促进人车关系向更亲密的方向迈进。另外，产品的快速升级迭代及场景化的远程车控等服务也让我们的出行生活更加智能化。

7.2.2　交通道路信息的采集与数据处理

在智能网联汽车领域，交通道路信息采集主要是采用毫米波雷达、激光雷达以及摄像机，通过雷视融合算法实现三者融合，并将融合后的数据计算并输出。

雷视融合技术在雨雪雾等极端天气下的传输衰减极小，且不受外界光线干扰影响，可确保全天候对高速公路交通目标的稳定检测，输出高精度的矢量化数据。

雷视融合基于全局交通态势分析判别道路交通异常事件。事件检测对象包括行人、非机动车和机动车，检测类型包括超速、逆行、异常停车、加塞、变道、排队溢出、拥堵等；检测精度不受雨雾、光线等外界环境影响，误报率大幅降低。例如检测异常停车时，当周围车道车辆行驶速度正常，但某一条车道出现慢速行驶及频繁变道现象，即判断有异常停车情况，雷视融合可指出占道的位置和车道号，同时根据异常停车持续时间，评估置信度。

图像和毫米波在有效范围内融合成功的物体，可以输出速度、类别、经纬度信息；蓝色框为纯毫米波检测结果，输出经纬度和速度信息；红色框为纯图像检测结果，输出经纬度、类别、速度等信息，但经纬度和速度精度相对较低。

雷视融合点云图如图 7-4 所示。

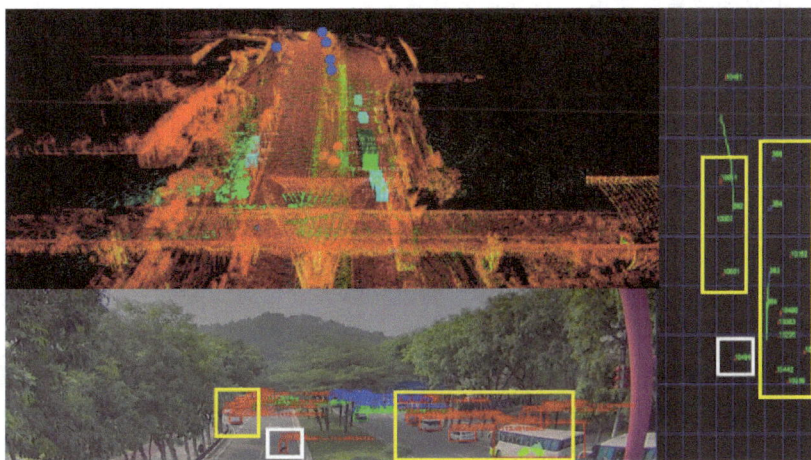

图 7-4　雷视融合点云图

点云图：3D框为激光雷达检测结果，范围80m以内，蓝色点为毫米波检测结果，范围大于200m。

雷达障碍物分布图：输出毫米波和图像融合物体的轨迹信息，红色轨迹为纯图像感知结果，蓝色轨迹为纯毫米波感知结果，绿色轨迹为融合成功结果。

检测目标能识别长途大客车、出租车、公交车、二轮车、三轮车、行人、普通小车、卡车这8类目标物。

7.2.3 云计算在智能网联汽车中的实际应用

云计算在智能网联汽车中的实际应用主要是在智能网联云控平台的应用。智能网联云控平台作为智能网联系统的大脑，对整个智能网联汽车起到关键作用。

近年来，智能网联汽车行业发展迅速。不管在国家层面还是地方政策中，都强调了云控基础平台的重要性，战略布局日渐清晰。2018年1月国家发改委《智能汽车创新发展战略（征求意见稿）》中明确提出"建设国家智能汽车大数据云控基础平台"。2020年2月，国家发展和改革委员会、工业和信息化部、公安部、财政部、交通运输部等11个国家部委联合出台《智能网联汽车创新发展战略》，提出要构建协同开放的智能汽车技术创新体系，推进智能化道路基础设施规划建设，建设国家智能大数据云控基础平台。要求云控基础平台的建设对智能网联汽车的运行、管理提供支撑。车联网云控基础平台在车联网产业中具有重要的位置，通过打通车端、路端、云端，实现人-车-路-网-云的高效协同。支持"车-路-云"协同的智能网联驾驶应用，并为智能网联汽车提供规范、可靠的服务管理支撑。

智能网联云控平台将是车联网产业生态体系的核心，是车联网的数据交流中心、智能交通管控中心，也是车联网通信的重要基础设施。可实现全面的数据接入、存储分析、协议开放、赋能服务等能力，智能网联云控平台需具备强大的整合能力，将分散在各处的系统串联，打通数据：向下能触及所有的终端和路侧设备，如路侧单元、车载单元、传感器、车机、交通摄像头等；平行方向能与跨行业应用平台或政府管理平台进行数据交互；向上能承载各式各样的应用服务。车联网应用平台的潜在用户可以是汽车厂商、交通管理部门、运营商、车辆应用服务商，以及整车企业和交通产业链上的所有关联企业。

智能网联云控平台是车联网示范区建设的重要内容。智慧路网的建设内容包括：边缘决策系统、路侧感知系统和云控平台。示范区建设要求基础设施具备接入平台的能力，将道路的数据化信息上传到平台，平台根据交通大数据实现交通的管控和调度，并接入车路协同应用。

智能网联云控平台以C-V2X技术为核心，构建标准的数据交互协议，实现车辆、交通、道路，以及与第三方平台的数据和业务交互。路侧感知系统和智能车载系统将实时的道路信息和车辆状态信息上传到智能网联云控平台，利用车联网智能算法，形成融合感知结果，并将感知的结果与高精度地图进行匹配发送给出行车辆，支撑智慧交通应用的可靠实施，通过对获取的精准的交通大数据进行挖掘分析，为交通管理部门提供数据支撑。

在车路协同感知服务方面，智能网联云控平台综合利用路侧感知设备（激光雷达、毫米波雷达、路侧摄像头等）采集的信息和传统智能交通的数据进行融合分析，形成对交通状况的全面感知，打破了传统交通系统只能获取孤立、静态和零散的感知数据的缺点，为交通指挥中心/高速公路管理中心实行智能化管理提供数据基础和产品服务。基于云边协同的能力，开发车联

网应用服务，为车路协同辅助驾驶和自动驾驶提供应用服务。

1. 平台定位

智能网联云控平台定位是打造车路云一体化云控平台，助力智慧交通应用新服务。

互联互通：实现标准化的数据交互协议，实现人、车、道路、环境等交通参与要素的互联互通。

全息感知：基于多源信息的汇聚、融合分析，实现对道路交通的全息感知。

应用服务：基于全息感知和数据挖掘分析，为交通精细化管理、应用服务提供支撑。

协同决策：基于云边协同服务的能力，实现对智能网联汽车协同感知、协同决策、协同控制。

开放共享：开放的平台，提供大数据能力开放，面向第三方平台应用，实现信息共享。

2. 平台架构

智能网联云控平台参考架构的组成主要分为智能感知层、网络层、平台层、应用层。每个层次按照不同的功能又分为不同的应用模块，如图 7-5 所示。

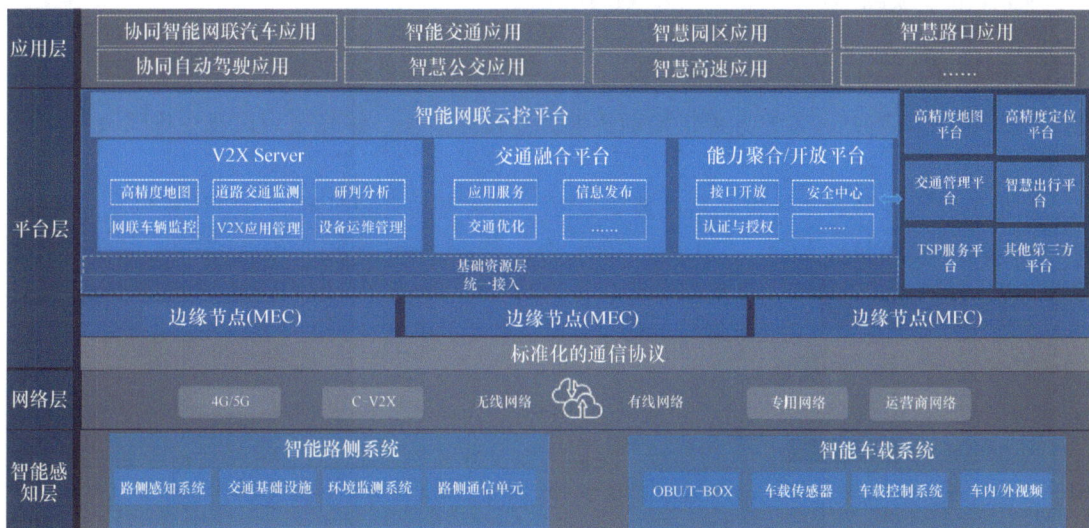

图 7-5　智能网联云控平台参考架构图

1）智能感知层：智能感知层主要包括智能路侧单元和智能车载系统，智能路侧系统包括路侧感知系统（激光雷达、毫米波雷达、摄像头等设备）、传统的交通基础设施（包括信号机、卡口、交通诱导屏、交通标识标牌等）、环境监测系统以及路侧通信单元（RSU）等。智能车载系统包括车载终端（OBU）、车载传感器以及车载摄像头等设备。

2）网络层：网络层保证数据传输的实时性和安全性，实现车与智能网联云控平台、路侧设施数据的交互和分发，主要包括 4G、5G、C-V2X、无线网络、有线网络、专用网络等。

3）平台层：平台层提供协同感知融合、智能计算/分析、数据存储/开放、能力聚合/开放等多种基础功能。平台层规划了三个板块，包括 V2X Server、交通融合平台、能力聚合/开放平台。不同的板块承担不同的应用。

① V2X Server 主要是提供数据的感知融合、计算分析、网联车监控、研判分析、设备运维管理等服务。

② 交通融合平台是在 V2X Server 的基础上，与传统的智能交通相结合，开发智能交通相关的应用，通过车联网赋能传统智能交通，解决当前智能交通的问题。

③ 能力聚合 / 开放平台。智能网联云控平台需要与第三方平台进行对接，实现数据和业务的交互，与政府交管平台、高精度地图平台、智慧出行平台等第三方平台信息共享。

4）应用层：应用层是针对不同的行业开发车联网场景应用，包括协同智能网联汽车应用、智能交通应用、智慧园区应用、协同自动驾驶应用、智慧公交应用。

3. 平台能力

云控平台体系的任务及组成主要包括三个方面：标准化互联互通、共性技术支撑、应用生态。云控 V2X 平台具有实时信息融合和共享、实时云计算、实时应用编排、大数据分析、信息安全等基础服务机制，为智能汽车及其用户、管理及服务机构提供车辆运行、基础设施、交通环境、交通管理等实时动态基础数据。

（1）统一接入

终端接入：提供车辆终端、RSU、路侧感知设备等多种数据高并发实时接入能力。

协议适配：提供车联网终端接入协议适配能力。

（2）高精度地图服务

在车联网 V2X 业务中，高精度地图是实现自动驾驶业务和车联网 V2X 业务的基础，主要为自动驾驶车辆或 V2X 业务提供辅助感知、高精度定位、路径规划以及三维可视化仿真服务。

智能网联云控平台支持将高精度地图数据分发给自动驾驶车辆或边缘计算单元（Multi-access Edge Computing，MEC），做融合感知计算，提高计算的精度，同时云控平台结合高精度地图开发车道级的应用服务。智能网联云控平台通过汇聚路侧感知设备上传的数据信息实现对高精度地图的动态更新，包括红绿灯的信息、交通拥堵的信息、天气信息以及高度动态的信息（路段内的车辆、行人等信息）。

（3）感知融合

提供异构数据汇集功能，包括车端、路侧感知设备以及其他交通信息平台的数据汇聚。并根据应用场景对处理时延、传输带宽的具体需求，支持分级、分类存储及分析功能。

1）融合分析：建设数据分析基础服务平台，集成车联网基础智能算法等，支撑融合分析能力，并提供第三方算法部署和大规模分布式计算的能力。

2）算法服务：发布完成的算法，可通过统一服务接口终端 / 第三方平台直接提供算法服务。

3）构建模型引擎：提供模型构建规则配置功能，如算法训练数据源、参数信息等，同时支持算法自动执行及结果呈现等功能。

（4）计算服务

提供车辆终端业务实时计算转发、离线计算能力，包括数据解析、实时计算、消息转发推送、离线计算等主要功能。

数据解析，提供终端数据的编解码、加密 / 解密功能。

实时计算，提供车辆终端 V2I/V2N 业务实时计算能力，完成基于车辆位置、路侧设备位置以及网络层信息的匹配计算。

（5）场景服务

建立应用场景池，结合车联网 V2X 业务的需求，开发相应的场景应用，包括交通安全类、交通效率类、信息服务类等场景。可以根据不同项目需求进行应用场景的分步骤实施开发。

（6）数据管理

智能网联云控平台是各种终端设备数据采集、处理、融合的枢纽，包括自动驾驶汽车、智能网联汽车、智能网联设施、智能路侧感知等多源异构数据的汇聚，提供高实时、大并发数据存储能力，可提供数据脱敏、数据清洗、存储组件管理等主要功能。

（7）能力开放

智能网联云控平台具备交通融合感知能力，可向第三方平台如交管平台、图商平台等提供数据开放接口和服务。

（8）安全中心

提供 V2X 平台安全管控能力，提供数据安全管理和操作系统安全管理功能。数据安全管理，即对数据库进行基础的安全配置，保证数据库运行安全，如禁止数据库账户远程访问数据库、备份文件和数据库数据、记录数据库操作日志等；操作系统安全管理、控制文件和目录的访问权限、记录操作日志等。

（9）系统运维

主要包括故障预警、系统升级、网络维护等。

1）故障预警：提供系统软硬件预警功能，系统软硬件发生故障时，需要通过声音或者指示灯对故障进行告警，可通过不同颜色的指示灯或者不同的声音提示故障的严重程度。

2）系统升级：提供系统灰度升级能力，并对升级过程进行完整记录，生成系统升级报告；完成升级后系统需进行自动化测试等。

3）网路维护：主要包括网络设备管理、操作系统维护、文件管理等方面。

4. 具体功能

智能网联云控平台提供车联网业务所需的基础能力，平台提供区域内交通实时监测、覆盖交通事故数量、连接智能网联车数量、拥堵路段、车流量、事故高发路段排行等重要指标。实现对区域内智能网联车运行状态实时监控、轨迹分析等重要应用。提供 MEC、RSU 等设备状态实时监控，帮助用户实时掌握设备的运行状况。提供云边协同的能力，可实现平台对软件的部署和更新，同时提供与第三方系统对接的消息接口。

系统分为大屏展示、实时监控、事件监测、信息发布、交通应用、车辆管理、设备管理七个功能模块。

（1）大屏展示

大屏展示模块向用户呈现实时联网车辆数量、实时交通状态和设备状态，系统对路口和设备的异常情况具有告警提醒功能，区域内场景统计、区域内交通态势、拥堵指数排名、交通事件统计和道路实时交通事件，便于用户直观了解区域内整体状况，及时发现问题，实现快速响应，处置问题。

（2）实时监控

实时监控模块是为管理人员提供整个区域交通的运行状况，包括当前区域内的在线网联车的总数以及各类车辆的分类、车辆的状态，并能够查看车辆的历史轨迹；支持对区域内的设备进行监控，显示区域内不同类型设备的总数和故障数量，可以查看每一种设备类型对应的不同的设备编号状态。设备故障可以在地图层进行定位显示，同时显示区域内日上报交通事件的总数，以及当前故障设备总数；支持查看当前区域内交通状态。

（3）事件监测

用户可以查看实时的交通事件，包括事件发生的地址、事件的来源、事件的上报等信息，并实现事件在地图层的定位；用户可以查看事件在地图层中的位置，同时可以选择事件发生地址附近的视频监控，获取事故发生地点的视频流信息。另外云控平台会对当天发生的交通事件总数进行统计，使用户可以直观地了解日事件总数。

（4）信息发布

在平台与车载终端、平台与路端数据交互协议基础上，支持将交通事件实时上传到平台。同时在平台也支持用户手动下发一些交通事件，如异常路况、恶劣天气等信息，实现提前预警，提升驾驶安全性。

（5）交通应用

交通应用模块基于车联网 V2X 业务场景需求，利用大数据和车联网基础智能算法，结合高精度地图以及云边协同能力，进行相关场景开发，实现对区域内交通态势的研判分析，协同智能网联汽车辅助驾驶和自动驾驶，提高驾驶安全和道路通行能力。

（6）车辆管理

车载终端与智能网联云控平台之间通过 V2X 协议进行通信，区域内所有的车辆需要在平台进行统一认证注册，平台进行统一管理。云控中心录入车辆基本信息，同时平台可以对获取的车辆数据进行挖掘分析、例如车辆故障诊断、驾驶行为分析等。

（7）设备管理

所有的设备需要在云控中心进行统一登记注册，云控中心录入设备基本信息，实现设备配置、运行状态监控、故障报警等功能。

知识链接

车载信息娱乐系统

车载信息娱乐系统是典型的云计算与汽车结合的应用。云计算与汽车结合，在汽车内可以实现听歌、导航等系列应用。

车载信息娱乐（In-Vehicle Infotainment，IVI）系统，是采用车载专用中央处理器，基于车身总线系统和互联网服务形成的车载综合信息处理系统。IVI 系统能够实现包括三维导航、实时路况、网联电视（Interactive Personality TV，IPTV）、辅助驾驶、故障检测、车辆信息、车身控制、移动办公、无线通信、基于在线的娱乐功能及汽车远程服务提供（Telematics Service Provider，TSP）服务等一系列应用，极大地提升了车辆电子化、网络化和智能化水平。

车载娱乐（ICE）或车载信息娱乐（IVI）是汽车中提供音频或视频娱乐的硬件和软件的集合。汽车娱乐起源于由收音机和卡带或 CD 播放器组成的汽车音响系统，现在包括汽车导航系统、视频播放器、USB 和蓝牙连接、车载互联网和 WiFi 等。

由于车载娱乐系统可以访问越来越多的车辆功能（例如通过 CAN 总线），人们也担心潜在的远程汽车黑客攻击（请参阅线控驱动）。最新型号的车载娱乐系统将配备后视摄像头和侧摄像头，以提高安全性。

✍ 小贴士

云计算起源及发展

思考题

1. 为什么要建设云计算系统？
2. 云计算在智能网联汽车中的作用是什么？
3. 你所知道的云计算有哪些？请举例说明。
4. 为什么要建设云计算系统？
5. 智能网联云控平台在智能网联汽车中的作用是什么？
6. 你所知道的智能网联云控平台有哪些？请举例说明。

第8章 智能网联汽车与大数据

本章首先阐述大数据的基本概念和特征，重点讲解大数据的处理技术架构。在此基础上分析出大数据在智能网联汽车产业中的应用，其中包括汽车研发方面和制造方面等智能网联汽车本身的大数据应用，之后以智能网联汽车为基础讲解大数据的处理流程，让学习者或阅读者掌握大数据和智能网联的关系，清晰了解大数据对于智能网联汽车的重要意义。

学习目标

1. 了解大数据的定义。
2. 了解大数据的技术架构。

8.1　大数据的基础知识

全球零售业巨头沃尔玛在分析消费者购物行为时发现，男性顾客在购买婴儿尿片时，常常会顺便搭配几瓶啤酒来犒劳自己，于是尝试推出了将啤酒和尿布摆在一起的促销手段。没想到这个举措居然使尿布和啤酒的销量都大幅增加了。如今"啤酒＋尿布"的数据分析成果早已成为大数据技术应用的经典案例，被人津津乐道。

8.1.1　大数据的定义

通过对大量文献资料追踪溯源发现，"大数据"这个词最早出现在 1980 年的美国，著名的未来学家托夫勒在其所著的《第三次浪潮》中，将大数据热情地称颂为"第三次浪潮的华彩乐章"。2008 年 9 月，《自然》杂志推出了名为"大数据"的封面专栏。2009 年开始，"大数据"才成为互联网技术行业中的热门词汇，被世人推崇讨论。

智能网联汽车与大数据

受早期研究者将数据作为一种工具思想的影响，很多研究机构和学者一般将大数据作为一种辅助工具或者从其体量特征来进行定义。对于大数据的定义，有以下几种观点：

1）大数据是一种在正常的时间和空间范围内，常规的软件工具难以计算、提出相关数据分析的能力。

2）大数据指的是规模已经超出了传统的数据库软件工具收集、存储、管理和分析能力的数据集。

3）大数据是指巨量数据，其所涉及的数据量规模巨大到无法通过当前的技术软件和工具在一定的时间内进行截取、管理、处理并整理成为需求者所需要的信息进行决策。

4）大数据具有 3V 特征，即：数据量（Volume）、种类（Variety）和速度（Velocity），故大数据是指具有容量难以估计、种类难以计数、增长速度非常快的数据。

5）大数据具有四方面的特征：数据规模巨大（Volume）、数据的类型多种多样（Variety）、数据的体系纷繁复杂（Velocity）、数据的价值难以估测（Value），如图 8-1 所示。故大数据指的是具有规模海量、类型多样、体系纷繁复杂并且需要超出典型的数据库软件进行管理且能够给使用者带来巨大价值的数据集。

根据多种行业对大数据的定义，我们可以将大数据的定义总结为：大数据是指在信息爆炸时代所产生的巨量数据或海量数据，并由此引发的一系列技术及认知观念的变革。它不仅是一种数据分析、管理以及处理方式，也是一种知识发现的逻辑，通过将事物量化成数据，对事物进行数据化研究分析。大数据的客观性、可靠性，既是一种认识事物的新途径，又是一种创新发现的新方法。

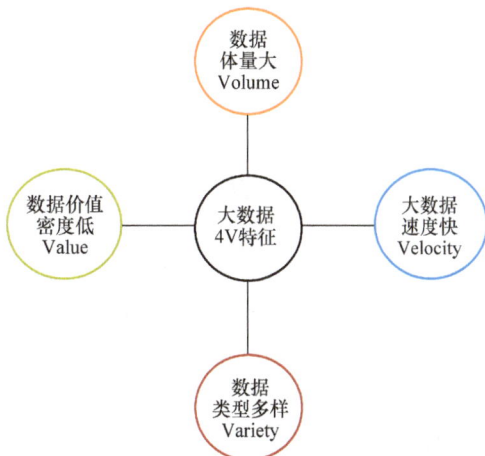

图 8-1　大数据特征

8.1.2　大数据处理的技术架构

1. 大数据处理流程

大数据的数据来源广泛，应用需求和数据类型都不尽相同，但是最基本的处理流程是一致的。整个大数据的处理流程可以定义为，在合适工具的辅助下，对广泛异构的数据源进行抽取和集成，将结果按照一定的标准进行统一存储，然后利用合适的数据分析技术对存储的数据进行分析，从中提取有益的知识，并利用恰当的方式将结果展现给终端用户。

具体来讲，大数据处理的基本流程可以分为数据抽取与集成、数据分析和数据解释等步骤。

（1）数据抽取与集成

大数据的一个重要特点就是多样性，这就意味着数据来源极其广泛，数据类型极为繁杂。这种复杂的数据环境给大数据的处理带来极大的挑战。要想处理大数据，首先必须对所需数据源的数据进行抽取和集成，从中提取出数据的实体和关系，经过关联和聚合之后采用统一定义的结构来存储这些数据。在进行数据集成和提取时，需要对数据进行清洗，保证数据质量及可信性。同时还要特别注意大数据时代数据模式和数据的关系，大数据时代的数据往往是先有数据再有模式，并且模式是在不断的动态演化之中的。

数据抽取和集成技术并不是一项全新的技术，在传统数据库领域此问题就已经得到了比较成熟的研究。随着新的数据源的涌现，数据集成方法也在不断地发展。从数据集成模型来看，现有的数据抽取与集成方式可以大致分为 4 种类型：基于物化的引擎、基于中间件方法的引擎、基于数据流方法的引擎以及基于搜索引擎的方法。

（2）数据分析

数据分析是整个大数据处理流程的核心，大数据的价值产生于分析过程。从异构数据源抽取和集成的数据构成了数据分析的原始数据。根据不同应用的需求，可以从这些数据中选择全部或部分进行分析。小数据时代的分析技术，如统计分析、数据挖掘和机器学习等，并不能适应大数据时代数据分析的需求，必须做出调整。大数据时代的数据分析技术面临着一些新的挑战，主要有以下几点：

1）数据量大并不一定意味着数据价值的增加，相反这往往意味着数据噪声的增多。因此，在数据分析之前必须进行数据清洗等预处理工作，但是预处理如此大量的数据，对于计算资源和处理算法来讲都是非常严峻的考验。

2）大数据时代的算法需要进行调整。

首先，大数据的应用常常具有实时性的特点，算法的准确率不再是大数据应用的最主要指标。在很多场景中，算法需要在处理的实时性和准确率之间取得一个平衡。

其次，分布式并发计算系统是进行大数据处理的有力工具，这就要求很多算法必须做出调整以适应分布式并发的计算框架，算法需要变得具有可扩展性。许多传统的数据挖掘算法都是线性执行的，面对海量的数据很难在合理的时间内获取所需的结果。因此需要重新把这些算法实现成可以并发执行的算法，以便完成对大数据的处理。

最后，在选择算法处理大数据时必须谨慎，当数据量增长到一定规模以后，可以从小量数据中挖掘出有效信息的算法并一定适用于大数据。

3）数据结果的衡量标准。

对大数据进行分析比较困难，但是对分析结果好坏的衡量却是大数据时代数据分析面临的更大挑战。大数据时代的数据量大，类型混杂，产生速度快，进行分析的时候往往对整个数据的分布特点掌握得不太清楚，从而会导致在设计衡量的方法和指标的时候遇到许多困难。

（3）数据解释

数据分析是大数据处理的核心，但是用户往往更关心对结果的解释。如果分析的结果正确，但是没有采用适当的方法进行解释，则所得到的结果很可能让用户难以理解，极端情况下甚至会引起用户的误解。数据解释的方法很多，比较传统的解释方式就是以文本形式输出结果或者直接在电脑终端上显示结果。这些方法在面对小数据量时是一种可行的选择。但是大数据时代的数据分析结果往往也是海量的，同时结果之间的关联关系极其复杂，采用传统的简单解释方法几乎是不可行的。因此，解释大数据分析结果时，可以考虑从以下两个方面提升数据解释能力。

1）引入可视化技术。

可视化作为解释大量数据最有效的手段之一率先被科学与工程计算领域采用。该方法通过将分析结果以可视化的方式向用户展示，可以使用户更易理解和接受。常见的可视化技术有标签云、历史流、空间信息流等。

2）让用户能够在一定程度上了解和参与具体的分析过程。

这方面既可以采用人机交互技术，利用交互式的数据分析过程来引导用户逐步地进行分析，使得用户在得到结果的同时更好地理解分析结果的过程，也可以采用数据溯源技术追溯整个数据分析的过程，帮助用户理解结果。

2. 大数据处理架构

大数据处理框架是一个完整的处理解决方案，指融合了数据采集、数据存储、数据集成和数据处理的体系框架。当前主要存在五种大数据处理架构，分别为仅批处理框架——Apache Hadoop、仅流处理框架——Apache Storm（分布式实时大数据处理系统）和 Apache Samza（分布式流处理框架）、混合框架——Apache Spark（一种高速的通用型计算引擎）和 Apache Flink Hadoop（一个面向分布式数据流处理和批量处理的开源计算平台）。本书主要介绍当前应用最为广泛的 Apache Hadoop。

Hadoop 是一个存储和处理大规模数据的开源软件框架，实现在大量计算机组成的集群中对海量数据进行分布式存储计算。Hadoop 最初由道格·卡廷根据谷歌的 GFS（谷歌文件系统）和 Map Reduce（分布式计算框架）的思想，采用 Java 语言开发而创建。

由于 Hadoop 采用了分布式存储方式以及 Java 语言开发，这使得 Hadoop 可以部署在不同操作系统平台和通用的计算机集群中。Hadoop 是一个基础框架，它的设计规模从单一服务器到数千台机器，每个服务器都能提供本地计算和存储功能，框架本身提供的是计算机集群可用的服务，不依靠硬件来提供高可用性。

Hadoop 中 HDFS（分布式文件系统）的数据管理能力能够快速高效地读写文件，同时还采用了存储冗余数据的方式保证了数据的安全性。Map Reduce 处理分布式任务时的简单方便，以及它的开源特性，使 Hadoop 在大数据领域被广泛使用。用户可以在不了解分布式底层细节的情况下，轻松地在 Hadoop 上开发和运行处理海量数据的应用程序。低成本、高可靠、高扩展、高有效、高容错等特性让 Hadoop 成为最流行的大数据分析系统。

虽然 Hadoop 提供了很多功能，但仍然应该把它归类为由多个组件组成的 Hadoop 生态圈，这些组件包括数据存储、数据集成、数据处理和其他进行数据分析的专门工具。Hadoop 生态系统如图 8-2 所示，主要由分布式文件系统（HDFS）、分布式计算框架（Map Reduce）、数据仓库（HBase）、分布式协作服务（Zookeeper）、数据流处理（Pig）、数据仓库（Hive）等组件构成，另外还包括数据库提取转化加载工具（Sqoop）、日志收集工具（Flume）等框架，用来与其他企业系统融合。同时，Hadoop 生态系统也在不断增长，它新增了数据挖掘库（Madhout）以及安装、部署（Ambari）等内容，以提供更新功能。

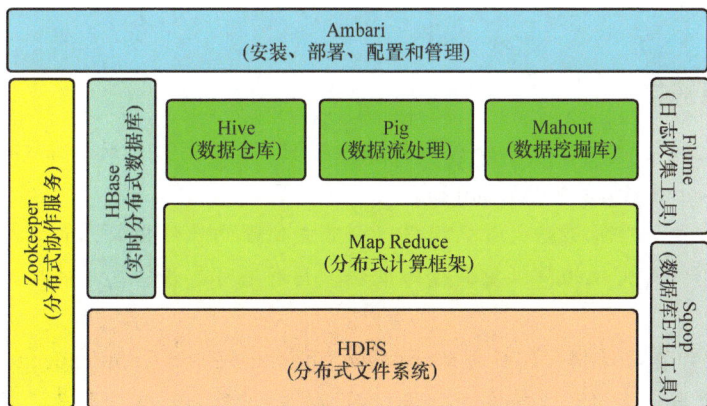

图 8-2　Hadoop 系统

（1）分布式文件系统（HDFS）

一个提供高可用的获取应用数据的分布式文件系统。

（2）分布式计算框架（Map Reduce）

一个并行处理大数据集的编程模型。

（3）实时分布式数据库（HBase）

一个可扩展的分布式数据库，支持大表的结构化数据存储。是一个建立在 HDFS 之上的，面向列的 NoSQL 数据库，用于快速读/写大量数据。

（4）数据仓库（Hive）

一个建立在 Hadoop 上的数据仓库基础构架。它提供了一系列的工具，可以用来进行数据提取转化加载（Extract/Transform/Load,ETL）。这是一种可以存储、查询和分析存储在 Hadoop 中的大规模数据的机制。Hive 定义了简单的类 SQL（结构化查询语言），称为 HQL（查询语言），它允许不熟悉 Map Reduce 的开发人员也能编写数据查询语句，然后这些语句被翻译为 Hadoop 上面的 Map Reduce 任务。

（5）数据挖掘库（Mahout）

可扩展的机器学习和数据挖掘库。它提供的 Map Reduce 包含很多实现方法，包括聚类算法、回归测试、统计建模。

（6）数据流处理（Pig）

一个支持并行计算的高级的数据流语言和执行框架。它是 Map Reduce 编程的复杂性的抽象。Pig 平台包括运行环境和用于分析 Hadoop 数据集的脚本语言（PigLatin）。其编译器将 PigLatin 翻译成 Map Reduce 程序序列。

（7）分布式协作服务（Zookeeper）

一个应用于分布式应用的高性能的协调服务。它是一个为分布式应用提供一致性服务的软件，提供的功能包括配置维护、域名服务、分布式同步、组服务等。

（8）安装、部署、配置和更换（Ambari）

一个基于 Web 的工具，用来供应、管理和监测 Hadoop 集群，包括支持 HDFS、Map Reduce AHive、HBase、ZooKeeper、Pig 和 Sqoop。Ambari 也提供了一个可视的仪表板来查看集群的健康状态，并且能够使用户可视化地查看 Map Reduce、Pig 和 Hive 应用来诊断其性能特征。

知识链接

6 个用于大数据分析的软件分别为 Hadoop、HPCC（高性能计算机与通信）、Storm、Apache Drill、Rapid Miner 和 Pentaho BI。

1）Hadoop 是一个能够对大量数据进行分布式处理的软件框架，它维护多个工作数据副本，确保能够针对失败的节点重新分布处理，具有高可靠性、高扩展性、高效性和高容错性的特点。

2）高性能计算与通信（High Performance Computing and Communications,HPCC），由高性能计算机系统、先进软件技术与算法、国家科研与教育网络、基本研究与人类资源及信息基础结构技术和应用这五个部分组成。

3）Storm 是自由的开源软件，一个分布式的、容错的实时计算系统。应用的领域有实时分析、在线机器学习、不停顿学习、分布式 RPC（远程过程调用）、ETL（提取转化加载）等。

4）Apache Drill 可以实现海量数据集的分析处理，包括分析抓取 Web 文档、跟踪安装在 Android Market 上的应用、分析垃圾邮件等。

5）Rapid Miner 是世界领先的数据挖掘解决方案，具有简单的插件和推广机制、强大的可视化引擎、可以用简单的脚本语言自动进行大规模进程等优点。

6）Pentaho BI 平台构建于服务器、引擎和组件的基础之上，这些提供了系统的 J2EE 服务器、安全、portal、工作流、规则引擎、图表、协作、内容管理、数据集成、分析和建模功能。这些组件的大部分是基于标准的，可使用其他产品替换。

8.2　大数据在智能网联汽车中的实际应用

美国的 Metromile 公司利用汽车监控设备颠覆了定价模式，实现按驾驶里程收取保费的模式。它通过用户安装的设备追踪行驶里程而缴纳保费。用户只需每月支付 15～40 美元的固定费用以及 2～6 美分/mile 的使用费即可。平均计算，可为一位年行驶里程在 10000mile 的驾驶人节省 40% 的费用。这样的里程定价模式是基于什么实现的呢？

智能网联汽车后市场业务的发展，需要通过大数据技术进行大规模机器学习和深度学习等技术，对驾驶行为数据、车辆性能数据、车辆从开发到销售的一系列数据以及车主人物画像，基于网联车辆的互联网行为等数据进行处理、分析和挖掘，提取数据中所包含的对不同行业有价值的信息和知识，使数据智能化，并通过建立模型寻求个性化保险、个性化销售、流程优化、个性化产品等行业市场的解决方案以及实现预测等。

1. 在研发方面的应用

智能网联汽车已经成为每一个汽车企业的目标。然而，现在的应用其实只是入门级，如何能让汽车真正转型为所谓的数据中心、计算中心和控制中心呢？这就和大数据本身的价值意义密切相关。

以上汽通用 2020—2025 规划为例，上汽通用配合国家的智慧城市战略、推动车联万物（V2X）技术开发。搭载了 V2X 技术的车辆可以快速与周边的对象（包括基础设施、如交通灯、测速仪以及周边车辆等）进行通信，在用户尚未看到风险前就采取措施、极大地提升了车辆行驶的安全性；一体化座舱系统在 2020 年得到应用：将中显示系统与仪表显示系统合二为一，结合曲面屏技术，可以更好地贴合造型的需要；而根据 2025 车联网战略规划，上汽通用已投入 5G 超高速网络技术开发，预计将于 2020—2025 年投入应用，届时将为用户带来更顺畅的移动互联网体验，同时也将为 V2X 的开发提供基础支持。其他诸如超级个人助理、智能抬头显示以及自动驾驶等也将在 2020—2025 年实现应用。这些强大功能的实现都离不开背后的巨大的数据收集及处理。

2. 在汽车制造方面的应用

利用买车、卖车、用车、维保大数据在造车领域应用的还是传统车企，4S 模式就是这方面应用最好的案例。4S 包括整车销售（Sale）、零配件（Spare part）、售后服务（Service）和信息反馈（Survey），而最后这个 S（Survey）信息反馈就是大数据的应用。虽然说传统车企的车型升级比较缓慢，但这些大数据是它们升级、改造或开发新车型的重要依据。

3. 在汽车营销方面的应用

大数据在汽车营销领域应用众多，如产品、渠道、价格、顾客、行情等，但最为重要的包含两个方面：一是通过获取数据并加以统计分析来充分了解市场信息，掌握竞争者的商情和动态，知晓产品在竞争群中所处的市场地位，达到"知己知彼，百战不殆"的目的；二是企业通过积累和挖掘汽车行业消费者档案数据，有助于分析顾客的消费行为和价值取向，便于更好地为消费者服务和发展忠诚顾客。

以汽车行业对顾客的消费行为方面进行大数据分析为例，如果企业平时善于积累、收集和整理消费者的消费行为方面的信息数据，如消费者购买产品的花费，选择的产品渠道，偏好产品的类型，产品使用周期，购买产品的目的，消费者家庭背景、工作和生活环境，个人消费观和价值观等，并建立消费者大数据库，便可通过统计和分析来掌握消费者的消费行为、兴趣偏好和产品的市场口碑现状，再根据这些总结出来的行为、兴趣爱好和产品口碑现状制定有针对性的营销方案和营销策略，投消费者所好，那么带来的营销效果是可想而知的。因此，可以说大数据中蕴含着出奇制胜的力量。

4. 在服务领域的应用

以保险公司为例，保险工作早前会通过 OBD（车载诊断系统）或者其他的智能盒子来收集车主的驾驶行为数据，如果一个人从来不违章，那么给他的保险就可以打很低的折扣，对于经常违章发生车祸的车主，则可以拒保。这样不仅能增进投保数量，更能增进保险的质量。再者就是车辆的使用时间和闲置时间，可以为分时租赁提供数据。

例如，美国利宝互助保险公司（Liberty Mutual）为公司或大型车队提供 GPS（全球定位系统）跟踪监控设备。企业用户将该设备安装在汽车上，可通过设备回传的里程数、车速、加速情况和位置等信息，帮助车队监控并改善驾驶人的驾驶习惯，进一步开展车辆安全管理。从而有效控制风险并做好保费决策，同样可以提升公司效率和用户的保费基数。

📖 **案例**

英国的 InsuretheBox 公司，将含有 GPS、运动传感器、SIM 卡和计算机软件的盒子装在汽车上，通过 GPS 技术追踪定位失窃车辆，协助用户找回。当盒子检测到车辆撞击或意外事故时，该公司会给用户打电话，确定用户人身安全。紧急情况下，还会呼叫应急救援部门参与救援。盒子里的数据也可协助用户分析车辆损失情况和保费精算情况。

🔗 **知识链接**

汽车客户关系管理（Customer Relationship Management，CRM）系统。通过数据挖掘技术，CRM 系统可以从普遍的海量市场、客户与销售数据中，找到各种数据之间的关联性，从而挖掘出隐藏的信息，帮助企业找到客户拓展、维护和销售规律。汽车销售 CRM 数据挖掘不是简单地对数据进行存储与查询，而是对汽车市场与销售的各种数据进行更深入的计算、分析、推理，发现数据之间的关系，从而完成从大量业务数据到决策信息的转换。

✍ 小贴士

大数据在智能网联汽车中的应用

智能网联汽车发展最重要的一环就是数据处理，数据化可以使车辆信息可测、可视、可控。全拓数据调查显示，仅仅是自动驾驶汽车，每秒就可产生1GB的数据量，所以智能网联汽车对系统冗余和安全性要求很高，而大数据的云存储技术与分析研判刚好可以解决这一需求。

大数据云计算技术可基于车辆在特征道路环境、不同交通因素中的行驶特征和不同领域驾驶人的行驶需求，对于车辆危险的预警阈值、行驶策略进行适应性调整，以便预警效果能够更加符合相应领域、状态下驾驶人的安全需要。基于地图大数据信息的挖掘和分析可以根据路况特征、车辆性能、驾驶人操作习惯等因素提供节能减排、降低驾驶疲劳程度的行驶方案。大数据存储及管理技术可对于智能网联车载系统交互数据、控制系统数据的在线监控，提供车辆起动时的数据稳定性与可靠性检查、提供车载控制系统级安全性的在线检查。

对于商用车辆的管理，大数据技术的应用可以针对特定区域对不同车辆设定准入分级，设置电子围栏，如队列管理场景下的车辆进出队列的协调控制。对于物流等高强度运营车辆的位置、故障信息、行驶时间、时长、路线驾驶的信息进行采集、存储和分析，判断高危运营车辆是否出现违章和疲劳驾驶行为，并通过智能网联车辆的远程控制功能，根据大数据分析结果采取碰撞发生前的紧急制动等安全防护措施。对于突发交通事故，大数据技术通过对交管、医疗、保险等资源的有效调度，可以大幅提高道路安全救援、实时道路管理的效率。

思考题

1. 大数据的定义是什么？
2. 大数据的处理流程有哪些？
3. 常用的大数据处理框架包括哪些内容？
4. 你认为大数据对智能网联汽车的发展有什么帮助？

第9章　智能网联汽车与人工智能

本章首先介绍人工智能的基本知识，即人工智能的起源和国内外的发展历程、人工智能的概念和特征以及作用；在此基础上介绍人工智能技术的构架方法以及在汽车产业中的应用。

学习目标

1. 了解人工智能的概念。
2. 了解人工智能的发展现状。
3. 了解人工智能的体系架构。

9.1　人工智能的基础知识

在郑州郑东新区智慧岛，一辆无人驾驶的客车正在顺利行驶，乘客在乘坐期间体验了一系列智能行驶场景，如客车顺畅进站和准确停靠；在行驶途中遇行人横穿马路，无人驾驶客车及时做出减速避让反应；当车内温度过高或过低时，通过语音操控即可实现车载空调调节等，那么这些功能是如何实现的呢？

9.1.1　人工智能的概念

1. 什么是人工智能

智能指学习、理解并用逻辑方法思考事物，以及应对新的或者困难环境的能力。智能的要素包括：适应环境，适应偶然性事件，能分辨模糊的或矛盾的信息，在孤立的情况中找出相似性，产生新概念和新思想。智能行为包括知觉、推理、学习、交流和在复杂环境中的行为。智能分为自然智能和人工智能。

自然智能指人类和一些动物所具有的智力和行为能力。人类智能是人类所具有的以知识为基础的智力和行为能力，表现为有目的的行为合理的思维，以及有效地适应环境的综合性能力。智力是获取知识并运用知识求解问题的能力，能力则指完成一项目标或者任务所体现出来的素质。智能、智力和能力之间的关系与区别如图9-1所示。

2. 人工智能的概念

人工智能（Artificial Intelligence,AI）是20世纪50年代中期兴起的一门边缘学科，是计算机科学中涉及研究、设计和应用智能机器的一个分支，是计算机科学、控制论、信息论、自动

智能网联汽车与人工智能

化、仿生学、生物学、语言学神经生理学、心理学、数学、医学和哲学等多种学科相互渗透而发展起来的综合性的交叉学科和边缘学科，如图 9-2 所示。

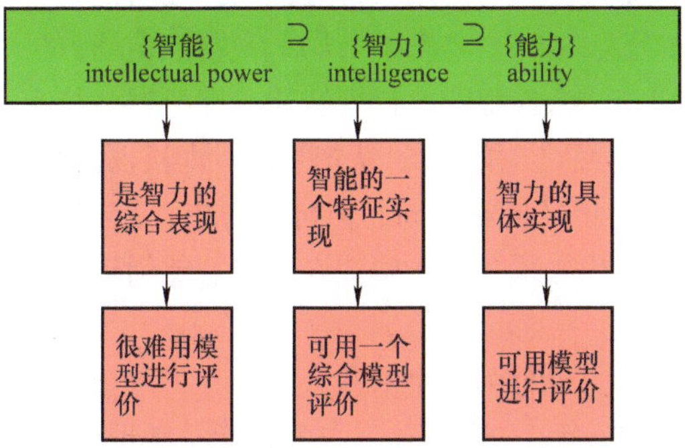

图 9-1　智能、智力与能力的区别

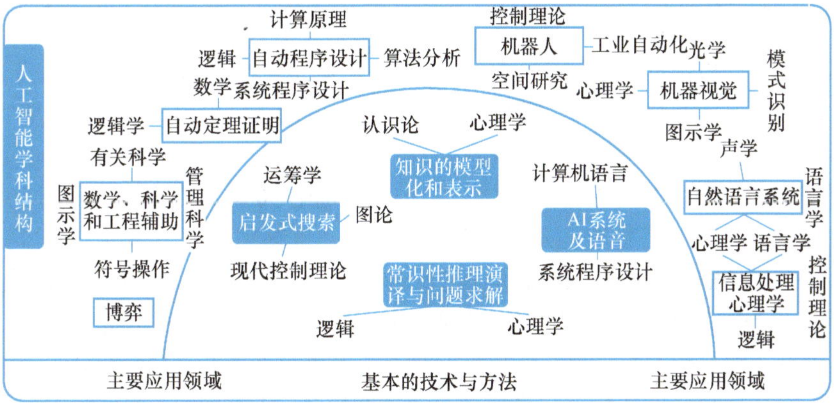

图 9-2　人工智能学科结构

　　精确的定义人工智能是件困难的事情，目前尚没有形成公认、统一的定义，于是不同领域的研究者从不同的角度给出了不同的描述，主要有以下几种观点：

　　1）人工智能是"研究、开发用于模拟、延伸和扩展人的智能的理论、方法、技术及应用系统的一门新的技术学科"，将其视为计算机科学的一个分支，指出其研究包括机器人、语言识别、图像识别、自然语言处理和专家系统等。

　　2）人工智能就是机器展现出的智能，即只要某种机器具有某种或某些智能的特征或表现，都应该算作"人工智能"。

　　3）限定人工智能是数字计算机或数学计算机控制的机器人在执行智能生物体才有的一些任务上的能力。

　　4）广义的人工智能是指能通过计算机实现人的头脑思维所产生的效果，通过研究和开发用于模拟、延伸人的智能的理论、方法、技术以及应用系统所构建而成的，其构建过程中综合了计算机科学、数学、生理学、哲学等内容。狭义的人工智能包括人工智能产业（包括技术、算法、应用等多方面的价值体系）、人工智能技术（包括凡是使用机器帮助代替甚至部分超越人类实现认知、识别、分析、决策等功能）。

5）人工智能是研究理解和模拟人类智能、智能行为及其规律的一门学科。其主要任务是建立智能信息处理理论，进而设计可以展现某些近似于人类智能行为的计算系统。

6）人工智能是指能够像人一样进行感知、认知、决策和执行的人工程序或系统。人工智能主要分为计算智能、感知智能、认知智能。计算智能，即机器"能存会算"的能力；感知智能，即机器具有"能听会说、能看会认"的能力；认知智能，即机器具有"能理解会思考"的能力。

尽管各领域对人工智能的定义各不相同，但可以看出，人工智能就其本质而言就是要研究如何制造出人造的智能机器或智能系统，来模拟人类的智能活动，以延伸人们智能的科学。

3. 人工智能的发展

回顾人工智能的发展史，大概分为三个阶段：

1）第一阶段（1943—2006年）：这是奠定人工智能发展理论知识积累的时期，期间也曾产生过一些阶段性成果，但总体而言受限于数据规模与算力，人工智能更多还是停留在研究及理论阶段。

1943年，沃伦·麦卡洛克和沃尔特·皮茨发表了《神经活动中内在思想的逻辑演算》，这启发了后来神经网络和深度学习的产生。1950年，著名的图灵测试诞生，按照"人工智能之父"艾伦·图灵的定义：如果一台机器能够与人类展开对话（通过电传设备）而不能被辨别出其机器身份，那么称这台机器具有智能。1956年夏天，美国达特茅斯学院举行了历史上第一次人工智能研讨会，被认为是人工智能诞生的标志。会上，麦卡锡首次提出了"人工智能"这个概念，纽厄尔和西蒙则展示了编写的逻辑理论机器。

从推理期至知识期，期间推出大量专家系统。20世纪50～70年代，人们认为如果能赋予计算机推理能力，机器就有智能，人工智能研究处于"推理期"。之后人们意识到，人类能够进行判断、决策，还需要知识。人工智能在70年代进入"知识期"，诞生了大量的专家系统如Dendral，但由于当时的计算机有限的内存和处理速度不足以解决任何实际的人工智能问题，导致研究缺乏进展，美国和英国相继缩减经费支持，人工智能进入第一次低谷。

第五代计算机项目：1981年，日本经济产业省拨款8.5亿美元用以研发第五代计算机项目，在当时被称为人工智能计算机。随后、英国、美国纷纷响应，开始向信息技术领域的研究提供大量资金。但是专家系统的实用性仅仅局限于某些特定情景。到了20世纪80年代晚期，美国国防部高级研究计划局（DARPA）的新任领导认为人工智能并非"下一个浪潮"，拨款将倾向于那些看起来更容易出成果的项目。第五代计算机项目宣告失败，人工智能进入第二次低谷期。

2）第二阶段（2006—2016年）：算法、算力与数据规模都较前期有了质的飞跃，三者效用叠加成果显著，在计算机视觉、语音识别等多个领域取得了重大的技术突破，人工智能开始进入商业应用阶段。

第一重飞跃：深度学习算法能够支持训练更大规模的神经网络。2006年，Geoffrey Hinton在《科学》上发表文章，给出多层神经网络更好训练方法，至此神经网络算法才开始真正具有深度。与过去传统的人工智能算法相比，深度学习算法能够训练更大规模的神经网络，从而解决更复杂的问题，而且随着数据规模的提升，规模越大的神经网络的深度学习算法表现出的效果越显著。

第二重飞跃：芯片发展遵循摩尔定律，算力得到质的提升。摩尔定律指出芯片上可容纳的晶体管数目，约每隔 18 个月便会增加 1 倍，性能也将提升 1 倍。1945 年，世界上第一台计算机 ENIAC 的速度是能在 1s 内完成 5000 次定点的加减法运算。到 2007 年，采用英特尔酷睿芯片的个人电脑计算速度为 500 亿次 /s 浮点运算，是 ENIAC 的 1000 万倍，体积和耗电量却小了很多；到 2012 年，全球最快的计算机 IBM 的红杉的计算速度为 1.6 亿亿次 /s，比 19 个月前竟提高了将近 6 倍。通过以上几组数据可以发现，自 2006 年 Geoffrey Hinton 发布有关深度学习的文章后，计算机的算力得到了质的提升，可以有效地支撑大规模的模型训练。

第三重飞跃：PC 互联网与移动互联网的发展为人工智能模型训练提供了庞大的数据积累。PC 互联网的发展使用户的许多场景线上化，比如新闻讯息、邮件、电商等，产生了相当规模的数据；而移动互联网又进一步地将智能手机等更多终端纳入互联网体系，并产生丰富的新应用，使数据规模得到了进一步地增长。根据 IDC 预测，全球数据圈将从 2018 年的 33ZB 增至 2025 年的 175ZB。

3）第三阶段（2016 年至今）：以 AlphaGo 打败李世石为里程碑事件，人工智能开始全面推向商业化应用，在各行各业遍地开花。全球各国都高度重视人工智能的发展，在政策扶持、强大数字基建支撑等多重因素下，人工智能技术广泛应用在各行各业。

各大科技巨头先后将人工智能确认为未来的重点发展战略。在国外以谷歌为代表，将未来发展战略从"移动为先"（Mobile First）调整为"人工智能为先"（AIFirst），通过内生增长（发展自研算法体系 Tensor Flow 等）与外延收购（大规模并购人工智能领域公司，如 Deep Mind）提升人工智能综合实力；我国以百度为代表，率先布局人工智能战略，并于 2016 年就推出百度大脑、飞桨算法等产品，建立起强大的人工智能底层基础。

根据能力等级（图 9-3），人工智能可分为弱人工智能、强人工智能、超人工智能。目前人工智能技术正从弱人工智能走向强人工智能。

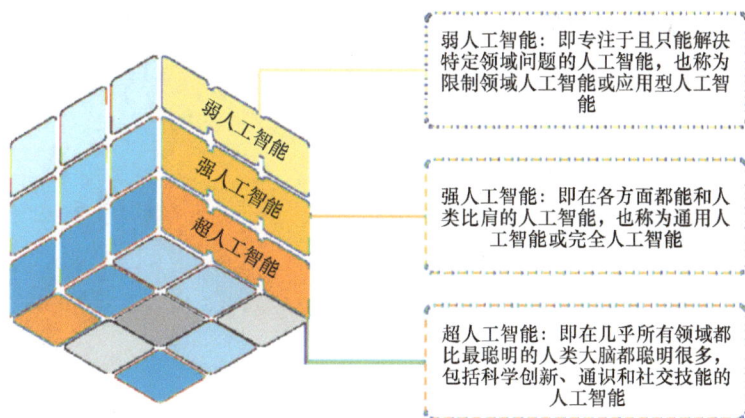

弱人工智能：即专注于且只能解决特定领域问题的人工智能，也称为限制领域人工智能或应用型人工智能

强人工智能：即在各方面都能和人类比肩的人工智能，也称为通用人工智能或完全人工智能

超人工智能：即在几乎所有领域都比最聪明的人类大脑都聪明很多，包括科学创新、通识和社交技能的人工智能

图 9-3 人工智能走向

9.1.2 人工智能的技术架构

人工智能技术是典型的分层结构，按照结构划分可分为基础层、技术层和应用层。基础层是人工智能产业基础，技术层是人工智能产业核心，应用层是人工智能的产业延伸，如图 9-4 所示。

图9-4　人工智能技术架构图

（1）基础层：以数据、算力和算法为核心

数据、算法和算力是驱动人工智能技术进步和产业发展的"三驾马车"，其中数据是基础，算力是原动力，算法是发挥价值的前提，三者相互融合共同推动人工智能进入快速发展期。基础层技术中，数据和算力较为重要。在我国人工智能发展应用过程中，三大要素中数据要素居于首位，这归结于我国互联网基础设施建设、移动互联网快速发展、网络应用爆发增长、物联网技术成熟等。在深度学习算法条件下，数据量越大，计算越精准。数据数量和质量决定了AI落地程度，5G、物联网等技术发展使得大规模大数据成为可能，但数据质量仍面临挑战。

源数据没有价值，只有经过数据处理才能获取其中蕴含的智能、深入、有价值的信息。数据处理一般分为六个阶段，如图9-5所示：数据生产、数据采集、数据清理、数据存储、数据建模、数据应用。

图9-5　人工智能数据处理六个阶段

数据清理方法主要有处理缺失值的方法与数据光滑处理技术两种，具体如下：

1）处理缺失值的方法：忽略元组，人工填写缺失值、使用一个全局常量填充缺失值、使用属性的均值填充缺失值、使用与给定元组同一类的所有样本的属性均值、使用最有可能的值填充缺失值。

2）数据光滑处理技术：分箱方法，通过考察数据的"近邻"来确定最终值，包括等深分箱法、等宽分箱法、用户自定义区间；回归方法，用一个函数拟合数据来光滑数据；聚类技术将类似的值组织成群或"簇"。

（2）技术层：建立在基础层的核心能力之上，通过打造一套人工智能系统使机器能够像人一样进行感知与分析

1）技术层发展主要得益于算法突破、软件框架开源、通用技术落地性增强以及联邦学习等新技术的发展。近年来，以深度学习算法为代表的人工智能技术快速发展。作为人工智能底层逻辑，算法是人工智能产生与应用的直接工具。根据机器学习算法学习方式的不同，可以将机器学习算法分为监督学习、无监督学习、半监督学习及强化学习，如图 9-6 所示。

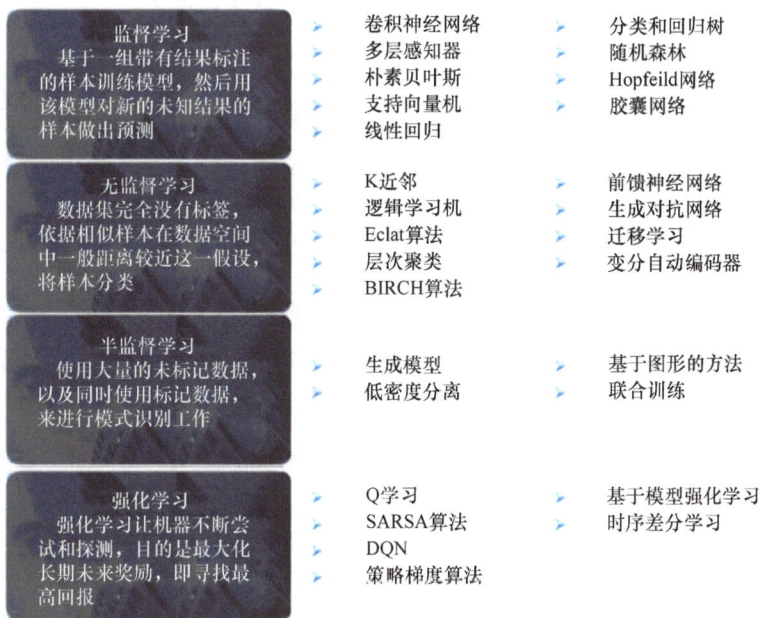

图 9-6　监督学习、无监督学习、半监督学习及强化学习

2）计算机视觉、智能语音、自然语言处理、知识图谱等处理技术相对成熟，人工智能主流软件框架对比见表 9-1。

表 9-1　人工智能主流软件框架对比

名称	开发者	发起日期	介绍
TensorFlow	谷歌大脑团队	2015 年	TensorFlow 用于增强研究工作和生产任务，可提供数据流水线的实用程序，并具有模型检查、可视化和序列化的配套模块
微软认知工具包	微软研究院	2015 年	微软认知工具包是一种 AI 框架解决方案，支持各种神经网络模型、异构及分布式计算，在语音识别等领域有较好应用
MXNet	亚马逊	—	MXNet 的核心是一个动态的依赖调度器，支持自动将计算任务并行化到多个 GPU 或分布式集群
Caffe	加州大学伯克利分校	2015 年	Caffe 是一款小巧的机器学习框架，面向专注于速度、模块化和表现力的人工智能开发公司
Deeplearning4j	Skymind	2013 年	Deeplearning4j 由自有的开源数值计算库 ND4J 驱动，可使用 CPU 或 GPU 运行

（续）

名称	开发者	发起日期	介绍
Torch	Facebook	2012 年	Torch 定位是 LuaJIT 上的一个高效的科学计算库，支持大量的机器学习算法，同时以 GPU 上的计算优先
Theano	蒙特利尔大学	2008 年	Theano 的核心是一个数学表达式的编译器，专门为处理大规模神经网络训练的计算而设计
PaddlePaddle	百度	2016 年	PaddlePaddle 是集深度学习训练和预测框架、模型库、开发套件、工具组件和服务平台等为一体的产业级深度学习平台
Angle	腾讯	2016 年	Angel 是基于参数服务器架构的分布式计算平台，致力于解决稀疏数据大模型训练以及大规模图数据分析问题

（3）应用层：将技术能力与集体场景相融合，帮助企业或管理者降本增效

展望未来，关注传统场景的大规模智能化升级浪潮及新型场景的快速突破。人工智能在不同场景中的渗透情况存在较为明显的差异，在安防、金融等领域的应用相对成熟且渗透率较高，人工智能所发挥的价值主要是通过智慧化改造帮助企业降本增效。在这些场景中，如何通过不断解决客户痛点建立行业影响力来保证持续的订单与供给上的规模效应将成为行业下一阶段主流。同时，人工智能也在塑造新的产业生态，比如智能驾驶、内容生产（如虚拟数字人的生成与驱动）等，这些新业态的发展与技术突破将为行业带来新的增量与弹性。

🔗 知识链接

人工智能包括五大核心技术：计算机视觉、机器学习、自然语言处理、机器人技术、生物识别技术。

1）计算机视觉：计算机视觉技术运用由图像处理操作及机器学习等技术所组成的序列来将图像分析任务分解为便于管理的小块任务。

2）机器学习：机器学习是从数据中自动发现模式，模式一旦被发现便可以做预测，处理的数据越多，预测也会越准确。

3）自然语言处理：对自然语言文本的处理是指计算机拥有的与人类类似的对文本进行处理的能力。例如自动识别文档中被提及的人物、地点等，或将合同中的条款提取出来制成表。

4）机器人技术：近年来随着算法等核心技术提升机器人取得重要突破，例如无人机、家务机器人，医疗机器人等。

5）生物识别技术：生物识别可融合计算机、光学、声学、生物传感器、生物统计学，利用人体固有的生体特性如指纹、人脸、虹膜、静脉、声音、步态等进行个人身份鉴定，最初运用于司法鉴定。

9.2 人工智能在智能网联汽车中的实际应用

在智能网联汽车的传感、决策、控制、通信定位及数据平台等关键技术中都能看到人工智能的影子，如图 9-7 所示。

1）先进的传感技术，包括利用机器视觉的图像识别技术，利用雷达（激光、毫米波、超声波）的周边障碍物检测技术，利用柔性电子 / 光子器件检测和监控驾驶人生理状况技术等。

2）通信定位和地图技术 [例如 DSRC（专用短程通信）、3G/4G/5G、GPD/ 北斗]，包括智能网联汽车之间信息共享与协同控制所必需的通信保障技术、移动自组织网络技术，以及高精度定位技术、高精度地图及局部场景构建技术。

3）智能决策技术，包括危险事态建模技术、危险预警与控制优先级划分、多目标协同技术、车辆轨迹规划、驾驶人多样性影响分析、人机交互系统等。

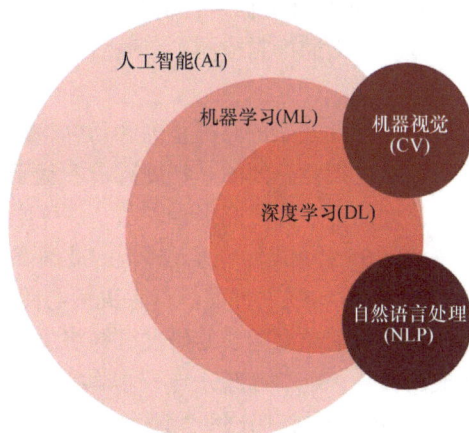

图 9-7　人工智能在智能网联汽车中的应用

4）车辆控制技术，包括基于驱动、制动系统的纵向运动控制，基于转向系统的横向运动控制，基于悬架系统的垂向运动控制，基于驱动 / 制动 / 转向 / 悬架的底盘一体化控制，以及利用通信及车载传感器的车队列协同和车路协同控制等。

5）数据平台技术，包括非关系型数据库架构、数据高效存储和检索、大数据的关联分析和深度挖掘、云操作系统、信息安全保障机制等。

自动驾驶技术是对人类驾驶人在长期驾驶实践中，对"环境感知—决策与规划—控制与执行"过程的理解、学习和记忆的物化。如图 9-8 所示，自动驾驶汽车是一个复杂的软硬件结合的智能自动化系统，它运用到了自动控制技术、现代传感技术、计算机技术、信息与通信技术以及人工智能中。

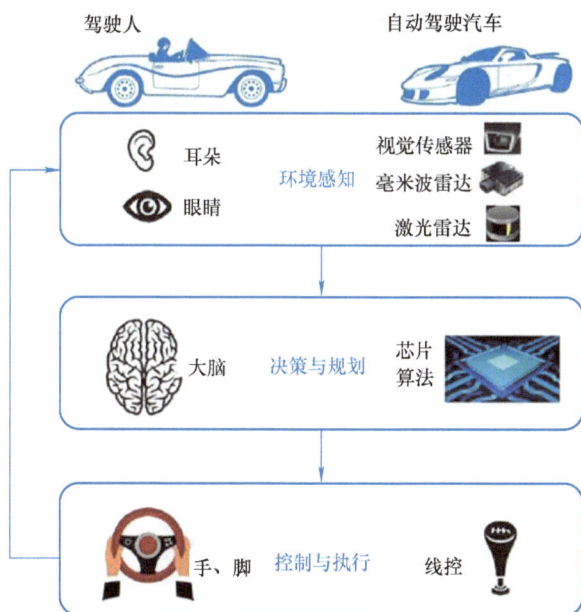

图 9-8　自动驾驶技术

1）环境感知方面。自动驾驶汽车所要面临的环境感知包括：路面路缘检测、车道线检测、护栏检测、交通标志检测、交通信号灯检测，以及重中之重的行人检测、机动车检测和非机动车检测等。

对于如此复杂的路况检测和目标检测，普通算法难以满足要求，而基于人工智能的深度学习可以满足视觉感知的高精度需求。基于深度学习的计算机视觉，自动驾驶汽车可获得接近于人的感知能力。有研究报告表明，深度学习在算法和样本量足够的前提下，视觉感知的准确度可以达到99.9%以上，而人感知的准确率一般是95%。

2）决策与规划方面。行为决策与路径规划是人工智能在自动驾驶汽车领域中的另一个重要应用。目前越来越多的研发机构将强化学习应用到自动驾驶的行为与决策中。行为与决策分解成两部分：可学习部分与不可学习部分，可学习部分是由强化学习来决策行驶需要高级策略，不可学习部分是按照这些策略利用动态规划来实施具体的路径规划。

3）车辆控制方面。相对于传统的车辆控制技术，智能控制方法主要体现在对控制对象模型的运用和综合信息学习运用上，包括神经网络控制和深度学习方法等，这些算法已经逐渐在自动驾驶汽车控制中应用。其中，通过神经网络控制可以把控制问题看成模式识别问题，而源于神经网络的研究，则可以进一步开发深度神经网络学习，从而免除人工选取特征的繁复冗杂和高维数据的维度灾难问题。因为自动驾驶系统最终要尽量减少人的参与或者没有人参与的自动学习状态特征的能力，使得深度学习在自动驾驶系统中具有先天的优势。

知识链接

抬头显示技术

抬头显示技术（HUD）最早出现在飞机上，它利用光学反射的原理将重要的飞行相关资讯投射在一片玻璃上面。这片玻璃位于座舱前端，高度大致与飞行员的眼睛齐平，投射的文字和影像调整在焦距无限远的距离上面，飞行员透过HUD往前方看的时候，能够轻易地将外界的景象与HUD显示的信息融合在一起。借助HUD投射原理，汽车装配HUD后可以使驾驶人不必低头就可以看到信息，从而避免分散对前方道路的注意力；其次，驾驶人不必在观察远方的道路和近处的仪表之间调节眼睛，能够有效地避免眼睛的疲劳。

思考题

1. 什么是人工智能？
2. 人工智能的核心技术有哪些？
3. 你所知道的人工智能系统应用有哪些？请举例说明。

参考文献

[1] 甄先通，黄坚，王亮，等 . 自动驾驶汽车环境感知 [M]. 北京 : 清华大学出版社，2020.

[2] 崔胜民 . 智能网联汽车新技术 [M]. 北京 : 化学工业出版社，2016.

[3] 韩宝石，王峥 . 车载毫米波雷达国内外发展现状综述 [J]. 数字通信世界，2019（9）:15-16.

[4] 程增木，唐杰 . 智能网联汽车技术概论 [M]. 北京 : 机械工业出版社，2021.

[5] 李晶华，戈国鹏 . 智能网联汽车技术与应用 [M]. 北京 : 机械工业出版社，2021.

[6] 李晓欢，杨晴虹，宋适宇，等 . 自动驾驶汽车定位技术 [M]. 北京 : 清华大学出版社，2020.

[7] 陈山枝，葛雨明，时岩 . 蜂窝车联网（C-V2X）技术发展、应用及展望 [J]. 电信科学，2022,38(1):1-12.

[8] 陈山枝，时岩，胡金玲 . 蜂窝车联网（C-V2X）综述 [J]. 中国科学基金，2020，34（2）: 179-185.

[9] 崔胜民，卞合善 . 智能网联汽车技术 [M]. 北京 : 机械工业出版社，2020.

[10] 李妙然，邹德伟 . 智能网联汽车技术概论 [M]. 北京 : 机械工业出版社，2019.

[11] 陈慧岩，熊光明，龚建伟，等 . 无人驾驶汽车概论 [M]. 北京 : 北京理工大学出版社，2014.

[12] 徐建闽 . 智能交通系统 [M]. 北京 : 人民交通出版社，2014.

[13] 吴冬升 .5G 车联网业务演进之路的探索与展望 [J]，通信世界，2020（5）:15-18.

[14] 胡沛，韩璞 . 大数据技术及应用探究 [M]. 成都 : 电子科技大学出版社，2018.

[15] 佘玉梅，段鹏 . 人工智能原理及应用 [M]. 上海 : 上海交通大学出版社，2018.

[16] 姚树春，周连生，张强，等 . 大数据技术与应用 [M]. 成都 : 西南交通大学出版社，2018.

[17] 车云，陈卓 . 智能汽车 : 决战 2020[M]. 北京 : 北京理工大学出版社，2018.

读 者 服 务

机械工业出版社立足工程科技主业，坚持传播工业技术、工匠技能和工业文化，是集专业出版、教育出版和大众出版于一体的大型综合性科技出版机构。旗下汽车分社面向汽车全产业链提供知识服务，出版服务覆盖包括工程技术人员、研究人员、管理人员等在内的汽车产业从业者，高等院校、职业院校汽车专业师生和广大汽车爱好者、消费者。

一、意见反馈

感谢您购买机械工业出版社出版的图书。我们一直致力于"以专业铸就品质，让阅读更有价值"，这离不开您的支持！如果您对本书有任何建议或宝贵意见，请您反馈给我。我社长期接收汽车技术、交通技术、汽车维修、汽车科普、汽车管理及汽车类、交通类教材方面的稿件，欢迎来电来函咨询。

咨询电话：010-88379353　　编辑信箱：cmpzhq@163.com

二、电子书

为满足读者电子阅读需求，我社已全面实现了出版图书的电子化，读者可以通过京东、当当等渠道购买机械工业出版社电子书。获取方式示例:打开京东 App—搜索"京东读书"—搜索"（书名）"。

三、关注我们

【机工汽车】

机械工业出版社汽车分社官方微信公众号——机工汽车，为您提供最新书讯，还可免费收看大咖直播课，参加有奖赠书活动，更有机会获得签名版图书、购书优惠券等专属福利。欢迎关注了解更多信息。

四、购书渠道

机工汽车小编
（13641202052）
编辑微信

我社出版的图书在京东、当当、淘宝、天猫及全国各大新华书店均有销售。
团购热线：010-88379735
零售热线：010-68326294　88379203